Anton van der Lem

Die Entstehung der Niederlande
aus der Revolte

Porträt von Wilhelm von Oranien.

Anton van der Lem

Die Entstehung der Niederlande aus der Revolte

Staatenbildung im Westen Europas

Aus dem Niederländischen von Marianne Holberg

Verlag Klaus Wagenbach Berlin

Inhalt

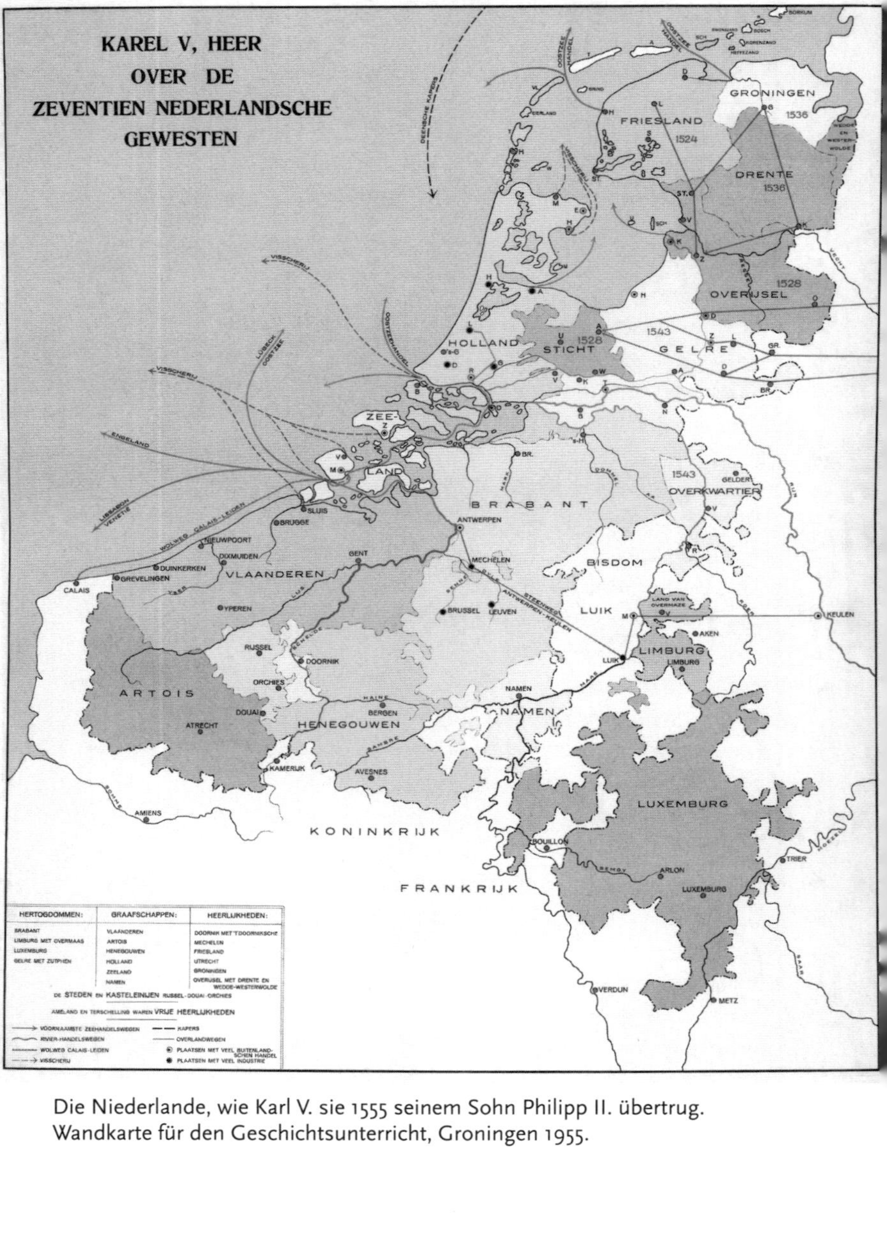

Die Niederlande, wie Karl V. sie 1555 seinem Sohn Philipp II. übertrug.
Wandkarte für den Geschichtsunterricht, Groningen 1955.

Einleitung

Die Geschichte des Aufstands in den Niederlanden – der sogenannte »Achtzigjährige Krieg« – ist kompliziert. Worum ging es in diesem Kampf? Und weshalb dauerte dieser Krieg so lange? Um einen Überblick über die Geschehnisse in ihrer Komplexität zu erhalten, sollen an dieser Stelle zunächst die drei wichtigsten Ursachen für die Auseinandersetzungen genannt werden, die zu Protesten, zu Ausschreitungen und am Ende zu Krieg und Bürgerkrieg geführt haben. Alle Verwicklungen und Streitpunkte, alle Bündnisse und Verträge sind jedes Mal auf mindestens eine dieser drei Hauptursachen zurückzuführen – auf Grundrechte, die für alle Zeiten und für alle Länder gelten und die, leider, bis heute nichts an Aktualität verloren haben. Es ging um die Religions- und Gewissensfreiheit. Um das Recht auf Selbstbestimmung. Um das Mitspracherecht.

Religions- und Gewissensfreiheit
Während Wilhelm von Oranien einen Kampf um die *Freiheit* der Religion führen wollte, hat sich der Achtzigjährige Krieg zu einem Religions*krieg* entwickelt. Immer wieder zeigte sich bei Waffenstillstands- oder Friedensverhandlungen, dass die kämpfenden Parteien dem gleichberechtigten Nebeneinander von zwei oder mehr Religionen nicht zustimmen wollten. Der Prinz von Oranien erklärte am 31. Dezember 1564 im Raad van State, dem Staatsrat, dass er, obwohl selbst guter Katholik, es nicht billigen könne, dass Fürsten über das Gewissen der Untertanen herrschen wollten. Das war nicht nur eine Grundsatzfrage, sondern auch ein der Praxis geschuldeter Standpunkt: Wenn Katholiken, Täufer, Lutheraner und Calvinisten Nachbarn sind, ist es unsinnig, einander nach dem Leben zu trachten. Als der Prinz die Mannschaften für die Armee anwerben ließ, die dann bei Heiligerlee 1568 den ersten Sieg davontragen sollte, geschah das für die »liberteyt van religie ende conscientie«, für die Freiheit der Religion und des Gewissens. 1579 konnte in der Union von Utrecht die Bestimmung ausgehandelt werden, dass niemand um seines Glaubens willen überprüft werden dürfe. Geschweige denn angeklagt. Das bedeutete Gewissensfreiheit und war ein großer Schritt vorwärts im Kampf um die Glaubensfreiheit. Dem Prinzen gelang es die

Akzeptanz eines Religionsfriedens durchzusetzen, dem zufolge überall dort, wo mehr als hundert Familienoberhäupter die freie Ausübung ihres Gottesdienstes erbaten, diese Gottesdienste nebeneinander zugelassen wurden. Zwischen 1578 und 1580 wurde diese Regelung in 27 niederländischen Städten erprobt. Nach unseren heutigen Maßstäben war das sehr wenig, doch angesichts des damaligen erbitterten Kampfes war es sehr viel. Und überall scheiterte dieser Versuch nach kurzer Zeit. Toleranz musste gelernt werden – auch wenn dieser Prozess mit Unrecht, Blutvergießen und Leid verbunden war.

Recht auf Selbstbestimmung

Jede Gemeinschaft will sich selbst verwalten, und zwar nach ihren eigenen Gesetzen und Freiheiten; sie will nicht den Interessen eines größeren Ganzen untergeordnet sein, wenn sie dabei benachteiligt wird. Beispiele dafür gibt es in der heutigen Welt bedauerlicherweise mehr als genug. In den Niederlanden des 16. Jahrhunderts war man vielerorts der Ansicht, gegenüber anderen Teilen des großen Reiches Philipps II. benachteiligt zu werden. Man hatte das Gefühl, zunehmend der Politik der königlichen Dynastie untergeordnet und nicht im Sinne der eigenen Interessen verwaltet zu werden.

Recht auf Mitsprache

Heutzutage kann man an der Wahlurne seine Stimme abgeben und seine Volksvertreter und -vertreterinnen selbst wählen. Die Regierungen legen den Parlamenten gegenüber Rechenschaft ab. Das war in den Niederlanden damals prinzipiell nicht anders, auch wenn diese Vertretung ein anderes Gesicht hatte und nicht von der Bevölkerung gewählt war. Geistliche, Adlige und sogar Bürger hatten einen Sitz im Rat des Fürsten. Ihre Abgeordneten bildeten die *Stände* ihrer Bezirke, deren Vertreter in den *Generalständen* zusammenkamen. Gemeinsam mit ihnen oblag dem Landesherrn die Sorge für das Gemeinwohl des Landes. Natürlich gab es endlose Auseinandersetzungen, doch Rat und Stände fungierten als Beratungsgremien. Stände und Landesherr waren beispielsweise übereingekommen, dass der Landesherr ohne Zustimmung der Stände keinen Krieg erklären und keine Steuern erheben konnte. Von diesem traditionellen Verhandlungsmodell entfernte sich der König zusehends. Aus seiner Überzeugung, die Autorität sei ihm ausschließlich von Gott verliehen, leitete er den Anspruch ab, als absoluter Herrscher regieren zu können. Dem Rat und den Ständen zieme lediglich, Gehorsam zu üben.

Ein langer Kampf

Die Religion

Die katholische Kirche verkündigte und verkündigt, dass es außerhalb der Kirche kein Heil gebe und nur sie im Besitz der einzig seligmachenden Wahrheit sei. Auch die Anhänger der reformierten Konfessionen reklamierten diesen Absolutheitsanspruch für sich. Den Katholizismus nannten sie Papsttum, Papismus oder päpstlicher Aberglaube. Und da nicht zwei sich ausschließende Wahrheiten nebeneinander existieren konnten und der katholische König von Spanien keinen anderen Glauben in seinem Reich dulden wollte, dauerte der Krieg achtzig Jahre.

Die Selbstbestimmung

Die Niederlande bildeten einen unabhängigen Staat von siebzehn Ländern. Ihr Landesherr war auch das Staatsoberhaupt der spanischen Königreiche: zuerst Karl V., danach Philipp II. Dadurch konnte das Missverständnis aufkommen, dass die Niederlande damals Spanien gehörten. Dieses Missverständnis ist in Spanien noch immer vorhanden. Der spanische König stand an der Spitze eines Weltreichs. Er war der mächtigste Spieler in der internationalen Politik, der er auch die Niederlande unterordnete. Die Niederlande aber wollten ihren eigenen Interessen entsprechend regiert werden, Herr im eigenen Haus sein: religiös, politisch, militärisch und wirtschaftlich. Hätte Spanien das Selbstbestimmungsrecht der Niederlande von sich aus anerkannt, hätten die anderen Besitzungen der Krone, an erster Stelle die in Italien, aber auch die in Spanien selbst ähnliche Ansprüche gestellt. Das hätte Prestigeverlust bedeutet, einen Verlust an *reputación*. Dazu konnte die spanische Krone sich nicht überwinden, und auch deshalb dauerte der Krieg achtzig Jahre.

Die Mitbestimmung

Alle Beschlüsse wurden den Niederlanden ohne jede Beratung auferlegt – zuerst vom König und danach vom Herzog von Alba. Der König und seine Stellvertreter ignorierten den Ständerat. Bald wurden die Generalstände gar nicht mehr zusammengerufen. Diese oktroyierte Politik betraf auch den von Alba geforderten Zehnten, den *Tiende Penning*. Diesen verweigerten die Niederlande. Die Anhänger Wilhelms von Oranien zahlten jedoch viel mehr als den *Tiende Penning*, weil diese Steuer mit ihrer Zustimmung und in ihrem eigenen Interesse erhoben wurde. Der Herzog selbst konstatierte das voll Erstaunen. Er und seine Nachfolger haben das nie verstanden, und auch deshalb dauerte dieser Krieg achtzig Jahre.

Die Wappenschilde der Siebzehn Niederlande, das Schild von Brabant als wichtigstes Gewest in der Mitte. Jahrhunderte später sollte das Wappen von Brabant das Wappen von Belgien werden. Die Abbildung stammt aus dem zweisprachigen (niederländisch-französischen) *Lofsang van Brabant* des Dichters Jan van der Noot.

I Die Länder diesseits

Die Niederlande unter den Burgunder und Habsburger Fürsten bis 1555

Das Burgunder Fürstenhaus

Die Teilung der Niederlande als Folge des Aufstands beziehungsweise des Achtzigjährigen Krieges wird nur im Rückblick auf den vorangegangenen Vereinigungsprozess nachvollziehbar. Die treibende Kraft hinter der Bildung dessen, was heute als die Nieder-Lande (Lage Landen) bezeichnet wird, war das Haus Burgund, ursprünglich ein Zweig des französischen Königshauses Valois. Das Herzogtum Burgund mit seiner Hauptstadt Dijon war ein Lehen der französischen Krone. Johann II., König von Frankreich, hatte seinem Sohn Philipp, genannt der Kühne, dieses Herzogtum 1363 als Einkommensquelle zu Lehen gegeben. Dieser Philipp ging eine finanziell attraktive Ehe ein mit Margarete, der Erbtochter des Grafen von Flandern und Artois. So kam er in den Besitz dieser reichen Grafschaften im Norden. Außerdem brachte seine Frau die Freigrafschaft Burgund mit, die östlich des Herzogtums Burgund gelegene Franche-Comté, was seine Position im Süden festigte. Der Enkel, Philipp der Gute, kam 1419 an die Macht und vermehrte seinen Besitz vor allem nach Norden, indem er ein Fürstentum nach dem anderen hinzufügte: zuerst Namur, dann Brabant und Limburg-Overmaas, danach Holland und Seeland und zum Schluss noch Luxemburg. Und in den Bistümern, wo es der Sache nach keine Erbfolge gab, sorgte er dafür, dass seine unehelichen Söhne zu Bischöfen gewählt wurden. Einen gemeinsamen Namen hatten die Besitztümer des Burgunders noch nicht. Philipp nannte sich Herzog von Burgund und Brabant, Graf von Flandern, Artois, Hennegau, Holland, Seeland, Namur und so weiter. Der Name »Die niedrig liegenden Lande am Meer« war nur geografisch korrekt, galt jedoch nicht für das alte Stammland Burgund. Aus der Perspektive des Herzogs selbst, der sich meistens in Flandern oder Brabant aufhielt, wurden seine Besitztümer als *Les pays de par deça* bezeichnet. Das sollte nicht viel mehr sagen als »die Länder diesseits«, also die umliegenden Fürstentümer. Dies im Gegensatz zu *Les pays de par delà*, den »Ländern jenseits«, dem eigentlichen Burgund. Der Begriff *Pays* oder Land / Länder konnte ein Herzogtum (Brabant, Gelderland), eine Grafschaft (Flandern, Holland) wie auch eine Herrlichkeit (Mecheln, Friesland) bezeichnen. Der übliche Begriff für diese Länder war das Wort »Gewest«; das Wort »Provinz« sollte erst unter Karl V. üblich werden. Diese eigenartige Kombination unterschiedlicher Fürstentümer hatte naturgemäß keine einheitliche Sprache. Die südlichen Geweste sprachen Französisch, die nördlichen Flämisch oder Niederländisch. Allerdings war die etwas vage Bezeichnung »die Länder diesseits« kein Name, der sich im Kampf als Schlachtruf geeignet hätte – der muss kurz und kernig sein, wie etwa »Bourgogne, Bourgogne!« oder »Gent, Gent!« oder »Holland, Holland!«. Nichts fehlte den prosperierenden Erblanden Philipps des Guten – außer einem Eigennamen für das Ganze.[1]

Auch zu einem gemeinsamen Staatenbund fanden sich in diesen unterschiedlichen Fürstentümern nur bescheidene Ansätze. Das verbindende Element war der gemeinsame Landesherr. Wohl gab es Übereinstimmungen in der gesellschaftlichen Struktur der Fürstentümer. Fast überall existierte die dreigliedrige Ständeordnung: Klerus, Adel und »Dritter Stand« (Bürger und Bauern). Aus dem Adel seines Reiches wählte der Fürst die Berater für seine Räteversammlungen und die Befehlshaber für seine Armeen. Er verlieh ihnen niedere Ämter, etwa die des Vogts, des Gouverneurs einer Festung oder des Stellvertreters oder Statthalters in den Fürstentümern, in denen er selbst sich nicht regelmäßig aufhalten konnte. Für die Adligen aus den ältesten und vornehmsten Familien hielt der Landesherr noch eine besondere Auszeichnung bereit: den von ihm 1430 gegründeten Orden vom Goldenen Vlies. Dies war eine auserlesene Gesellschaft, der anzugehören der höchste Adel sich nur allzu gern bemühte, was der Herzog wiederum nutzte, sich seine wichtigsten adligen Ratgeber persönlich zu verpflichten.

Die durch Handel und Gewerbe reich gewordenen Bürger in den Städten konnten den Fürsten mit Geld für seine Kriege und seine aufwendige Hofhaltung versorgen. Wenn der Herzog Geld brauchte, richtete er ein Gesuch, eine *Bede*, an diejenigen, die seine Untertanen repräsentierten. Auf Einladung des Herzogs trafen sich dann die Abgeordneten des Klerus, des Adels und des Dritten Standes – zusammen: die »Stände« – im jeweiligen Fürstentum zu einer Versammlung. Bei besonderen Ereignissen konnte der Herzog die Stände aller Geweste gemeinsam zusammenrufen: die Generalstände. Die erste Versammlung der Generalstände fand 1464 in Brügge statt. Die reichsten Geweste waren Flandern, Brabant, Holland und Seeland, die sich in der Vergangenheit oft gegenseitig bekämpft hatten. Da sie unter dem burgundischen Haus jetzt denselben Landesherrn hatten, konnten viele Reibereien vermieden werden. Regelmäßig kamen die Vertreter dieser vier reichen Geweste zusammen, um sich miteinander über Handelskonflikte, den Verkehr zu Wasser und zu Lande sowie Zoll- und Münzprobleme zu beraten. Die Kaufleute wussten den Vorteil einer stabilen und handlungsfähigen Regierung zu schätzen, die für eine harte Währung sorgte. Noch wichtiger war der Schutz, den sie gemeinsam gegen ausländische Konkurrenten genossen. So erhielten sie Unterstützung von ihrem Landesherrn, wenn es im Ostseegebiet zu Konflikten mit dem dänischen König oder der Hanse kam. Karte 1 (siehe S. 227) zeigt das eigentliche Kerngebiet der Nieder-Lande. Diese Geweste brachten zusammen 80 Prozent der Steuern auf und bildeten somit das wirtschaftliche Kernstück des burgundischen Staates. Die Geweste im Norden, Osten und Süden fielen ökonomisch und politisch gesehen viel weniger ins Gewicht.

Durch die Zusammenarbeit mit dem Landesherrn wie auch untereinander wuchs unter der Regierung Philipps des Guten eine Art Zusammengehörigkeitsgefühl, wie vage und wenig greifbar dies auch sein mochte. Der Ausdruck »Nationalbewusstsein« wäre zu viel gesagt. Die gemeinsame Solidarität galt in erster Linie der Dynastie und lebte vor allem in dem Teil der administrativen und religiösen Oberschicht, die in regelmäßigem Kontakt mit dem herzoglichen Hof stand. Philipp der Gute förderte das gute Einvernehmen mit den Fürstentümern, indem er deren spezielle Vergünstigungen und Privilegien weitgehend respektierte. Nur ganz allmählich strebte er nach politischer Einigung oder Unifizierung und machte etwa allgemeine Regeln in jedem Fürstentum gesondert bekannt. Mit vorsichtigen Änderungen in der Personalpolitik verstand er es, sich die Treue seiner Adligen oder Bürger zu sichern. Seinerseits hatte der Herzog bei seiner Amtseinsetzung feierlich versprechen müssen, die Rechte seiner Untertanen zu respektieren. Das Dokument, das seine Rechte am stärksten einschränkte und auf das er bei seiner Amtseinsetzung in Brabant den Eid ablegte, war die sogenannte *Blijde Inkomst* (Feierliche Einführung). Diese Tradition wird bis auf den heutigen Tag fortgesetzt: Die Könige von Belgien und den Niederlanden werden nicht gekrönt, sondern feierlich in ihr Amt eingeführt. Dabei legen sie jetzt den Eid auf das Grundgesetz ab, wie damals die Herzoge von Brabant auf die *Blijde Inkomst.*[2] Diese enthielt beispielsweise Bestimmungen, nach denen der Landesherr ohne die Zustimmung der Stände keinen Krieg führen und keine Steuern erheben durfte. Auch erkannte er in diesem Dokument seinen Untertanen das Recht zu, ihm den Gehorsam aufzukündigen, sollte er ihren Interessen bewusst Schaden zufügen. Dieser Artikel konnte vom Landesherrn und den Untertanen sehr unterschiedlich interpretiert werden. Durchaus nicht jedes Gewest konnte sich auf eine Charta berufen, die den Bewohnern eine derartige Freiheit einräumte, sich den Pflichten gegenüber ihrem Landesherrn zu entziehen. Es waren unter anderem diese inhaltlichen Bestimmungen in der *Blijde Inkomst*, die ein Jahrhundert später als Rechtfertigung dienten, König Philipp II. den Gehorsam zu verweigern.

Der Sohn Herzog Philipps des Guten, Herzog Karl der Kühne, der von 1467 bis 1477 regierte, führte fast ständig Krieg, um sein Gebiet zu erweitern. Außerdem war es sein ehrgeiziges Ziel, all diese Gebiete in einem Königreich aufgehen zu lassen. Nur der Papst oder der Kaiser des Heiligen Römischen Reiches besaßen die Macht, Fürstentümer zu einem Königreich zu »erheben«. Das Heilige Römische Reich umfasste neben den deutschen Gebieten, Österreich und Teilen Norditaliens bis 1648 auch die Niederlande. Der Kaiser stammte aus dem Hause Habsburg, später auch Haus Österreich genannt. Karl der Kühne hatte nur ein Kind, seine Tochter Maria von Burgund. Er schlug dem Kaiser des Heiligen Römischen Reiches, Kaiser Friedrich III., eine Heirat Marias mit dessen Sohn Maximilian vor und verlangte dafür die Erhebung der burgundischen Länder zu einem Königreich. Die Verhandlungen waren bereits weit fortgeschritten, das Hochzeitsdatum festgelegt, als es zum Zerwürfnis kam, woraufhin der Kaiser die Verhandlungen abbrach, grußlos abreiste und den Herzog ohne Königreich zurückließ.

Karl der Kühne fand 1477 den Tod auf dem Schlachtfeld. Seine Tochter war erst siebzehn Jahre alt und politisch unerfahren. In dieser Situation war es günstig für die Führung des Staatenbundes der Nieder-Lande, dass die Stände der Geweste im Gegensatz zur Unerfahrenheit der neuen Landesherrin bereits einige Jahrzehnte politische Mitverantwortung getragen hatten. Dank dieser Erfahrung trafen die Stände zwei wichtige Entscheidungen. Erstens beschlossen sie, alle Länder zusammenzuhalten. Das war notwendig, weil der französische König, Ludwig XI., das Herzogtum Burgund als Lehen der französischen Krone wieder zurückverlangte. Außerdem überfiel er die

Niederlande, um das Fehlen einer männlichen monokratischen Führung auszunutzen. Zweitens vergrößerten die Generalstände ihren Einfluss auf die landesherrliche Verwaltung. Sie zwangen die junge Herzogin nicht nur, eine *Blijde Inkomst* zu akzeptieren, sondern auch, den sogenannten Großen Privilegien zuzustimmen, die ihre Befugnisse im Vergleich zu denen ihres Vaters und Großvaters noch mehr einschränkten. So durften die Stände von nun an auf eigene Initiative zusammentreten, ohne also eine Einberufung durch den Fürsten abwarten zu müssen. Unter den stärkeren Nachfolgern Marias gerieten die Großen Privilegien wieder außer Gebrauch. Das bleibende Verdienst der Stände ist darin zu sehen, dass der burgundische Komplex von Herzogtümern und Grafschaften den Schock von 1477 überstanden hat, sodass die Beziehung von *Les pays de par deça*, der »Länder diesseits«, untereinander aufrechtgehalten wurde. Das Herzogtum Burgund allerdings, *Les pays de par delà*, sollte von nun an bei Frankreich bleiben.

Niederländische und spanische Königreiche unter demselben Regenten

Wir können uns heutzutage kaum noch vorstellen, wie sehr das Schicksal eines Fürstentums in der mittelalterlichen und der frühneuzeitlichen Gesellschaft mit dem Schicksal der regierenden Dynastie verbunden war. Eine Hochzeit, eine Geburt oder ein Todesfall konnten über einen Zusammenschluss oder das Auseinanderfallen von Grafschaften, Herzogtümern oder Königreichen bestimmen. Natürlich wappneten sich die Untertanen in ihren Chartas und *Blijden Inkomsten* gegen unerwünschte Allianzen. Ausdrücklich hatten sie sich ausbedungen, dass eine fürstliche Hochzeit ihrer Zustimmung bedurfte. In den vornehmen Adelsgeschlechtern war es schon seit Langem nicht ungewöhnlich, Braut oder Bräutigam aus einem anderen, manchmal sogar sehr fernen Land kommen zu lassen. So hatte Philipp der Gute eine portugiesische Prinzessin geheiratet, Karl der Kühne eine englische.

Die Verlobung von Maria und Maximilian war, wie gesagt, schon von den Vätern der beiden beschlossen worden. Nach dem frühzeitigen Tod Karls des Kühnen schien dies jetzt eine vernünftige Lösung zu sein. Die Macht Maximilians konnte ein gutes Gegengewicht zu den Aktivitäten des französischen Königs darstellen. So wurde die Ehe denn auch recht bald geschlossen. Eine rein »nationale« Politik

Das Wappenschild Karls V. mit den wichtigsten seiner vielen Besitzungen. Die obere Hälfte wird von den spanischen Königreichen eingenommen. Links unten Österreich und Burgund. Der goldene Löwe auf schwarzem Feld steht für Brabant und der schwarze Löwe auf Gold für Flandern.

erschien allerdings unmöglich, vor allem, nachdem Maximilian 1486 zum König des Heiligen Römischen Reiches gewählt worden war, also erwartungsgemäß zum Nachfolger des römisch-deutschen Kaisers. Doch muss der Terminus »national« ohnehin mit Vorsicht verwendet werden. Das Herzogtum Burgund war durch Ludwig XI. wieder an die französische Krone gefallen. Die Franche-Comté blieb beim Haus Burgund, das jetzt durch die Heirat auch das Haus Habsburg genannt werden konnte. Die Franche-Comté würde von nun an von Brüssel aus regiert werden. Somit kann man jetzt auch einfach von einer niederländischen Politik sprechen. Maximilian hatte seine eigene Agenda, die häufig mit den Interessen seiner niederländischen Untertanen kollidierte. Die Regierung Maximilians war eine gute Schule für die Stände; sie mussten mit einem Landesherrn zusammenarbeiten, der auch andere Interessen verfolgte. Nach dem plötzlichen Tod Marias 1482 sorgten die Stände dafür, dass die Regentschaft Maximilians für seinen kleinen Sohn Philipp den Schönen (1482 bis 1506) möglichst kurz ausfiel. Sie erklärten Philipp bereits 1494, also mit zwölf Jahren, für volljährig und fähig, als »natürlicher Fürst« die Herrschaft über die Niederlande auszuüben, selbstverständlich unter der strengen Kontrolle einiger einheimischer Ratgeber.

Bei der Wahl einer Braut für Philipp den Schönen wollte Maximilian sich nicht mit weniger als einer Königstochter begnügen. 1496 heiratete Philipp der Schöne Johanna von Aragon, eine Tochter Ferdinands, König von Aragon, und Isabellas, Königin von Kastilien, den beiden bedeutendsten spanischen Königreichen. Die Chance, durch diese Heirat auch die Fürstentümer von Braut und Bräutigam zu vereinen, war äußerst gering, da Johanna nach zwei älteren Geschwistern erst an dritter Stelle der Erbfolge stand. Aber das Unwahrscheinliche, wie es nur im wirklichen Leben anzutreffen ist, trat ein, und die beiden Thronanwärter starben. Von dem Moment an, da Philipp der Schöne und seine später wahnsinnig gewordene Johanna Aussicht auf die Throne von Kastilien und Aragon hatten, war es auch mit Philipps »niederländischer« Politik so gut wie vorbei. Nur sein früher Tod im Jahre 1506 hat möglicherweise einen Konflikt mit seinen niederländischen Fürstentümern verhindert – allerdings auch mit seinen spanischen Königreichen, da er sich dort durch die Bevorzugung des niederländischen Hochadels verhasst gemacht hatte.

Wieder einmal war der »natürliche Prinz« noch zu jung, um die Regierung zu übernehmen – in Gent war am 24. Februar 1500 Prinz Karl geboren worden. Ebenso wie bei seinem Vater beschlossen die Stände, ihn schon sehr jung für volljährig zu erklären, und so trat Karl 1515 seine Herrschaft über die Niederlande an. Nach dem Tod seines Großvaters Ferdinand von Aragon im Jahr 1516 erbte er die spanischen Kronen von Aragon und Kastilien. Mit Hilfe des Habsburger Goldes – geliehen bei der Augsburger Bankiersfamilie Fugger – ließ er sich 1519 als Karl V. zum Kaiser des Heiligen Römischen Reiches krönen. Halb Europa fiel unter seine Regierung oder in seine Einflusssphäre: die spanischen Königreiche, zu denen Teile Italiens gehörten, und die reichen Niederlande, Österreich und angrenzende Gebiete. Durch die Entdeckungsreisen von Kolumbus war die spanische Krone (sprich Kastilien) in den Besitz weiter Teile Süd- und Mittelamerikas gekommen und verfügte seither über das Gold und Silber aus den Minen von Peru und Mexiko. Ein solcher Staat, der aus völlig verschiedenen Territorien zusammengesetzt ist, wird auch als zusammengesetzte Monarchie (composite monarchy)[3] bezeichnet. Das Wappen Karls V. konnte ausschließlich die wichtigsten dieser Gebiete aufzeigen: Von seinen niederländischen Fürstentümern fanden darauf nur der Löwe von Brabant und der Löwe von Flandern Platz. Um in all seinen Reichen repräsentiert zu sein, musste er sich von Regenten (in den spanischen Königreichen), von Vizekönigen (in Neapel)

Der arme Jesus und die reiche römisch-katholische Kirche, eine Mahnung zu *practice what you preach*, wie man heute sagen würde.

oder von Generalgouverneuren vertreten lassen. In den Niederlanden delegierte Karl seine Befugnisse zuerst an seine Tante, Margarete von Österreich (Regierungsjahre 1507 bis 1530), später an seine Schwester Maria von Ungarn (Regierungsjahre 1531 bis 1555). Deren Familienstolz war womöglich noch größer als der des Kaisers, und obgleich ohne eigene politische Ambitionen waren sie den Habsburger Familienangelegenheiten sehr ergeben. Beide Generalstatthalterinnen setzten sich auch für die Interessen der Niederlande ein, die sie mit fester Hand regierten.[4]

Lutheraner und Wiedertäufer

Die Regierung Karls V. wurde zu einer Aneinanderreihung von Kriegen. Die alte Rivalität mit Frankreich bestand unvermindert weiter. Der Kaiser und der französische König machten sich die Fürstentümer in Norditalien streitig, und für Karl war die Wiedereroberung des Herzogtums Burgund Ehrensache, wie unrealistisch sie auch sein mochte. Die Kriege verschlangen riesige Geldsummen, die von den Untertanen in den Niederlanden und den anderen Teilen des Reichs Karls V. aufgebracht werden mussten. Nicht weniger gefürchtet war der andere traditionelle Feind, gegen den von Zeit zu Zeit gekämpft werden musste: das Osmanische Reich, oft einfach als »der Türke« bezeichnet. Die westeuropäischen Christen des Heiligen Römischen Reiches und die mohammedanischen Osmanen betrachteten sich gegenseitig als Ungläubige; folglich besaß der Kampf gegen die muslimischen Türken für den katholischen Karl den Charakter eines Kreuzzugs.

Nach 1520 kam ein unverhoffter Feind hinzu, der weitaus gefährlicher war als jeder weltliche Fürst: die Reformation in Deutschland. Viele Jahrhunderte lang hatte die römisch-katholische Kirche in Westeuropa eine Art Monopolstellung inne – sie vertrat und vertritt den Anspruch, die einzig seligmachende, universelle Kirche zu sein. Praktisch ihre gesamte Geschichte hindurch wurde die Kirche von Kritikern angegriffen, die mit der Lebensweise der Geistlichen und mit bestimmten Glaubensartikeln oder -praktiken nicht einverstanden waren. Vor allem am immensen materiellen Reichtum der katholischen Kirche nahmen viele Menschen Anstoß. Immer wieder hatte es die Kirche jedoch verstanden, die Reformbewegungen in sich aufzunehmen oder aber die Reformer und deren Protagonisten und Anhänger mit Hilfe der weltlichen Obrigkeit mundtot zu machen. In der ersten Hälfte des 16. Jahrhunderts waren Erasmus von Rotterdam und Martin Luther scharfe Kritiker der Kirche gewesen. Doch während Erasmus der Kirche treu blieb und sich für Reformen von innen einsetzte, vertrat Luther einen radikalen reformatorischen Ansatz, der in seiner Konsequenz zum Bruch mit Rom führte. In den Augen der Kirche und Karls V. war Luther ein Ketzer. Und weshalb sollte man mit diesem abtrünnigen Augustinermönch aus Wittenberg nicht genauso verfahren wie mit all den anderen Ketzern vor ihm? Diesmal lief die Sache jedoch anders: Luther genoss den Rückhalt einiger deutscher Kurfürsten – es waren insgesamt sieben, die gemeinsam jeweils den neuen Kaiser kürten –, die nicht nur seine Reformen unterstützten, sondern auch begehrliche Blicke auf die reichen, ausgedehnten kirchlichen Latifundien warfen.

Karl V. hielt es für seine Christenpflicht, gegen Luther und die protestantischen Fürsten zu Felde zu ziehen. In den kriegerischen Auseinandersetzungen auf deutschem Gebiet setzte er natürlich die Feldherren aus seinen anderen Besitzungen ein, und so kämpfte in Deutschland der spanische Herzog Alba neben dem niederländischen Grafen Maximilian von Egmont, Graf von Buren, dessen Tochter Anna die Braut des Prinzen Wilhelm von Oranien werden

Wiedertäufer gehen nackt auf die Straße, um vor dem Ende der Zeiten zu warnen.

sollte. Letztlich gelang es Karl nicht, die deutschen protestantischen Fürsten zu besiegen. 1555 wurde der Augsburger Religionsfrieden geschlossen, nach dem das Volk denselben Glauben haben musste wie der Herr, Graf, Herzog oder König, der das Fürstentum regierte.

Später wurde die Formulierung geläufig: *Cuius regio eius religio (wes der Fürst, des der Glaub).*

In den Niederlanden sah man also, dass in einigen Kurfürstentümern des Heiligen Römischen Reiches ein anderer christlicher Glaube gestattet wurde. Das war etwas ganz und gar Unerhörtes. Allein schon die Existenz einer abweichenden »ketzerischen« Religion, die sich ebenfalls auf die Bibel und die Kirchenväter berief, untergrub die weltweit geltende Lehrautorität der Kirche von Rom. Zugleich ließ derselbe Religionsfrieden von Augsburg Karl freie Hand in den Niederlanden. Die deutschen lutherischen Fürsten haben nie ihren Einfluss zugunsten des Protestantismus in den Niederlanden geltend gemacht. Folglich haben die Lutheraner hier auch nie wirkliche Bedeutung gehabt. Notgedrungen musste Karl deutsche lutherische Kaufleute in der Kaufmannsstadt Antwerpen zulassen, aber diese verhielten sich in politischer Hinsicht vorbildlich, um auf keinen Fall Anstoß zu erregen.

Viel gefährlicher waren die Wiedertäufer oder Anabaptisten mit ihrer radikal anderen Glaubensauffassung. Sie fanden es nicht richtig, dass Kinder gleich nach der Geburt getauft wurden: Die Taufe sollte eine bewusste Entscheidung in einem späteren Lebensalter sein. Deshalb ließen sie sich als Erwachsene noch einmal taufen. Auch wenn das schon ausreichte, um sie für die Kirche zu Kandidaten für den Scheiterhaufen zu machen, so veranlassten ihre gesellschaftlichen Ansichten – das Ideal einer Gütergemeinschaft beziehungsweise der Abschaffung von Privateigentum – auch die weltliche Obrigkeit dazu, sie als Aufrührer zu verfolgen.

Die radikalen Täufer glaubten, schon vor der Ankunft des Gottesreiches ein himmlisches Reich auf Erden verwirklichen zu können. Angeführt von den beiden Niederländern Jan van Leiden und Jan Matthys bemächtigten sie sich 1534 der westfälischen Stadt Münster, die für sie – 1500 Jahre nach Kreuzestod und Auferstehung Christi – das himmlische Jerusalem werden sollte. In der Hoffnung, dort eine bessere Gesellschaft aufzubauen, zogen mehrere Tausend Schwärmer aus den Nieder-Landen nach Münster. Ihre rigorose Ablehnung all dessen, was die gläubigen Menschen normalerweise als die von Gott gegebene Ordnung ansahen, konnte die Gesellschaft nicht in ihrer Mitte dulden. Als Rädelsführer und Rebellen wurden die Täufer 1535 in Münster belagert, besiegt und hingerichtet. Auch in Amsterdam hätten es radikale Täufer fast geschafft, die Macht an sich zu reißen, und es hatte wenig gefehlt, dass die Szenen von Münster sich an der

Amstel wiederholt hätten. Eines Tages wagten sich einige nackte Täufer, Männer wie Frauen, Zeter und Mordio rufend, ins Zentrum von Amsterdam. Die Bestrafung war streng, als Aufrührer endeten sie auf dem Schafott. Trotz ihrer erbarmungslosen Verfolgung blieb die Zahl der Täufer in den Niederlanden viel größer als die der Lutheraner. Sie erkannten selbst, dass die Situation in Münster aus dem Ruder gelaufen war – von jetzt an bekannten sie sich zu absolutem Gewaltverzicht. Nach dem Vorbild ihres Anführers Menno Simons hielten sie an der Erwachsenentaufe fest und lehnten es auch ab, einen Eid zu schwören: Jedes Wort war für sie wie vor Gott gesprochen, also musste ein einfaches Versprechen ausreichen. Als Anhänger der Gewaltlosigkeit vertreten sie seitdem das Prinzip einer friedlichen Mission, im eigenen Kreis duldete Menno jedoch keinen Widerspruch. Das führte zu diversen Spaltungen, wobei jede Gruppierung für sich in Anspruch nahm, die »wahre Gemeinde« zu sein.[5]

Gegen die »Ketzer« erließ Karl V. ein ums andere Mal sogenannte *plakkaten*, gedruckte Verordnungen, auf denen er strengste Härte befahl. Diese Erlasse waren vor allem gegen die Täufer gerichtet, die den weitaus größten Teil der Opfer ausmachten, die auf dem Scheiterhaufen ihr Leben ließen. Schon unter Karl V. wurden Andersgläubige streng verfolgt. So starben am 1. Juli 1523 in Brüssel die ersten Lutheraner als Märtyrer für den protestantischen Glauben: Hendrik Voes und Jan van Essen, zwei Mönche aus dem Antwerpener Augustinerkloster. In der alltäglichen Praxis aber wurden die Befehle von den niederen Obrigkeiten ignoriert. Sowohl in den Gewesten als auch in den Städten gab es eine starke Abneigung gegen die Ausführung der Todesstrafe um des Glaubens willen. Man gab also vor, von nichts zu wissen, und sah in die andere Richtung. Als der Kaiser die Herrschaft über die Niederlande auf seinen Sohn Philipp übertrug, war er stolz darauf, dass in den Ländern diesseits das Problem der Ketzerei praktisch unter Kontrolle war. In den Jahren der Glaubensverfolgungen unter Philipp II. hat man oft der vorangegangenen Regentschaft Kaiser Karls als der »guten alten Zeit« gedacht. In Wirklichkeit hatte aber gerade Karl V. die Verfolgung der Ketzer zunehmend verschärft.

Die Niederlande vereint

Als Herr der Niederlande setzte Karl V. nicht nur außenpolitisch, sondern auch in der Innenpolitik Akzente. In der Tradition der burgundischen Herzöge versuchte er, sein Territorium in den Niederlanden

Der *Leo Belgicus*, die Niederlande in Form eines Löwen.

zu vergrößern. Seine Macht und sein Ansehen als König von Spanien und Kaiser des Heiligen Römischen Reiches waren so groß, dass er 1528 ungestraft die weltliche Macht des Bistums Utrecht an sich reißen konnte. Damit fügte er Utrecht, Overijssel und Drenthe seinem Imperium hinzu. 1530 bekam er vom Papst das Recht zugesprochen, die Wahl der Bischöfe zu bestimmen; erst danach wurden sie vom Heiligen Stuhl offiziell im Amt bestätigt. Relativ spät, erst 1543, gelang es Karl, auch Gelderland seinem Machtkomplex einzuverleiben. Über ein Jahrhundert lang waren die Herzöge von Gelderland lästige Nachbarn gewesen, als Verbündete der französischen Könige bekämpften sie die Länder der burgundischen Herzöge. Auf ihren Raubzügen bis nach Den Haag säten die Gelderner Tod und Verderben. Als Karl den Herzog 1543 auf die Knie zwingen konnte, herrschten Freude und Erleichterung in den umliegenden Gewesten Holland, Seeland, Brabant, Utrecht und Overijssel. Ein Utrechter Bürger war offensichtlich so glücklich darüber, dass er die Statue Karls am Giebel seines Hauses anbringen ließ. Auch die Zuiderzee wandelte sich von einem maritimen Kriegsgebiet zu einem friedlichen Binnenmeer, was gut für

Handel und Seefahrt war. Es ist verführerisch, das niederländische Machtgebiet Karls V. geografisch als ein abgerundetes Ganzes anzusehen. Die Niederlande kann man nur insofern als »komplett« bezeichnen, als die damalige Ostgrenze mit der jetzigen Ostgrenze der Niederlande, Belgiens und Luxemburg in etwa übereinstimmt. Karl gelang es jedoch, auch die Grafschaft Lingen zu erwerben (siehe Karte I, S. 227), die jetzt ganz aus dem niederländischen und belgischen Blickfeld herausfällt, von ihm jedoch zu den niederländischen Besitzungen gezählt wurde. Eigentlich wollte er auch noch Ostfriesland und das Bistum Münster den Niederlanden zuschlagen. Diese Pläne hat er nicht mehr verwirklicht. Dennoch sollte man diese Vorhaben im Gedächtnis behalten, um die späteren Staatsgrenzen nicht als »natürlich« oder »selbstverständlich« oder »abgerundet« anzusehen: Sie zeigen ein Bild, an das man sich einfach gewöhnt hat.

Karl V. war wegen seiner Kriege mit Frankreich auf die Zusammenarbeit mit den niederländischen Gewesten angewiesen und ließ ihre Rechte daher unangetastet. Er verzichtete so weit wie möglich auf die Einsetzung von »Ausländern« in der Verwaltung. Einige Spitzenbeamte kamen aus der Franche-Comté, denn das alte Stammland hatte nun einmal eine ganze Generation von vortrefflichen Juristen und Verwaltungsfachleuten hervorgebracht, derer sich die Landesherren dankbar bedienten. Je umfangreicher und komplizierter die Regierungsaufgabe wurde, desto größer wurde (nach und nach) dank ihres spezifischen Fachwissens der Einfluss der Juristen aus Burgund und den anderen Gewesten auf die Regierung. Nach ihrer Amtskleidung nannte man sie *Conseillers de robe longue* oder Ratsherren in langer Robe. Die Verdienstvollsten unter ihnen wurden in den niederen Adelsstand erhoben. Neben dem alten Adel, der seine Nützlichkeit auf dem Schlachtfeld bewies, dem Schwertadel oder der *Noblesse d'épée*, entstand so ein neuer Amtsadel oder die *Noblesse de robe*. Der Einfluss dieses neuen Beamtenadels wurde allmählich so groß, dass die Generalstatthalterin Maria von Ungarn Karl von der Beschwerde der anderen Adligen berichtete, die sich in ihren elementaren Funktionen benachteiligt fühlten. Diese Burgunder wurden als »Ausländer« bezeichnet. Dennoch war die Professionalisierung – um einen modernen Ausdruck zu benutzen – der Regierung unumgänglich. 1531 beschloss Karl die Reorganisation seiner Hofräte. Auch unter seinen Vorgängern hatte es schon eigene Räte für Justiz und Finanzen gegeben. Karls Wunsch, die Verwaltung seiner Regierung den Anforderungen der Zeit besser anzupassen, war also nichts Neues. Er setzte drei Räte ein, die später die Kollateralen Räte genannt wurden. An erster Stelle kam der Staatsrat (Raad van State), in dem die angesehensten Adligen, jedoch auch wieder die unvermeidlichen Juristen einen Sitz hatten. Die Ratsmitglieder besaßen eine beratende Funktion in der Regierungspolitik. An zweiter Stelle kam der Geheime Rat (Geheime Raad), der sich mit der allgemeinen Gesetzgebung und Rechtsprechung befasste. Nur gut geschulte, also akademisch ausgebildete Juristen kamen für die Tätigkeit in diesem Rat in Betracht. An dritter Stelle kam ein Finanzrat (Raad van Financiën), der sich ebenfalls nur aus professionellen Beamten mit entsprechender Erfahrung rekrutierte. Dieses System der Kollateralen Räte hat Philipp II. später unverändert von seinem Vater übernommen.

Ein Jahr später, 1531, hatte Karl V. seine Zustimmung zur Wahl seines Bruders Ferdinand zum römisch-deutschen König des Heiligen Römischen Reiches gegeben. Daraus ließ sich schließen, dass dieser zu Karls Nachfolger als Kaiser vorbestimmt war. Als die jeweiligen Oberhäupter der beiden Zweige des Habsburger oder Österreicher Hauses arbeiteten die beiden Brüder im Allgemeinen gut zusammen. Das war auch notwendig, um im gemeinsamen Kampf gegen das Luthertum und die türkische Bedrohung Einigkeit zu bewahren. Was aber nicht bedeutet, dass es nicht auch Rivalität zwischen den beiden gegeben hätte. Nachdem Herzog Alba den Schmalkaldischen Bund, die deutschen protestantischen Fürsten, 1547 in der Schlacht bei Mühlberg vernichtend geschlagen hatte, besaß Karl V. die Vormachtstellung im Heiligen Römischen Reich. Das bot ihm die Gelegenheit, sich auf dem Reichstag zu Augsburg auch ein Stück aus dem Kuchen zu schneiden.

Die Bindung der niederländischen Territorien ans Reich war durch ihre abgelegene Lage im Laufe der Jahrhunderte lockerer geworden – Gleiches galt auch für andere periphere Teile des Reiches wie Norditalien, die Schweiz und Ungarn. Einen Teil der Geweste hatte Karl von seinem Vater geerbt, darunter alle Niederlande südlich der großen Flüsse (Rhein, Maas und Schelde), dazu die Grafschaft Holland. Sie hießen daher auch Patrimoniale Geweste. Denen hatte er die übrigen Geweste nördlich der großen Flüsse hinzugefügt: Utrecht und Overijssel, Friesland, Groningen und Gelderland. Diese niederländischen Territorien fielen theoretisch noch unter das Reich. Das galt nicht für Flandern westlich der Schelde und für Artois, die unter der Lehenshoheit Frankreichs standen. Und was unternahm Karl? Er überführte Flandern und Artois ins Reich und vereinigte alle Territorien der Niederlande in dem sogenannten Burgundischen *Kreits*. Seit 1500 war das Reich in Verwaltungsdistrikte aufgeteilt, die sogenannten Kreitse, um den Zusammenhang der Territorien untereinander gegen die immer weiter fortschreitende staatliche Zerstückelung zu stärken. Gleichzeitig – und da steckte der Haken – verlieh er diesen Kreits dem Reich gegenüber eine viel größere Selbständigkeit.

Das Reich bestätigte den niederländischen Territorien ihre alten Freiheiten und Vorrechte und würde sich nicht mehr in interne Angelegenheiten des Burgundischen Kreits einmischen. Auch die Gerichtsbarkeit des Reichs sollte nicht mehr zur Anwendung kommen, allerdings durften die niederländischen Abgeordneten den Reichstagen beiwohnen. Als Zeichen ihrer freundschaftlichen Gesinnung sollten die Niederlande freiwillig einen jährlichen finanziellen Beitrag leisten, indem sie ebenso viel wie zwei Kurfürsten zahlten. Diese Verselbständigung wurde als eine gewaltige Schwächung des Reiches erlebt: Kaiser Karl schuf gleichsam für sich selbst einen neuen Staat, in dem sein Sohn Philipp ihm nachfolgen sollte. Nur die Königskrone fehlte noch. Es war auch typisch für Karl V., dass er dies den *Burgundischen* Kreits nannte, während den Kurfürsten der Name Niederländischer Kreits lieber gewesen wäre. Mit dieser Präferenz betonte Karl seine Verankerung in der burgundischen Tradition, wie er sie auffasste. Die Hinzufügung von Flandern und Artois war eine bedeutungslose Geste, die Zahlung des Reichsbetrags unterblieb in der Praxis und auch die Zeremonie der Huldigung des Kaisers als Souverän der Niederlande wurde mit der Zeit nicht mehr vollzogen. Das Reich sollte lediglich im Kriegsfall zu Hilfe eilen dürfen – sprich: für den Fall, dass Frankreich die Niederlande überfiel. Als im Zusammenhang mit dem Aufstand auch in den Niederlanden selbst Kämpfe ausbrachen, dachten die Reichsfürsten gar nicht daran, ihrerseits aktiv zu werden.[6]

Nach diesem diplomatischen Sieg im Reich konzentrierte Karl sich auf den nächsten Schritt. 1549 ließ er alle niederländischen Fürstentümer die sogenannte Pragmatische Sanktion annehmen. Darin gelobten die Geweste, nach seinem Tode seinen Sohn Philipp als Fürst anzuerkennen. Dies war zugleich die passende Gelegenheit, Philipp aus dem fernen Spanien kommen zu lassen, damit er seine künftigen Erblande kennenlernen konnte. Als Philipp 1549 in die Niederlande kam, war er zwar gerade erst 22 Jahre alt, aber kein unbeschriebenes Blatt mehr. Er wurde 1527 in Valladolid geboren und blieb neben seinen Schwestern Maria und Johanna der einzige Sohn von Karl V. und Isabella von Portugal. Sein Vater war fast ununterbrochen abwesend, und so hing Philipp schon deshalb sehr an seiner Mutter, die bei Karls Abwesenheit als Regentin des spanischen Königreichs fungierte, als Stellvertreterin des Königs. Als Philipp mit elf Jahren seine Mutter verlor, war dies ein Schock für ihn. Doch bereits mit etwa sechzehn Jahren fiel ihm die Aufgabe zu, in den spanischen Königreichen die Regierungsverantwortung für seinen Vater zu übernehmen. Natürlich gab Karl seinem Sohn durch entsprechende schriftliche Anweisungen die Richtung vor, aber Philipp erwies sich auch so als ein geschickter Regent. Das zeigte sich unter anderem in den Verhandlungen mit den spanischen »Ständen«, den *Cortes*, und an der Art, wie er die Familien des Hochadels mit ihrer Neigung zur Clanbildung zu zügeln wusste. 1543 wurde er mit Maria von Portugal verheiratet. Als Maria bei der Geburt des Sohnes Don Carlos 1545 starb, wurde Philipp von Schuldgefühlen übermannt und verfiel in tiefe Trauer. In politischer und menschlicher Hinsicht hatte Philipp also bereits einiges hinter sich. Dabei bewies er immer große Ruhe und Selbstbeherrschung, wie man das in Spanien von einem Fürsten wohl auch erwartete.[7] Nach seinen Erfahrungen in Spanien war es dann auch nicht mehr als ein logischer Schritt, dass Karl ihn 1549 in die Niederlande schickte, um seine dortigen Besitzungen kennenzulernen. So kam Philipp über die italienischen Besitzungen, die österreichischen und deutschen Fürstentümer 1549 in die Niederlande.

Bis auf die Geweste im äußersten Norden (Friesland und Groningen) unternahm Philipp eine Reise durch alle Fürstentümer, um sich als zukünftiger Landesherr huldigen zu lassen. Alle Städte, die der Prinz mit seinem Besuch beehrte, zeigten sich von ihrer besten Seite: Sie warteten mit prächtigen Empfängen auf, mit Umzügen, Theatervorführungen, Geschenken, Lobeshymnen und selbstverständlich mit üppigen Festmählern, auf denen gut und reichlich getrunken wurde. Der Bericht seines Besuches von Antwerpen erschien im Druck auf Latein, Französisch und Niederländisch.[8] Die Niederlande müssen dem nüchternen, genügsamen Prinzen wie ein Schlaraffenland vorgekommen sein. Auf überreichliches Essen und Trinken verzichtete er, aber er sollte sein Leben lang eine Vorliebe für die niederländische Gartenkultur sowie für die Musik und die Malerei der Nieder-Lande behalten.

2 Unruhen

Loyale Opposition gegen Philipp II. ▸ 1555–1567

Der Thronwechsel

Am 25. Oktober 1555 übertrug Karl V. seinem Sohn Philipp II. die Regierung in den Niederlanden. Der große Saal im Palast zu Brüssel war für diese Zeremonie nicht festlich-fröhlich geschmückt. Als Zeichen der Trauer um die einige Monate zuvor verstorbene Mutter des Kaisers, Johanna die Wahnsinnige, waren die Wände noch mit schwarzen Tüchern behängt. Absichtlich oder aus Mangel an Geld für eine passendere Dekoration hatte man die Tücher hängen lassen. Das schwarze Dekor betonte den traurigen Charakter des Ereignisses. Obwohl Karl V. auf dem Papier der mächtigste Monarch der Welt war, wirkte dieser Tag eher als Ankündigung seines politischen Scheiterns. Nach den vielen Heerzügen, die er geführt hatte, war seine Schatzkammer leer. Mit seinen fünfundfünfzig Jahren war er verbraucht. Schuld daran war die Bürde des Regierens, die vielen Reisen zu Wasser und zu Lande und die unaufhörlichen kriegerischen Auseinandersetzungen. In seinen letzten Jahren kam dann noch die Gicht dazu.

Ein freiwilliger Regierungsverzicht war höchst ungewöhnlich.[9] Seine Macht wurde dem Fürsten von Gott verliehen, und im Vertrauen auf Gottes Allmacht regierten Kaiser und Könige gewöhnlich bis zu ihrem Tod. Karl gab jedoch bekannt, als gläubiger Katholik wolle er sich während seiner letzten Jahre auf den Tod vorbereiten und sich in eine – übrigens recht luxuriöse – Bleibe in der Nähe eines Klosters in Spanien zurückziehen. In Wirklichkeit war er völlig desillusioniert und körperlich ein Wrack. Im Heiligen Römischen Reich hatte er die Reformation nicht rückgängig machen können und im Krieg mit Frankreich im Streit um das Bistum und die Stadt Metz eine empfindliche Niederlage erlitten. Zurückgekehrt aus diesem Kampf, bezog er nicht mehr den Palast auf dem Koudenberg, sondern ein kleines Haus am Rande des Parks von Brüssel.[10] Möglicherweise gab es auch noch einen politischen Grund, sich von der Macht zu verabschieden. In den letzten Jahren waren ihm Berichte zu Ohren gekommen, dass in niederländischen Regierungskreisen große Zweifel, wenn nicht gar Widerstand beim Gedanken an eine mögliche Thronfolge durch den unbekannten Prinz Philipp aufkamen.[11] Auch aus diesem Grunde hatte er vermutlich die Regierungsübergabe selbst in die Hand nehmen wollen, um die Nachfolge durch seinen Sohn gesichert zu wissen.

In Philipps Leben hatte sich durch seine am 25. Juli 1554 geschlossene Ehe mit der englischen Königin Maria I. Tudor, einer Katholikin, viel verändert. Sie war die älteste Tochter des anglikanischen Fürsten Heinrich VIII., der die englische Kirche von Rom abgetrennt hatte. Gemeinsam gelang es Maria und Philipp, den Katholizismus in England wieder einzuführen, ohne dass die von Heinrich VIII. beschlagnahmten kirchlichen Güter an die katholische Kirche zurückgegeben werden mussten. Das war keine geringe Leistung. Als Karl seinen Sohn Philipp Ende 1554 nach Brüssel beorderte, weigerte sich der, weil er seine Anwesenheit in England für existentiell wichtig hielt, um das Land regieren zu können. Außerdem wollte er bis zur Geburt des Kindes warten, mit dem Maria schwanger war. Erst nach der traurigen Feststellung einer Scheinschwangerschaft beschloss Philipp, sich (vorübergehend) aus England zu entfernen. Er folgte der Aufforderung seines Vaters, und am 8. September 1555 schlossen die beiden sich in die Arme.[12]

Während der feierlichen Regierungsübergabe wurde deutlich, wie gebrechlich die Gesundheit Karls V. war. Mit der rechten Hand stützte er sich auf einen Stock, mit der linken auf die Schulter des jungen Prinzen Wilhelm von Oranien. Eine Funktion als Statthalter oder als Mitglied des Ständerates bekleidete der zweiundzwanzigjährige Wilhelm noch nicht. Er war einer der Armeeführer im Krieg gegen Frankreich, und der Kaiser hatte ihn eigens für diese besondere Feierlichkeit nach Brüssel kommen lassen. Historiker aus den Niederlanden betonen gern, der Kaiser habe eine besondere Vorliebe für den Prinzen gehabt. Es ist jedoch eher anzunehmen, dass dem Prinzen diese Ehre zukam, weil er als souveräner Prinz von Oranien der Ranghöchste der Anwesenden war. Und Kaiser stützen sich nun einmal nicht auf einen Grafen oder Herzog, wenn ein Prinz vorhanden ist.[13] Ein spanischer Geschichtsschreiber machte Wilhelm den Vorwurf, er habe sich in den darauffolgenden Jahren undankbar gezeigt, indem er die Stände gegen König Philipp aufhetzte.[14]

In jedem Bericht über die Abdankung wird betont, dass Philipp II. nur stotternd das Wort ergriff, um sich zu entschuldigen, sein Französisch reiche nicht für eine Ansprache aus und deshalb würde sich

Die älteste Abbildung in einem niederländischen historischen Werk, auf der Karl V. sich auf die Schulter des Prinzen von Oranien stützt.

Granvelle, der Bischof von Arras, in seinem Namen an die Versammlung wenden. Dieser hatte jedoch auch schon im Namen des Kaisers gesprochen, der anschließend einige persönliche Worte an die Anwesenden richtete und sie sogar um Vergebung bat, falls er jemandem Unrecht getan haben sollte. Das verdeutlichte den Gegensatz zwischen dem menschlichen, den Niederlanden zugetanen Vater und dem distanzierten Sohn, der nicht einmal Französisch konnte. Antoine Perrenot, Herr von Granvelle und Bischof von Arras (1517–1586), stammte aus der Franche-Comté. Sein Vater war einer der maßgeblichen Berater Karls gewesen und hatte seinem Sohn eine solide Ausbildung ermöglicht, um ihn in seine Fußstapfen treten zu lassen. Der junge Granvelle war außergewöhnlich intelligent, sprach mehrere Sprachen fließend und hatte ein Talent für die große Politik. Er beriet den jungen Philipp so gut und vor allem so dezent, dass dieser immer das Gefühl hatte, seinen eigenen Gedanken zu folgen.[15]

Wir sehen hier also drei Hauptpersonen des Dramas, das uns beschäftigen wird: Philipp, Oranien und Granvelle. Während die Abbildung oben den Kaiser zeigt, wie er sich auf die Schulter Wilhelms von Oranien stützt, hängt eine ganz andere Darstellung im ehemaligen Palais Granvelle in dessen Geburtsort Besançon. Hier kniet Philipp II. vor Karl V. und küsst dessen Hand unter dem beifälligen Blick

Wandteppich aus dem Jahr 1630, auf dem die bedeutende Rolle Granvelles beim Thronwechsel dargestellt ist. Man beachte, wie Philipp II. die Hand seines Vaters küsst.

Granvelles, der auf gleicher Höhe mit dem Kaiser steht. Auf einem Kachelbild im Sitzungssaal der Stände von Friesland finden wir eine Darstellung der Amtseinführung Philipps II., die aus dem 19. Jahrhundert stammt und den Friesen sehr am Herzen liegt: Der König, auf seinem Thron sitzend, erschrickt vor den friesischen Abgeordneten, die sich weigern, ihren Eid kniend abzulegen. In Wirklichkeit wurde ein solcher Kniefall gar nicht verlangt, denn beide Parteien legten den Eid einander gegenüberstehend ab. So können spätere Geschichtsschreibung wie auch bildende Kunst unser Bild von einem Geschehnis beeinflussen. Insofern ist bei der Interpretation schriftlicher und bildlicher Quellen Vorsicht geboten.

Thronverzicht und Schwur waren übrigens auf mehrere Tage verteilt. Am 26. Oktober legten die Abgeordneten aus Brabant und

Die friesische Delegation unter Leitung Gemme van Burmanias weigert sich, bei der Eidablegung vor Philipp II. zu knien. Eine Legende, denn sie mussten gar nicht knien. Ein Zeichen friesischen Nationalstolzes, festgehalten auf einem Wandbild aus dem 19. Jahrhundert im Gebäude der Provinzverwaltung in Leeuwarden.

Flandern den Eid ab; einen Tag später folgten die übrigen Geweste. Am 16. Januar 1556 trat Karl V. von der Herrschaft über die spanischen Königreiche und die dazugehörigen überseeischen Gebiete zurück.[16] Er mischte sich jedoch weiterhin in die Regierungsgeschäfte ein, und zwar nicht nur, während er sich noch in den Niederlanden aufhielt, sondern auch, nachdem er im September 1556 nach Spanien gegangen war. Dies oft zum größten Ärger Philipps II., dem so mancher noch immer nicht zutraute, erfolgreich zu regieren.[17]

Philipp hat vor allem zu Anfang, im Grunde aber während seiner ganzen Regierungszeit den Kurs seines Vaters fortgesetzt. Dennoch hatte dieser Vater ihm das größte Problem vermacht: die aussichtslose finanzielle Situation, die ihn sowohl innen- wie außenpolitisch blockierte. Eigentlich hätte der Staatsbankrott bereits in Karls letzten

Regierungsjahren erklärt werden müssen. Aber das konnte der Kaiser nicht mit seiner Ehre vereinen. Unmittelbar nach seinem Regierungsantritt beauftragte Philipp eine Kommission mit einem Gutachten zur bestmöglichen Sanierung der finanziellen Situation seines gesamten Reiches – also nicht nur der Niederlande, sondern auch der spanischen Königreiche nebst den überseeischen Gebieten. Das führte zur Anstellung eines Faktors, der eine Übersicht über alle Schulden, Einkünfte und Ausgaben anfertigen und anschließend die Leitung der Finanzen übernehmen sollte. Dieser Faktor sollte seine Aufgabe von den Niederlanden aus wahrnehmen. Schon am 31. Oktober bestimmte Philipp den Bankier Gaspar Schetz für diesen wichtigen Posten. Da Philipp aber zu dem Zeitpunkt noch nicht zum König der spanischen Königreiche ernannt worden war, nutzten die Spanier ihre Chance und durchkreuzten dieses Vorhaben. Sie plädierten für die Ernennung eines ständigen zweiten Faktors in den Niederlanden, der ein Spanier sein sollte. Dessen Kompetenzen waren so definiert, dass eigentlich er derjenige war, der den Ton angab. Zum Ärger seiner niederländischen Ratsmitglieder erklärte Philipp sich damit einverstanden. Durch dieses geteilte Mandat, mehr aber noch durch die voneinander abweichenden Interessen der unterschiedlich zusammengesetzten Teile des Reiches und durch das schwierige Alltagsprozedere war dieser auf dem Papier so schöne Plan schon bald zum Scheitern verurteilt. Zumindest aber war man sich an der Spitze der Regierung grundsätzlich des Problems bewusst.[18]

Um der drückenden finanziellen Probleme Herr zu werden, schraubte Philipp 1557 die Zinsen für die Staatsschuld einseitig auf 5 Prozent zurück. Diese Sanierungsmaßnahme bedeutete de facto einen Bankrott.[19] Unter seiner Regierung sollten noch drei weitere folgen (1560, 1574 und 1596). Gerade deshalb war es so wichtig, sich mit den Generalständen zu beraten, wenn es um die Finanzen ging. Im Gewest Holland lag die Verwaltung der finanziellen Transaktionen zum größten Teil in den Händen der Provinzialstände. Die reichen Kaufleute, die durch den Kauf von *Renten* die Schulden der Geweste finanzierten, waren dieselben, die als Provinzverwalter Einblick und Kontrolle über eben diese provinzialen Schulden hatten. Ihre linke Hand wusste immer verflixt gut, was ihre rechte tat. Antwerpener Bankiers, die in Holland Geld für die Zentralregierung leihen wollten, baten die holländischen Stände, für die Zinszahlungen zu bürgen.[20] Gegenüber dem Bankrott Philipps hob sich die Kreditwürdigkeit der Stände also günstig ab.

Die Kontrolle der holländischen Stände hatte zur Folge, dass die Zahlungsbilanz des Gewests sich Jahr für Jahr verbesserte.[21] Die Abgeordneten kamen dort eigenständig zusammen, lehnten die Besteuerung des Handels ab, scheuten sich aber nicht, den Zehnten zu erheben, wenn das für die eigenen Finanzen notwendig war. Das hieß aber noch lange nicht, dass sie Sondersteuern erheben wollten, um der Zentralregierung aus der Patsche zu helfen.[22] Die holländische Garantie für Darlehen an die Zentralregierung ist von größter Bedeutung, weil eben dieses Gewest während des Aufstands den überwiegenden Teil der Lasten tragen sollte. Auch da wurde Holland zur Kasse gebeten. Die Erfahrungen, die auf finanziellem Gebiet unter Karl V. und Philipp II. gemacht wurden, sind möglicherweise eine nicht zu unterschätzende Voraussetzung für Wagnis und Erfolg des Aufstands gewesen. Die holländischen Stände wussten, dass die Fürsten geldgierige Fässer ohne Boden waren, jedoch keine Ahnung davon hatten, wie und wo das Geld verdient werden musste. Auch Philipp II. schrieb einmal an Anton Fugger, einen seiner Berater: »Ihr wisst, dass ich nichts von finanziellen Angelegenheiten verstehe. Ich kann diesbezüglich eine richtige Rechnung nicht von einer falschen unterscheiden. Und ich quäle mein Gehirn nicht damit, etwas zu kapieren, was ich in meinem ganzen Leben nicht verstanden habe.«[23] Von einer vergleichbaren Situation in den beiden wichtigsten Fürstentümern des Landes, Brabant und Flandern, konnte leider nicht die Rede sein. Zwar waren diese Geweste reicher als Holland, aber es gab viel mehr Stimmen, die den Entscheidungsprozess blockieren konnten. Das gilt für die Gilden in den Städten wie für die Geistlichkeit, die getrennt besteuert wurde. Außerdem waren die großen Städte neidisch auf das Umland, und die Rivalität untereinander brandete immer wieder auf. Und da so viele Institutionen und Personen von der Steuer befreit waren, wurden die Lasten für die übrigen, die Steuern zahlen mussten, umso größer.[24]

1558, ein Jahr nach dem Staatsbankrott, kamen die Generalstände wieder zusammen, diesmal in Arras. Philipp war noch so klug, die Stände untereinander beraten zu lassen.[25] Er wollte das Ja der Stände zu einer Umsatzsteuer, wie sie in Spanien erhoben wurde. Das würde die Einnahmen unabhängig von der Zustimmung zu der *bede* machen, die er jedes Jahr von ihnen einholen musste. Das erkannten die Stände natürlich auch, und gerade deshalb lehnten sie eine solche Steuer ab. Nur unter strengen Bedingungen wollten sie Geld zur Verfügung stellen. Möglicherweise spielte das Vorbild Hollands dabei eine Rolle, wo

Ein Porträt von Philipp II., schlicht gekleidet, entstanden, als er sich in den Niederlanden aufhielt, und so, wie Bürger und Adlige ihn damals zu sehen bekamen. Die Radierung von 15,3 × 10,7 Zentimeter Größe stammt aus der Hand des in Beverwijk geborenen Jan Vermeyen. Um den Hals trägt Philipp den Orden vom Goldenen Vlies. Die lateinische Inschrift lautet zu Deutsch: Philipp König der Engländer, Prinz von Spanien. Es wurde also vor seinem Regierungsantritt in den Niederlanden angefertigt.

die Generalstände Kontroll- und Mitspracherecht bei der Verwendung des Geldes verlangten. Statt die geforderte Umsatzsteuer zu entrichten, erklärten sich die Stände bereit, über einen Zeitraum von neun Jahren eine feste Summe zur Verfügung zu stellen. Das stimmte nun ganz und gar nicht mit Philipps Vorstellung vom Regieren überein, aus Spanien war er anderes gewohnt. Der König erließ noch einen, wie es hieß, persönlichen Aufruf an die Stände, der jedoch ignoriert wurde. Allein mit Respekt vor der Monarchie erreichte Philipp nichts.[26] Es ist schon eigenartig, dass der wegen seiner Intelligenz so hochgelobte Granvelle, der seine eigenen Finanzen so vorzüglich im Griff hatte, dem König nicht die Vorteile dieser gemeinsamen Finanzverwaltung vor Augen geführt hat. Der burgundische Fürstendiener redete Philipp nach dem Mund und fand es ganz in Ordnung, dass die Generalstände nicht mehr zusammenkommen sollten. Mitverantwortung für die finanzielle Situation der Nieder-Lande hätte dem Land wie dem Fürsten nur genützt. Aber in den verschiedenen Reichen Philipps II. gab es nun einmal keine getrennten Etats und keine getrennten Ressorts. Gerade diese undurchsichtige Situation im Bereich der Finanzen konnte der Behauptung Vorschub leisten, die Interessen der niederländischen Geweste würden denen Spaniens geopfert. Gleichzeitig konnten die spanischen Königreiche nicht genug darüber jammern, dass sie dauernd für die Niederlande, dieses Fass ohne Boden, zahlen mussten.

In den Jahren von Philipps Aufenthalt in den Niederlanden fungierte Brüssel als Hauptstadt seines Reichs. Die Folge war, dass er eine Entourage aus internationalen Beratern besaß. Das wiederum ließ ihm keine oder zumindest wenig Zeit, seinen Pflichten in den niederländischen Verwaltungsorganen nachzukommen. Obwohl er sich also persönlich in den Nieder-Landen aufhielt, ernannte er unmittelbar nach seinem Regierungsantritt einen Generalstatthalter, und zwar Emanuel Philibert von Savoyen, dessen Herzogtum von den Franzosen besetzt war.[27] Dadurch konnte Philipp selbst sich auf die internationale Politik konzentrieren. 1555 war ein italienischer Kardinal zum neuen Papst gewählt worden, der Spanien und die Spanier erbittert hasste: Paul IV. Bereits 1556 führte er in Italien Krieg gegen Philipp. Dieser betraute Herzog Alba mit der Kriegsführung in den italienischen Besitzungen der spanischen Krone. Sein Auftrag bestand darin, Paul IV. als Person nicht zu schonen, aber den Papst als Oberhaupt der katholischen Kirche und Repräsentant des Heiligen Stuhls mit allem Respekt zu behandeln. Diese delikate Mission erledigte Alba ausgezeichnet.[28] Die Pazifizierung, die er in Italien durchsetzte, bescherte dem Land für ein halbes Jahrhundert Frieden.

Kopfschmerzen im Bereich der Außenpolitik bereitete der Krieg mit Frankreich. Philipp war der Meinung, Frankreich könne am besten von den Niederlanden aus bekämpft werden.[29] Im Juli 1556 loderte der Kampf gegen Frankreich wieder auf. Höchste Zeit für Philipp, seiner Gemahlin, der englischen Königin Maria Tudor, einen Besuch abzustatten. Von Ende März bis Juli 1557 hielt Philipp sich zum zweiten und letzten Mal in England auf, wo er die Engländer davon überzeugen konnte, dass auch ihre Interessen auf dem Spiel standen. Am 1. Juni 1557 unterzeichnete Maria die Kriegserklärung Englands gegen Frankreich.[30] Mit englischen Truppen wollte Philipp im selben Jahr einen Feldzug gegen die Franzosen führen. Sein Oberbefehlshaber Emanuel Philibert von Savoyen sollte mit der Entscheidungsschlacht warten, bis er mit seiner Verstärkung vor Ort sein würde, um sich zum ersten Mal als Heerführer zu beweisen. Savoyen konnte jedoch einen günstigen Moment nicht ungenutzt lassen und errang bei Saint-Quentin einen überwältigenden Sieg über die Franzosen. Ein bedeutender Anteil des Sieges kam Graf Egmont zu, dem nach der Schlacht der Weg nach Paris offen stand. Philipp kam gerade noch rechtzeitig, um die Sieger in Augenschein zu nehmen.[31] Nach Paris wagte er sich nicht. Unter seiner Führung wurde nun Saint-Quentin belagert und eingenommen. Es war das einzige Mal in seinem Leben, dass Philipp sich in so großer Nähe eines Kriegsschauplatzes sehen ließ.[32] Alle späteren Kriege und Belagerungen sollte er von jetzt an aus seinen Arbeitszimmern in seinen Palästen führen. Ein Jahr später, 1558, errang Egmont zum zweiten Mal einen wichtigen Sieg über die Franzosen, dieses Mal bei Gravelines (Grevelingen),[33] südlich von Dünkirchen. Dieser Sieg war allerdings ebenso der englischen Flotte zu danken, welche die französischen Truppen vom Meer aus mit Kanonen beschoss. Die Flotte kreuzte auf Drängen Philipps dort vor der Küste.

Die Beobachtung der vielfachen Verflechtungen von Innen- und Außenpolitik unter einem Landesherrn wie Philipp II. hilft uns, den Aufstand, unser eigentliches Thema, zu verstehen. Ein Fürst, der es schafft, die katholische Kirche in einem Land wie England wieder zu etablieren, wird in seinem eigenen Reich auf religiösem Gebiet nicht um ein Haarbreit nachgeben. Ein Landesherr, der zugleich König von anderen Königreichen ist, wird sich mit einer internationalen Gruppe von Ratgebern umgeben. In den Nieder-Landen blieb der Ständerat zwar bestehen, doch Philipps eigentliche Ratgeber waren die Mitglieder seines persönlichen oder Spanischen Rats, und daran wurde Anstoß genommen. Die Nieder-Lande hatten also ihren Fürsten mitten unter sich, kamen bei ihm aber kaum zu Wort. Der französische Historiker Fernand Braudel hat in seinem großen Werk über das Mittelmeer[34] versucht, Verständnis für Philipp II. als Fürst eines ausgedehnten Reiches zu wecken: Die Entfernungen waren groß, Transporte von Informationen wie Menschen dauerten viele Wochen, wodurch es für den Fürsten per definitionem unmöglich war, schnell und angemessen zu reagieren, wenn sich irgendwo in seinem Reich eine Krisensituation ergab. Das stimmt zwar, doch zeigt sich Philipp II. während seiner Regierungszeit in Brüssel, im Mittelpunkt der Ereignisse in den Niederlanden, auch als ein unzugänglicher und wenig entschlussfreudiger Regierungschef.

Spannungen

1559 schlossen Spanien und Frankreich den Frieden von Cateau-Cambrésis, einer kleinen Stadt östlich von Cambrai. Einen vorteilhaften Frieden, der die Hegemonie Spaniens festigte. Um die Durchführung des Abkommens zu garantieren, durfte König Heinrich II. drei Geiseln bestimmen. Seine Wahl fiel auf – in der Reihenfolge der Bedeutung ihres Titels – den Prinzen von Oranien, den Herzog von Alba und den Grafen von Egmont. Zu dritt blieben sie am französischen Hof, nichts wies auf Feindseligkeit zwischen den niederländischen Adligen und dem spanischen Grande hin; sie waren alle drei vornehme Diener desselben Fürsten. In späteren Jahren hat Wilhelm von Oranien über diesen Aufenthalt eine Legende verbreiten lassen. Der französische König Heinrich II. soll mit König Philipp II. insgeheim verabredet haben, den Kampf gegen die Ketzerei gemeinsam unbarmherzig fortzusetzen. In der Annahme, dass Oranien darüber Bescheid wisse, soll der französische König dies dem Prinzen ausführlich erzählt haben. Seitdem hat der Prinz angeblich gewusst, was von Philipp zu erwarten war.[35] In Wirklichkeit war Oranien in seinen Gedanken damals kaum mit religiösen Fragen befasst. Im Jahr zuvor war seine Frau Anna von Buren gestorben. Nun war er eifrig auf der Suche nach einer geeigneten reichen Frau – katholisch oder protestantisch, das war Nebensache. Das Gespräch mit König Heinrich wurde 1580 in die *Apologie* des Prinzen aufgenommen, einer Propagandaschrift, in der er seine Taten im Nachhinein gerechtfertigt hat.

Philipp musste unbedingt nach Spanien, vor allem wegen der politischen Notwendigkeit, sich dort nach dem Tod seines Vaters als König anerkennen zu lassen. Angesichts der katastrophalen finanziellen Situation stand auch in Spanien die Bevölkerung am Rande einer Rebellion.[36] Als Philipp sich am 25. August 1559 in Vlissingen einschiffte, deutete nichts darauf hin, dass er die Niederlande für immer verlassen sollte. Man ging davon aus, Philipp würde, ebenso wie sein Vater vor ihm, die fürstliche Autorität in den verschiedenen Besitzungen regelmäßig durch seine persönliche Anwesenheit stärken und, wenn die Umstände oder plötzliche Krisen dies erforderten, in seine niederländischen Erblande zurückkehren. Philipp hatte selbst festgestellt, dass die anderthalb Jahre, in denen er nicht in England anwesend war, ihn dort den größten Teil seines politischen Einflusses gekostet hatten.[37] Sollte er daraus nicht gelernt haben?

Zu seinem persönlichen Stellvertreter ernannte er, wie es auch seinerzeit der Vater getan hatte, eine Generalstatthalterin. Philipp II. übertrug die Regierung der Niederlande seiner Halbschwester Margarethe von Parma. An ihrer Geburt haftete lediglich der kleine Schönheitsfehler, dass sie eine illegitime Tochter Karls V. war. Je nachdem, wie wohlgesonnen man ihr war, erinnerte man sich entweder an ihre uneheliche Geburt oder an ihre kaiserliche Abstammung.[38]

Auch an den Regierungsinstitutionen änderte Philipp nichts; die drei Räte, die der Generalstatthalterin zur Seite standen – Staatsrat,

Geheimer Rat und Finanzrat – arbeiteten mittlerweile seit einem Vierteljahrhundert. Dem Staatsrat stand die Generalstatthalterin persönlich vor. Der Geheime Rat besaß in dem Friesen Viglius van Aytta einen sehr fähigen Vorsitzenden. Viglius war ein ausgezeichneter Jurist, der die Staatsangelegenheiten mit sicherer Hand führte und eine Stärkung der Zentralregierung befürwortete. Als Friese konnte er auch objektiv in den Konflikten zwischen Flamen, Brabantern und Holländern urteilen. In seinem letzten Lebensjahr sollte er eine Wendung um 180 Grad vollziehen und einen gemäßigten Mittelkurs zwischen den Aufständischen und der, wie es schien, unversöhnlichen Krone vertreten. Der Finanzrat stand unter der Leitung von Charles de Berlaymont, einem Adligen, der in seiner Position völlig von der Fürstengunst abhängig war und sich schon um seiner zahlreichen Kinder willen in dieser Funktion als sehr brauchbar erwies.

In der älteren Geschichtsschreibung zum Achtzigjährigen Krieg wird gewöhnlich behauptet, König Philipp habe Granvelle, Viglius und Berlaymont formell als Mitglieder eines geheimen Beratungsgremiums für die Generalstatthalterin eingesetzt, der *Consulta*, einem »Rat im Hintergrund«. Das ist schwer zu beweisen. Den Vorwurf der Hinterzimmerpolitik gibt es seit eh und je. Allerdings hatte Philipp die Generalstatthalterin angewiesen, bei wichtigen Beschlüssen oder Personalentscheidungen ausschließlich diese drei Herren zurate zu ziehen, womit er den Hochadel bewusst außen vor hielt. Der Einfluss der drei auf die Politik ergab sich aus der täglichen Regierungspraxis. Zwar hatten die Angehörigen des Hochadels einen Sitz im Staatsrat, doch wenn sie außerdem Statthalter waren, hielten sie sich öfter in ihrer Provinz als in Brüssel auf. Die Juristen dagegen fehlten nie. Die ständige Anwesenheit der drei genannten Spitzenbeamten in der Hauptstadt und die Tatsache, dass Granvelle uneingeschränkten Zutritt zur Generalstatthalterin hatte, erweckten den Anschein, als wären diese drei als eigene Kommission eingesetzt worden.[39] Eine antiniederländische Gesinnung kann man Viglius und Berlaymont aber auch nicht nachsagen. Viglius sollte noch zu einer Quelle des Ärgers für den Herzog von Alba werden, da er gerade als Jurist den Mut besaß, den Herzog regelmäßig auf dessen Rechtsverstöße und unangemessene Entscheidungen hinzuweisen. Berlaymont warnte den Fürsten davor, die Niederlande wie die Besitzungen in Italien zu verwalten.[40] Der einzige Spanier, der nach Philipps Abreise noch in den Niederlanden blieb, war Thomas de Armenteros, ein Vertrauter von Margarethe von Parma. Doch behielt sich der König bei allen Entscheidungen das letzte Wort vor, was ihm als Landesherrn auch zustand. Das hatte zur Folge, dass Frankreich und England ihre Gesandten aus Brüssel abberiefen, weil ihrer Meinung nach alles in Spanien entschieden wurde.[41]

Während sich dies eigentlich auf höchster Ebene hinter den Kulissen abspielte, störte sich das einfache Volk auf der Straße an zwei konkreten Dingen. Erstens blieben wegen des Krieges mit Frankreich noch an die 3 000 von Philipps Soldaten in den Grenzgewesten. Das erweckte den Anschein, als würden die Niederländer mit ihrem Geld Truppen unterhalten, die das eigene Land »besetzten«. Das hatte Philipp aber nicht vorgehabt. Er hatte zwar versprochen, die Truppen nach dem Friedensvertrag aus dem Land abzuziehen, doch solange er sie nirgendwo anders brauchte, ließ er sie einfach in den Niederlanden. Zweitens irritierte es die Bevölkerung, dass der Fürst unvermindert an der Glaubensverfolgung festhielt. War es wirklich nötig, Menschen immer noch um ihres Glaubens willen zu verfolgen? Sie zu foltern, sie zum Widerruf zu zwingen und sie – selbst wenn sie widerriefen und von ihrem »Irrweg« abließen – dennoch eines gewaltsamen Todes sterben zu lassen? Die Zahl der Verfolgten und Verurteilten ist wesentlich geringer, als man bisher angenommen hat. Die neueste Berechnung stammt von Alastair Duke, der auf der Grundlage einer Untersuchung offizieller Quellen wie etwa Prozessakten für die Zeit vor 1566 zu folgenden Opferzahlen kommt: Arras etwa 9, Brabant 228, Flandern 265, Wallonisch-Flandern etwa 60, Friesland 102, Gelderland 16, Groningen 1, Hennegau 44, Holland 403, Limburg-Overmaas 6, Luxemburg 0, Mecheln 11, Namur 12, Overijssel 35, Tournai samt Umgebung 53, Utrecht 31, Seeland 23 und in dem gemeinsam mit dem Bischof von Lüttich verwalteten Maastricht 21. In den unabhängigen Bistümern Lüttich und Cambrai zählte man 26 und 6 Opfer. Insgesamt sind also etwa 1300 Opfer nachweisbar.[42] Verglichen mit der Zahl der Opfer der Glaubensverfolgung in anderen Teilen Europas ist das eine horrend hohe Zahl.[43] Sogar die spanische Inquisition hatte in den ersten Jahrhunderten ihrer Existenz nur ungefähr 200 Todesurteile ausgesprochen. Das ist ein großer Unterschied zu den Tausenden, ja Zehntausenden, die in den Propagandaschriften zur Zeit der Glaubensverfolgung genannt werden. Wilhelm von Oranien spricht in seiner *Justificatie* aus dem Jahr 1568 von fünfzigtausend Opfern, und der Gelehrte Hugo Grotius kommt in seiner Chronik des Aufstands auf hunderttausend Opfer.[44]

Die Standfestigkeit im Glauben und die Frömmigkeit, mit der die Verfolgten ihr Schicksal auf sich nahmen, flößten vielen Menschen

Bartel Jacobsz. Bart war seit 1561 Pastor von Oostzaan. Er wandte sich der Reformation zu und nahm den größten Teil der Parochianen mit. Als die Gegensätze sich bedrohlich verschärften, floh er 1566 nach England.

Respekt ein und weckten ihre Sympathie.

Die verfolgten Protestanten blieben zwar nur eine kleine Minderheit, aber ihr Schicksal erregte Mitleid bei den übrigen Einwohnern der Nieder-Lande, auch bei den Katholiken, die den weitaus größten Teil der Bevölkerung ausmachten. Übrigens kann man besonders in der ersten Hälfte des 16. Jahrhunderts kaum eine scharfe Trennung zwischen Katholiken und Protestanten ausmachen. Der Leidener Historiker Jan Juliaan Woltjer spricht in seinem Buch über Friesland in der Reformationszeit von zwei »Lagern« innerhalb der katholischen Kirche. Er unterscheidet zwischen den traditionsgebundenen Katholiken, die akzeptierten, was ihnen die Kirche vorschrieb, und denjenigen, die den protestantischen Reformen positiv gegenüberstanden.[45] Nachdem die katholische Kirche auf dem Konzil von Trient die Gegenreformation eingeleitet hatte, wurde es für katholische Gläubige schwierig, innerhalb der Kirche protestantische Vorstellungen beizubehalten. Verschärfte Regeln schrieben den Katholiken genau vor, was sie zu glauben hatten und welche religiösen Gebräuche erlaubt oder verboten waren. Die »neuen« gegenrefomatorischen Katholiken sollten sich des Gegensatzes zwischen katholisch und protestantisch in aller Klarheit bewusst sein.

Im Gegensatz zu heute spielte sich im 16. Jahrhundert das kirchliche Leben nicht ausschließlich im eigenen Zuhause oder in den Kirchen ab. In der katholischen Kirche war es Teil der Glaubenspraxis (und ist es vielerorts noch heute), dass an hohen Festtagen Prozessionen durch die Stadt ziehen. Die Läden bleiben geschlossen, und Hausbesitzer sind aufgefordert, ihre Häuser zu schmücken. Mittelpunkt der Prozession ist die während der Messe geweihte Hostie, die vom Priester in einer vergoldeten Monstranz vorangetragen wird. In der Konsekration, der Wandlung oder Transsubstantiation, wird das

Brot für den Katholiken zum Leib Christi. Wenn das für sie Allerheiligste in der Prozession an ihnen vorbeigetragen wird, knien die Gläubigen nieder, nehmen ihren Hut oder ihre Mütze ab und machen das Kreuzzeichen. Die meisten Protestanten dagegen, vor allem die in den Niederlanden lebenden Anhänger Calvins und Zwinglis leugnen die Transsubstantiation; für sie bleibt das Brot einfach Brot, das den Leib des Christus symbolisch darstellt. Auch kommt in ihrer Liturgie weder das Bekreuzigen noch das Niederknien vor. Wenn also eine Prozession vorbeizog, traten die Glaubensunterschiede sichtbar zutage. Es gab Menschen, die sich weigerten, zu knien, den Kopf zu entblößen und ein Kreuzzeichen zu machen. Das führte zu Ärger und Spannungen in der Bevölkerung. Der Protestant machte keinen Kniefall vor dem, was er einen »Brotgott« nannte, während der Katholik sagte: Warum sollte ich nicht vor meinem Herrn und Seligmacher knien?

Die neuen Bistümer

Da die politische Einigung der Niederlande erst unter den Burgunder und Habsburger Fürsten erfolgt war, waren die Niederlande ein relativ junges Land. Entsprechend stimmten die Staatsgrenzen nicht mehr mit der bestehenden kirchenpolitischen Einteilung überein. Von alters her gehörte ein Teil der Niederlande zum französischen Erzbistum Reims, ein anderer Teil zum deutschen Erzbistum Köln. Das Umland von Groningen gehörte zum Bistum Münster. Nur vier Bischöfe trugen die Verantwortung für das kirchliche Leben in den Nieder-Landen: die Bischöfe von Utrecht, Arras, Tournai und Thérouanne, die vom Fürsten ernannt wurden, hinzu kam der Bischof von Cambrai. Schon unter Karl V. existierten verschiedene Pläne für eine neue Einteilung der Kirchenbezirke, die wegen der internationalen politischen Entwicklungen allerdings nie zur Ausführung kamen. Philipp II. jedoch, als gegenreformatorischer Katholik, wollte die Neuordnung ernsthaft angehen. Unter größter Geheimhaltung bereitete eine von Viglius geleitete Kommission die Pläne vor. Dabei war in der Tat Vorsicht geboten. Einmal, um die französischen und deutschen Bischöfe nicht vorzeitig kopfscheu zu machen, denen große Teile ihrer reichen Besitzungen entzogen werden sollten; aber auch weil in den Niederlanden selbst zahlreiche Einsprüche zu erwarten waren, da die Neueinteilung zwangsläufig etablierten Interessen schaden würde. Franciscus Sonnius, späterer Bischof von Den Bosch und danach Bischof von Antwerpen, sollte diese schwierige Aufgabe in Rom zu einem erfolgreichen Ende führen. Am 12. Mai 1559 unterzeichnete der Papst die Reorganisation.[46] Die Nachricht von der päpstlichen Genehmigung erreichte Philipp in Seeland, unmittelbar vor seiner Abreise nach Spanien.

Die Niederlande sollten von jetzt an eine einzige selbständige Kirchenprovinz bilden, die in drei Erzbistümer unterteilt war. Die französischsprachigen Provinzen und Wallonisch-Brabant sollten zum Erzbistum Cambrai gehören. Die wichtigen, dicht bevölkerten Provinzen Flandern und Brabant wurden zu einem eigenen Erzbistum mit dem Erzbischof zu Mecheln. Das alte Bistum Utrecht wurde zum Erzbistum erhoben und erhielt alle Provinzen oberhalb der großen Flüsse (Rhein und Maas) einschließlich Seeland. Insgesamt wurden die drei Erzbistümer in vierzehn Bistümer unterteilt. Außerdem wurden bestimmte Anforderungen an die Ausbildung der Bischöfe gestellt. Sie mussten von nun an einen akademischen Grad in Theologie oder Kirchenrecht besitzen. Der Adel, der gern seine jüngeren Söhne auf einem Bischofsstuhl sah, musste sie also zuerst auf die Universität schicken. Die neuen Bischöfe waren verpflichtet, ständig in ihrem Amtsbereich anwesend zu sein, ein Priesterseminar zu gründen und alle Parochien regelmäßig zu kontrollieren. In derselben Bulle verkündete der Papst die Gründung einer neuen Universität in den Niederlanden (natürlich ebenfalls auf Wunsch des Königs), und zwar in Douai. Diese französischsprachige flämische Stadt war notabene gewählt worden, gerade weil es dort noch keine Druckerpresse gab. Französisch sprechende Studenten aus den Nieder-Landen würden fortan dort studieren müssen, während die niederländisch sprechenden Studenten nach Leuven gingen. Generell durfte – außer in Rom – nicht im Ausland studiert werden, es sei denn, es wurde eine Sondergenehmigung erteilt.[47] Granvelle war, wie sich herausstellte, von Philipp zum Erzbischof von Mecheln ernannt worden und galt damit als Primas der Niederlande. Später erhob der Papst ihn noch in den Rang eines Kardinals. Granvelle selbst behauptete, er habe mit diesen Plänen nichts zu tun gehabt, aber Viglius, der seine Karriere unter anderem Granvelles Protektion verdankte, hatte seinen Gönner von Anfang an auf dem Laufenden gehalten.[48]

Vom Standpunkt der Kirche aus war die Neueinteilung sehr sinnvoll und durchdacht. Wenn die Missstände in der Kirche, die mangelnde Bildung des niederen Klerus und der Machtmissbrauch des hohen Klerus so heftig kritisiert wurden, dann war es doch nur zu begrüßen, dass die Kirche Verbesserungen durchführen wollte. Und musste man, um diese Verbesserungen zu erzielen, nicht die Kontrolle über die Lehre und den Lebenswandel verschärfen? Als von Erasmus geprägter Humanist war Viglius von der Sinnlosigkeit gewalttätiger Verfolgungen überzeugt. Er glaubte, man könne der Ketzerei am wirksamsten durch innerkirchliche Reformen den Nährboden entziehen. Aber so sind die Pläne von den Betroffenen nicht interpretiert worden, ganz im Gegenteil. Allgemein hielt man Kardinal Granvelle für den Mann, der hinter den Kulissen alle Fäden gezogen hatte. Vor allem um den Einfluss der Krone in der Kirche zu vergrößern, außerdem aber auch aus persönlichem Ehrgeiz. Traditionsgemäß kamen hohe Geistliche in der Rangfolge vor den Mitgliedern des Hochadels, und nun gebührte also auch Kardinal Granvelle der Vortritt. Als der Prinz von Oranien 1562 in den Staatsrat zurückkehrte, saß deshalb Granvelle auf dem ersten Stuhl, sodass der Prinz nun mit dem zweiten Stuhl vorliebnehmen musste.

Kardinal Granvelle

Auch im eigenen Klerus loderte Kritik auf. Um die Bistümer finanziell unabhängig zu machen, sollte jeder Bischof zugleich Abt eines reichen Klosters in seinem Bistum sein. Dort sollte er sich dann von einem Verwalter vertreten lassen, die Einkünfte der Abtei aber sollten der sogenannten bischöflichen Tafel zugutekommen, anders ausgedrückt, die Unkosten der bischöflichen Hofhaltung decken. So war der Bischof von Haarlem als Abt von Egmont vorgesehen, dem Bischof von Antwerpen wurde die Abtei St. Bernard in Hemiksem zugewiesen, der Erzbischof von Mecheln erhielt die Abtei von Affligem und so weiter. Die Ernennung der Bischöfe zu Äbten hatte durchaus gewollte politische Konsequenzen, weil die Äbte oft mit einem Sitz in den Ständeversammlungen der Geweste vertreten waren. Der Abt von Affligem war beispielsweise eines der wichtigsten geistlichen Mitglieder der Stände von Brabant. Der einflussreichste weltliche Fürst in diesen Ständen war der Prinz von Oranien als Baron von Breda. Wie wichtig es war, einen Sitz in den Ständen von Brabant zu haben, sieht man unter anderem daran, dass der Graf von Egmont als Statthalter von Flandern die Herrlichkeit Gaasbeek in Brabant kaufte, um damit in den Ständen vertreten zu sein. Dass das Amt eines Abtes in Zukunft Bischöfen vorbehalten war, die vom König ernannt wurden, legte man allgemein als einen Versuch des Königs aus, seinen Einfluss in den Ständen zu vergrößern.[49] Im Nachhinein haben auch Granvelle und die anderen Beteiligten zugegeben, dass die Annexion der Abteien eine falsche Entscheidung gewesen war. Am 30. Juli 1564 machte man die Inkorporation rückgängig, indem man entschied, dass die Abteien dem jeweiligen Bistum jährlich achttausend Gulden zukommen lassen sollten. Die Bischöfe behielten zwar einen Sitz in den Ständen, erwiesen sich aber zum großen Ärger Philipps nicht als Jasager. Sie stimmten durchweg zugunsten des Gewests, auch wenn das den Interessen des Landesherrn widersprach. Übrigens war der Widerstand so groß, dass unzufriedene Lager wie die Stadt Antwerpen und die Brabanter Stände ihre eigenen Vertreter zum König nach Spanien schickten, um ihr Missfallen zu äußern und andere Lösungen zu fordern. Antwerpen beispielsweise befürchtete, dass dem Handel und Gewerbe durch die angeblich strengere Glaubenskontrolle nur Schaden zugefügt würde. Es nützte nichts, König und Kirche blieben unbeirrbar.

Die Inquisition

Von jeher unterstanden jedem Bischof zwei Beamte, die sogenannten bischöflichen Inquisitoren, die untersuchten, ob im Bistum Fälle von Ungläubigkeit oder Ketzerei vorkamen. Die Geheimhaltung, mit der man die kirchliche Neueinteilung vollzogen hatte, gab Gerüchten Nahrung, denen zufolge der König auch in den Niederlanden die sogenannte spanische Inquisition einführen wollte. Über wenige Institutionen in der Geschichte sind so viele Unwahrheiten, Halbwahrheiten und Erfindungen verbreitet worden wie über die spanische Inquisition. Das gehört in den Bereich der sogenannten Schwarzen Legende, der *Leyenda negra*, der Gesamtheit aller Berichte, die – Phantasiegebilde oder nicht – teilweise bis heute über die spanische Geschichte im Umlauf sind.[50] Die Arbeitsweise der geistlichen Inquisitoren in Spanien war streng reglementiert. Das Vorgehen der Inquisition dort wurde von großen Teilen des Volkes als eine Art geistlicher Gesundheitsversorgung akzeptiert. Beschuldigte konnten nämlich gerade vor der Inquisition ihre Rechtgläubigkeit bezeugen. Die Einschaltung der

Inquisition konnte übler Nachrede und schmutzigen Beschuldigungen ein Ende machen. Die meisten Menschen fürchteten die Inquisition nicht, sondern begrüßten sie sogar, mit Ausnahme allerdings der unter Zwang und Folter bekehrten Muslime (*moriscos*) und Juden (*conversos*).[51] In einigen wichtigen spanischen Städten hatte man Zusammenkünfte der *luteranos* entdeckt, der Ketzer. Das hatte großes Entsetzen hervorgerufen, führte aber auch zum Schulterschluss auf religiösem Gebiet.[52] Strafen wie Vierteilen und Verbrennen wurden nur von den weltlichen Gerichten verhängt, von denen sich die Organe der Inquisition positiv abhoben. Ihre Verfahrensform war streng vorgeschrieben und wurde peinlich genau beachtet. Beschloss man, bei einem Verhör zur Folter zu greifen, war nur eine einzige Form erlaubt: das Aufhängen der Opfer an den auf dem Rücken zusammengebundenen Armen. Auch Dauer und Wiederholung waren genauestens festgelegt; schwangere Frauen durften zum Beispiel nicht der Tortur unterworfen werden. Die unter Folter erzwungenen Geständnisse mussten später noch einmal freiwillig wiederholt werden, um Rechtsgültigkeit zu erlangen. Philipp II. hatte nie vorgehabt, die spanische Inquisition in den Niederlanden einzuführen. Seine Antwort auf derartige Anschuldigungen lautete, dass die existierende Inquisition in den Niederlanden ausreiche und viel strenger sei als die in Spanien. Hier stellt sich natürlich die Frage, wie Philipp zu einer solchen Behauptung kam.

Als im Laufe des 16. Jahrhunderts die Zahl Andersdenkender zunahm, wurden in den Niederlanden neben den bischöflichen auch päpstliche Inquisitoren angestellt. Der Berüchtigtste von ihnen war Pieter Titelmans, 1545 zum Inquisitor des niederländischsprachigen wie des französischsprachigen Flandern ernannt. In den zwanzig Jahren zwischen 1545 und 1566 verhandelte er über 1500 Häresiefälle, von denen 127 auf die Todesstrafe hinausliefen. Seinen »Erfolg« verdankte er der Unterstützung durch die Zentralregierung in Brüssel, die es ihm erlaubte, sich über die lokalen Regierungen hinwegzusetzen, die sich gegen ihn stellten.

Zudem war noch ein spanischer Augustinermönch in den Niederländen aktiv. Dieser Lorenzo de Villavicencio war als Kaplan für die spanischen Kaufleute in Brügge tätig. Er war ein Mann nach dem Geschmack des Königs. Villavicencio war davon überzeugt, dass die meisten Niederländer treue Anhänger des römisch-katholischen Glaubens waren. Dennoch vermutete er überall Häresie und ketzerische Umtriebe und hegte ein tiefes Misstrauen gegen die Stadtverwaltungen, unter anderem die von Brügge, und gegen niederländische Amtsinhaber. Er schrieb Briefe und Berichte nach Spanien und bestimmte wesentlich Philipps Ansichten zur religiösen Situation in seinen niederländischen Besitzungen. Für ihn war Viglius an der Spitze des Regierungsapparats der Hauptverantwortliche für die lasche Ketzerverfolgung. Obwohl er Viglius damit bei Philipp und Margarethe in Misskredit brachte, wirkte sich das auf die Praxis nicht aus.[53] Titelmans gab den Stadtregierungen, vor allem den Pensionären am Fuße der Regierungspyramide, eine Mitschuld daran, dass Ketzer nicht verfolgt wurden. Die hochangesehenen Pensionäre vertraten die Stadt gegenüber dem Land in Rechtsangelegenheiten. In Titelmans' Augen waren sie aus demselben Holz geschnitzt wie Viglius. Philipp ließ Villavicencio eine Gratifikation von zweihundert Dukaten zukommen, außerdem durfte der Mönch von nun an direkt an den König schreiben. Übrigens war Philipp ohnehin genauestens bis in den letzten Winkel seines Reichs über entscheidende Vorfälle unterrichtet. So erreichte ihn die Nachricht, dass auf Texel, und zwar in einer – natürlich katholischen – Kirche, ein öffentlicher Disput zwischen dem Priester und einigen Wiedertäufern über den Gottesdienst und die Kindertaufe stattgefunden hatte. Jedermann konnte die Wiedertäufer namentlich benennen, aber der Schultheiß vermochte nichts gegen sie unternehmen, da die Schöffen ihre Mitbürger nicht verurteilen wollten und die Regierung in Den Haag ihn nicht unterstützen konnte.[54]

Vergebliche Gespräche am spanischen Hof

Wenn Kritik am Fürsten oder an der Landesregierung geübt werden musste, betrachtete der Hochadel dies als seine ureigene Aufgabe. Oranien, Egmont und Hoorn sowie ihre Mitstreiter fühlten sich vom König, der Generalstatthalterin und ihren Beratern übergangen. Die drei Adligen hatten den Eindruck, systematisch und konsequent aus den Regierungsgeschäften ausgeschlossen zu werden. Wichtige Entscheidungen im Staatsrat wurden immer dann getroffen, wenn sie sich als Statthalter in Holland, Flandern oder anderswo aufhielten. Sie waren erbost, offiziell mitverantwortlich zu sein für Maßnahmen, die sie nicht billigten und zu denen sie ihre Meinung nicht hatten äußern können. Die Opposition entsprang auch der Furcht, dass das traditionelle Mitspracherecht aufgehoben werden könnte, das zumindest Teilen der Bevölkerung die Möglichkeit bot, etwa über die Ständeversammlungen Einfluss auf die Politik zu nehmen.

Wilhelm und Egmont konnten die allgemeine Entwicklung nicht länger gutheißen. Am 23. Juli 1561 schrieben sie gemeinsam einen Protestbrief an den König, in dem sie sich über ihren mangelnden Einfluss auf die Regierungsgeschäfte beschwerten. Das war ein halbes Jahr nach der Ernennung Granvelles zum Kardinal (26. Februar 1561).[55] Ein knappes Jahr später hatte sich an der Regierungsführung nichts geändert. Darum beschlossen die Mitglieder des Hochadels, ihre Kritik in Zukunft aufeinander abzustimmen und innerhalb der Brüsseler Regierung in loyaler Opposition an einem Strang zu ziehen. Nach dem Vorbild des französischen Hochadels, der sich ebenfalls in einer *Ligue* organisiert hatte, schlossen sie sich zu einer Liga zusammen. Als ihr Wortführer reiste ein Bruder des Grafen Hoorn, Montigny, Gouverneur von Tournai, zum König. Mit mehr als guten Worten kehrte er nicht zurück.

Am 11. März 1563 verfassten Wilhelm von Oranien, Egmont und Hoorn einen neuen Protestbrief, in dem sie den König um Granvelles Entlassung baten und sich weigerten, die Verantwortung für die Landesregierung länger zu tragen.[56] Am Ende desselben Jahres griffen die Mitglieder des Hochadels zu einer provokanten Maßnahme. Sie steckten all ihre Diener in die gleiche Livree aus einfachem grauen Stoff. Diese – angebliche – Sparmaßnahme sollte mit Hilfe eines Symbols zu einer Protestaktion werden. Das Los entschied, dass Egmont sich dieses Symbol ausdenken sollte. Er wählte die Narrenkappe, die auf den oberen Teil der Ärmel gestickt wurde. Jedermann begriff, dass dies als Kritik am Kardinal gemeint war.[57] Als inoffizieller erster Minister von Brüssel und Kardinal galt Granvelle als der persönliche Ausdruck dafür, dass die niederländischen Interessen denen der spanischen Monarchie untergeordnet wurden. Alle Statthalter und Ritter vom Goldenen Vlies unterschrieben diesen Brief – außer Berlaymont und Arenberg, Statthalter von Groningen. Dem Hochadel schwebte eine Regierung vor, in der König und Adel gemeinsam die Macht ausübten, gemäß dem mittelalterlichen Hofrat oder der *curia*.

Im selben Jahr wollte auch die Generalstatthalterin nicht mehr mit Granvelle zusammenarbeiten, weil er ihrer Ansicht nach mit seinen Briefen an den König insgeheim ihre Stellung untergrub. Als Herzogin von Parma und Piacenza lag ihr und ihrem Mann sehr viel daran, die Zitadelle von Piacenza in ihren Besitz zu bringen. Das würde bedeuten, dass der König die spanische Garnison daraus zurückziehen müsste. Der Kardinal hatte davon abgeraten, und das wollte sie sich nicht bieten lassen. Das zeigt, wie manchmal scheinbare

Nebensächlichkeiten bei Konflikten, in denen große Interessen auf dem Spiel stehen, zu einem Bruch führen können. Philipp erteilte dem Kardinal die Erlaubnis, seine alte Mutter in der Franche-Comté zu besuchen. Es war ein Vorwand, um Granvelle ohne Gesichtsverlust zu entfernen, was allerdings die Niederländer vom Edelmann bis zum Bettler durchschauten. Übrigens waren die politischen Freunde Granvelles in Madrid von dessen Weggang keineswegs enttäuscht. Sie hatten sein Amt in den Nieder-Landen immer als weit unter seinem Niveau betrachtet.[58] Nach dem Weggang Granvelles kehrten die Mitglieder des Hochadels wieder in den Staatsrat zurück und nahmen an den Beratungen teil. Allerdings merkten sie, dass die Dinge im Lande sich lediglich durch den Austausch von Personen nicht von selbst besserten. Die strenge Ketzerverfolgung war ein persönliches politisches Anliegen des Königs, und davon wich er keinen Schritt ab. Selbst seine getreuen Gefolgsleute Viglius und Granvelle hatten sich für Nachsicht eingesetzt und angeregt, die Protestanten so leben zu lassen wie die Christen im Osmanischen Reich: Man konnte sie unbehelligt lassen, solange sie sich ruhig verhielten und einen finanziellen Beitrag leisteten. Der König wollte davon jedoch nichts wissen und hielt an seinen Grundsätzen fest.

Am 31. Dezember 1564 hielt Wilhelm von Oranien eine Ansprache im Staatsrat, in der er die Glaubensfrage zur Grundsatzfrage erhob und folgendermaßen argumentierte: *Obwohl ich selbst überzeugter Katholik bin, kann ich nicht gutheißen, dass Fürsten über das Gewissen ihrer Untertanen herrschen wollen.*[59] Zur Frage der – damals noch – katholischen Überzeugung Oraniens hatte sich Kardinal Granvelle insofern positiv geäußert, als ihm vom Prinzen nichts zu Ohren gekommen sei, was ihn verdächtig machen oder dem Glauben, womit er den katholischen Glauben meinte, schaden könne.[60] Ein solches unumwundenes Plädoyer für Religionsfreiheit wie das von Oranien war bisher unerhört, sogar in den deutschen Landen, wo die Untertanen ja jeweils den Glauben ihres Fürsten annehmen mussten. Wilhelms Empfehlung lief im Grunde darauf hinaus, zwei oder mehrere Konfessionen nebeneinander zuzulassen. Das war kein naiver Idealismus, sondern ein der Realität geschuldeter überkonfessioneller Standpunkt. Wenn in einer Gesellschaft Katholiken, Wiedertäufer, Lutheraner und Calvinisten zusammenleben (um von den kleineren Gruppen zu schweigen), ist es unsinnig, einander auf Leben und Tod zu verfolgen.

Da der König und sein wichtigster Rat verschiedener Meinung waren, hielten die niederländischen Adligen es für die beste Lösung, einen Vertreter zum König zu schicken, der ihren Standpunkt erläutern und Philipp möglichst überzeugen sollte. Außer einer Mäßigung der Glaubensverfolgung und dem Wunsch nach mehr Mitsprache in der Regierung wünschte sich der Hochadel auch eine Wiederaufnahme des Krieges gegen Frankreich. Als Angehöriger des Hochadels, der die Franzosen in zwei Schlachten geschlagen hatte, schien Egmont der geeignete Mann für diese Mission. Von Anfang Februar bis Anfang April hielt er sich beim König in Spanien auf. Auch wenn dieser von dem Besuch aus den Niederlanden nicht besonders angetan war, zeigten sich Fürst und Hof von ihrer zuvorkommenden Seite. Mit Empfängen, Banketten und Turnieren spiegelten sie ihm vor, dass seine Mission von der Krone gewürdigt würde. Eines aber wischte der König sofort vom Tisch: Den Frieden mit Frankreich wollte er um jeden Preis erhalten. Lieber würde er die Niederlande verlieren, als einen Krieg mit Frankreich wieder aufleben zu lassen.[61] Dies soll an dieser Stelle betont werden, weil es von den Geschichtsschreibern in der Regel verschwiegen wird. Sie stellen den Adel im günstigsten Licht als Wahrnehmer der wirklichen Interessen der Niederlande dar, während sie dem König einen antiniederländischen Standpunkt zuschreiben. Egmont hatte mehrere Male Gelegenheit zu einem Gespräch mit dem König, das letzte am 4. April in Aranjuez. Der König wollte unter anderem auch wissen, was es bedeute, dass der Adel seine gesamte Dienerschaft in die gleiche Livree, mit einer aufgestickten Narrenkappe gesteckt hatte. Egmont entgegnete, es sei nur ein Spiel gewesen, doch der König soll geantwortet haben: *Conde, no se haga mas,* frei übersetzt: »Graf, das muss vorbei sein.«[62] Tatsächlich aber kamen die eigentlichen Themen nicht zur Sprache; der König beteuerte dem Grafen, er sorge sich um das Wohlergehen der Niederlande und schickte Egmont mit konkreten Geschenken und vagen Sprüchen zurück. Es kam zu einem Aufruhr im Staatsrat, als Graf Egmont auf Oraniens beharrliches Nachfragen zugeben musste, dass er kein Verständnis beim König habe finden können, geschweige denn eine Änderung der Regierungspolitik zu erwarten sei. In einem Brief vom 13. Mai befahl der König die Vollstreckung eines Todesurteils an sechs Wiedertäufern, das in den Niederlanden ausgesetzt worden war.

Lieber schenkte der König Villavicencio Gehör. Er empfing ihn zu einer ersten Audienz am 29. Juli 1565, die zwei Stunden dauerte. Der König forderte ihn auf, seine Beobachtungen zu Papier zu bringen und innerhalb von vier Tagen in die Niederlande zurückzukehren. Wir müssen uns den Mönch Villavicencio als eine leidenschaftliche,

Lamoral, Graf von Egmont.

gebieterische Persönlichkeit vorstellen, die am Ende die Stimme von Philipps katholischem Gewissen wurde. Margarethe stand noch immer unter dem Einfluss der Vertreter des Hochadels und unterstützte deren Wünsche, wie Vorherrschaft des Adels, religiöse Toleranz und die Einberufung der Generalstände. Es bedeutete schon viel, dass Philipp mit einer Glaubenskonferenz in den Niederlanden einverstanden war. Sechs Geistliche und drei Juristen versammelten sich in Begleitung des unvermeidlichen Viglius und des Staatsrats Hopperus. Ihre Empfehlungen lauteten: besserer Unterricht für die Jugend, strengere Kontrolle der Geistlichkeit und die Möglichkeit, Ketzer zum Rudern auf den Galeeren anstatt zum Tode zu verurteilen. Villavicencio zeigte sich darüber sehr unglücklich: Für ihn war eine solche Versammlung nicht die Aufgabe der Regierung, er hätte es lieber gesehen, dass die Kirche eine Synode auf Provinzebene abgehalten hätte. In seinem Bericht für Philipp machte er seinen radikalen Standpunkt sehr deutlich: Unter Verweis auf den Kirchenvater Augustinus betonte er, dass Ketzer sich nicht durch Liebe, sondern allein durch Angst vor dem Feuer bekehren ließen. Wenn bürgerliche Magistrate sich in dieser Hinsicht nicht durchsetzen könnten oder wollten, müssten sie eben ersetzt werden. Schließlich seien alle Probleme nur das Resultat der bisherigen Laxheit. Man müsse eine Möglichkeit finden, Menschen heimlich zu exekutieren, und die Inquisition müsse so effektiv wie möglich unterstützt werden. Abschließend meinte er noch, von Margarethe sei eine solche Wendung zum Guten nicht zu erwarten. Als Philipp die Entscheidung hinausschob, wies Villavicencio ihn auf die Konsequenzen hin, die ein solches zögerliches Verhalten für sein Leben nach diesem Leben haben würde.[63] Schließlich rang Philipp sich zu einer Entscheidung durch: Am 17. und 20. Oktober schrieb er von seinem Rückzugsort im Wald von Segovia die berüchtigten Briefe, in denen er den Befehl gab, die strengen Erlasse uneingeschränkt anzuwenden.[64] Die Generalstatthalterin traute sich kaum, die Briefe im Staatsrat zur Sprache zu bringen, doch Oranien bestand darauf, dass der Inhalt bekannt gemacht würde. Unzufriedenheit und Kritik nahmen infolge der Unbeugsamkeit der königlichen Politik jetzt noch mehr zu.

Der Adelsverbund

Im Dezember 1565 feierte Brüssel die Hochzeit des Sohnes der Generalstatthalterin, Alexander Farnese, des Prinzen und späteren Herzogs von Parma.[65] Zu diesem Anlass versammelten sich viele Gäste in der Stadt. In diesen Tagen der Zusammenkünfte und Beratungen gründeten etwa zwanzig Angehörige des niederen Adels einen Eidverbund oder *Compromis* der Adligen. Sie meinten, nach dem Scheitern von Egmonts Mission in Spanien müssten auch sie etwas für ihr Vaterland tun. Das hieß, dass sie ebenfalls kollektiv ihre Stimme gegen die Erlasse und Glaubensverfolgungen erheben wollten. Ludwig von

Der Mast der Inquisition. Links versuchen die Geusen, den Mast umzureißen. Römische Geistliche bemühen sich, ihn aufrecht zu halten. Die Überschriften sind auf Niederländisch und Französisch, den beiden Landessprachen. Ein Exemplar dieses Stichs hat Granvelle zu Philipp II. geschickt, es wird heute im Staatsarchiv aufbewahrt. Dies ist das Exemplar aus der Universitätsbibliothek Leiden.

Nassau, ein jüngerer Bruder des Prinzen von Oranien, und Jan von Marnix, Herr von Toulouse, aus niederem Adel und Calvinist, verfassten eine Petition, die in diversen Exemplaren zur Unterschrift im Land verbreitet wurde. Etwa vierhundert Adlige, katholisch wie protestantisch, doch in der übergroßen Mehrheit vermutlich jeder religiösen Prinzipientreue abgeneigt, ersuchten um die Einberufung der Generalstände und um die Aussetzung der Erlasse und Verfolgungen. Oranien empfahl Generalstatthalterin und Adligen, diese Petition feierlich als Bittschrift überreichen zu lassen. Margarethe von Parma stimmte dem zögernd zu, und am 5. April zogen zweihundert Adlige unbewaffnet im feierlichen Aufzug zum Brüsseler Palast. Angehörige des niederen Adels führten die Gruppe an, ihnen folgten die des höheren Adels; den Schluss bildeten Graf Heinrich von Brederode und Ludwig von Nassau, die die Bittschrift überreichten. Die Generalstatthalterin konnte keine konkreten Zusagen machen, versprach aber Zurückhaltung bei der Durchführung der Glaubensplakate.

Berlaymont, der die Nervosität Margarethes bemerkte hatte, soll bei dieser Gelegenheit gesagt haben: *»N'ayez pas peur, Madame, ce ne sont que des gueux«* (»Habt keine Angst, Madame, es sind nur Bettler«).

Die Adligen kamen ja tatsächlich, um zu betteln, aber sie verlangten nichts für sich selbst. Sie baten um Nachsicht für Andersdenkende und beantragten die Einberufung der Generalstände. Dass viele von ihnen tief verschuldet waren, machte aus ihnen noch keine Bettler im üblichen Sinne. Zwar lag der neue Reichtum der Niederlande bei Handel und Gewerbe, aber der alte Reichtum aus Grundbesitz oder Hofdienst war damit noch nicht verlorengegangen. In der niederländischen Geschichtsschreibung des 19. und auch noch des 20. Jahrhunderts wurden die Adligen als unwissende Habenichtse und nutzlose Trunkenbolde beschrieben, deren Einfluss auf die Ereignisse gering war. Erst durch die Studien von H. A. Enno van Gelder und Henk van Nierop wurde dieses Bild korrigiert und die Bedeutung des Adels wieder angemessen gewürdigt.[66] In den südlichen Niederlanden findet man diese Geringschätzung ohnehin viel seltener, weil der Adel in Provinzen wie dem Artois, dem Hennegau und Namur eine erheblich wichtigere Rolle in Verwaltung und Wirtschaft gespielt hat. Wenige Tage nach Überreichung der Bittschrift übernahmen die Adligen die Bezeichnung als »gueux« oder »Bettler« als Ehrenname; sie hängten sich einen Bettelnapf oder Geusenpfennig als Erkennungszeichen um den Hals und wählten die Devise: *Fidèles au roy, jusqu'à la besace*, »Dem König treu bis an den Bettelstab«. Wieder schickte der Hochadel eine Abordnung nach Madrid, und wieder mit Montigny, diesmal in Begleitung des Marquis van Bergen. Am 30. Juli 1566 überreichten zwölf Abgeordnete des niederen Adels – sofort als die zwölf Apostel bezeichnet – der Generalstatthalterin ein neues Gesuch. Nun verlangten sie sogar völlige Religionsfreiheit und äußerten den Wunsch, die Regierung solle den bewährten Edelleuten Wilhelm von Oranien, Egmont und Hoorn anvertraut werden. Ihre Ideale waren also sowohl religiös als auch politisch motiviert.

Auch in Frankreich betrachtete der Adel sich als Wortführer der Nation und sah es als seine Pflicht an, für die Interessen des Landes einzutreten, ja, sogar einen Aufstand zu wagen. Ein hoher Adliger, der aufgefordert worden war, sich am patriotischen Widerstand gegen den König zu beteiligen, antwortete jedoch, dass man in derartigen Fällen immer nur verlieren könnte. Die Könige säßen stets am längeren Hebel, und diejenigen, die Widerstand leisteten, würden letzten Endes ins Gras beißen.[67] Zweifellos ein weises Wort ... auf die französischen Verhältnisse bezogen, wo die Revolution erst zwei Jahrhunderte später erfolgreich sein sollte. Man möge sich dieses Beispiel gut merken – in einem Teil der Niederlande sollte gerade der König am kürzeren Hebel sitzen.

Hungerjahr oder Wunderjahr?

Die Strenge der spanischen Regierung in Brüssel entsprang nicht nur einer doktrinären Glaubenspraxis, sondern war auch eine Frage der politischen Führung. Wie religiöse Gegensätze ein Land spalten und zugrunde richten können, sah man deutlich in Frankreich. Nach dem Friedensschluss von Cateau-Cambrésis im Jahre 1559 war Heinrich II. in einem Turnier im Rahmen der Festlichkeiten tödlich verwundet worden und in der Blüte seines Lebens gestorben. Der älteste seiner vier minderjährigen Söhne – alle von gleichermaßen schwächlicher Gesundheit – übernahm als Karl IX. unter der Regentschaft seiner Mutter die Regierung. Dem katholischen Hof, der vom Geschlecht der ebenfalls katholischen Guise unterstützt wurde, standen einflussreiche protestantische Familien wie die Condé oder Coligny gegenüber, die als Hugenotten bezeichnet wurden. Die Streitigkeiten zwischen beiden Parteien nahmen fast den Charakter eines Bürgerkriegs an. Als in Frankreich die Hugenotten geschlagen wurden, emigrierten viele Protestanten über die nördliche Grenze nach Valenciennes, Tournai und Antwerpen.[68] Eins ihrer tonangebenden Mitglieder war Guido oder Guy de Brès (1522–1567), schon seit 1559 in Tournai als Pastor tätig. Dort verfasste er 1561 seine *Confession de foy*, die ein Jahr später auf Niederländisch als *Belydenisse des gheloofs* (Glaubensbekenntnisse) erschienen. Als *Confessio Belgica* sollten sie in den reformierten Kirchen der Niederlande Eingang finden. Im Herbst 1561 ließ de Brès einen an einen Stein gebundenen Brief über die Schlossmauer von Tournai werfen. Es war ein Brief an den König, in dem er schrieb, die Reformierten wünschten, treue Untertanen des Königs zu sein. Margarethe leitete diesen Brief am 19. Dezember an Philipp II. weiter. Am 12. Juli 1562 fand der erste calvinistische Gottesdienst unter freiem Himmel statt, in Form einer Heckenpredigt bei Bailleul (Belle). Am 1. Mai 1565 waren die Calvinisten in Gent schon so zahlreich, dass sie den Magistrat um ein eigenes Kirchengebäude ersuchten. Im Sommer 1566 zogen die Heckenprediger im ganzen Land Tausende von Menschen an, nicht nur in Flandern und Brabant, sondern auch in Holland, zum Beispiel in den Dünen von Overveen, das zu Heinrich von Brederodes Rechtsgebiet gehörte. Der Calvinismus hatte den anderen protestantischen Konfessionen eines voraus: eine wohldurchdachte und effiziente Organisation. Die Gemeinden wurden von einem Kirchenrat oder Konsistorium geleitet, deren Abgeordnete regelmäßig zusammenkamen. Die Prediger hatten eine gründliche

Ausbildung erhalten – oft bei Calvin selbst oder bei dessen Nachfolgern in Genf – und zogen voller Bekehrungseifer durchs Land. Für die Calvinisten war die Obrigkeit eine Dienerin Gottes, und daher musste auch die Obrigkeit zum Calvinismus bekehrt werden. Am 15. Juli trafen sich Abgeordnete des Adels und der Konsistorien auf neutralem Lütticher Gebiet in St. Truiden. Dabei wurde möglicherweise bereits von organisiertem und sogar bewaffnetem Widerstand gesprochen.

Das Aufkommen des Calvinismus im äußersten Süden der Niederlande hing nicht nur mit der Nähe zu Frankreich oder dem französischsprachigen Artois und Hennegau zusammen. Die ländlichen Gebiete von Artois und die südwestliche Ecke von Flandern waren durch die Tuchproduktion stark industrialisiert. Viele Tausend Menschen verdienten in der ländlichen Industrie nur einen Hungerlohn und lebten auch in Zeiten wirtschaftlichen Aufschwungs kaum über dem Existenzminimum. Als wegen eines Handelskonflikts mit England die Zufuhr von Wolle unterbrochen wurde, hatte dies sofort eine Massenarbeitslosigkeit zur Folge. Noch schlimmer waren die Auswirkungen des militärischen Konflikts zwischen Schweden und Dänemark, durch die der Sund 1565 für jeden Schiffsverkehr gesperrt war. So stockte die Anfuhr des lebensnotwendigen Getreides aus den Ostseegebieten. Das Ausbleiben des Ostseegetreides, eine Missernte in den Niederlanden selbst und der ungewöhnlich strenge Winter verursachten 1566 eine regelrechte Hungersnot. Das war in den Niederlanden seit Menschengedenken nicht mehr vorgekommen. Der Reichtum der römisch-katholischen Kirche erregte vor allem dort Anstoß und Neid, wo das Elend besonders groß war, und genau dort schenkte man dem Calvinismus auch am meisten Gehör. Der Marquis von Bergen schrieb die religiösen Querelen den Tausenden Lohnarbeitern in Valenciennes zu.[69] In Tournai waren die Notleidenden so bitterarm, dass man von den *Tous-nus* sprach, den »völlig Nackten«, weil sie vor Armut kaum einen Fetzen am Leib hatten. Diese Ärmsten der Armen verlangten keine anderen Dogmen, sondern Essen, und in ihrem Elend sahen sie in jeder Art gewaltsamer Aktion eine Lösung. Viglius schrieb einem Freund in Spanien, durch die Stagnation in Handel und Gewerbe seien achttausend Menschen in der Gegend von Oudenaarde arbeitslos. Sie seien sonst von den Kaufleuten beschäftigt worden, wären jetzt aber überflüssig und müssten auf andere Art für ihren Lebensunterhalt sorgen.[70]

Der Bildersturm

Der Prediger Sebastian Matte war ursprünglich Hutmacher und beherrschte die Sprache des Volkes. Am 10. August 1566, dem Tag des hl. Lorenz, hielt er eine aufpeitschende Rede in der Nähe des St. Lorenz-Klosters (kein Zufall natürlich) in der Ortschaft Steenvoorde, im äußersten Südwesten von Flandern. Als er zu Ende gesprochen hatte, drangen zwanzig seiner Zuhörer, angeführt von einem anderen Prediger, in das Kloster ein und vernichteten dort alle Bilder und Statuen. Drei Tage später wiederholte sich dasselbe im St. Antonie-Kloster im nahegelegenen Bailleul. Am nächsten Tag predigte Matte im etwas weiter nördlich gelegenen Poperinge, woraufhin hundert Männer in der Kirche alles kurz und klein schlugen. Von dort zogen Trupps von einigen Dutzend Bilderstürmern durch Flandern und Brabant, um über Klöster und Kirchen herzufallen. Eigentlich lassen die Bilderstürme sich nicht auf einen Nenner bringen. An einem Ort arteten sie in Vandalismus durch Gruppen arbeitsloser und hungriger Menschen aus, die schon seit Langem unter dem Existenzminimum lebten. An anderen Orten verhielten sich die Bilderstürmer weitaus disziplinierter; ihnen ging es vor allem darum, gezielt sakrale Darstellungen zu zerstören.

Ein solcher Bildersturm konnte also von Dorf zu Dorf und von Stadt zu Stadt anders aussehen. Brüssel blieb als Regierungszentrum verschont. In vielen Städten wurde das Ausmaß der Zerstörungen von der Schützengilde bestimmt, einer organisierten Gruppe bewaffneter Bürger, deren Aufgabe es war, die (bestehende) Ordnung in der Stadt aufrechtzuerhalten und bei eventuellen militärischen Überfällen bereitzustehen. War die Schützengilde gegen den Bildersturm, wurde er verhindert, so wie in Leuven, Lille oder Brügge und einer ganzen Reihe anderer Städte. Heftige Bilderstürme gab es am 20. August 1566 in Antwerpen, am 22. August in Gent und am 24. August in Valenciennes. In Gent hingen die Gewalttaten unmittelbar mit der schlechten Versorgungslage zusammen. Nach der guten Ernte im eigenen Land erwartete man allgemein, dass die Preise sinken würden. Als das jedoch nicht geschah, kam es am 21. August zu einem Brotaufstand, bei dem die Armen selbst die Preise festsetzten. Einen Tag später nahmen die erhitzten Gemüter die Kirchen und Klöster ins Visier.[71] Der Chronist Marcus van Vaernewijck berichtete, dass Väter ihre Kinder mit zur Kirche nahmen und sie mit kleinen Hämmern auf die Statuen einschlagen ließen.[72] Auch die Dörfer im Umland der genannten

Ein Gemälde im Gemälde. Die Heiligen Drei Könige auf dem Bild erweisen dem neugeborenen Jesuskind die Ehre. Bewaffnete Bilderstürmer attackieren diese Darstellung vom äußeren Bildrand aus. Einer von ihnen richtet den Speer auf den Hals Marias, der Mutter Jesu. Unbekannter Künstler, Flandern, 16. Jahrhundert.

Städte blieben nicht von den Bilderstürmern verschont, doch nördlich der großen Flüsse war der Bildersturm eine eher vereinzelte Erscheinung. In manchen Städten verlief der Bildersturm in geordneten Bahnen, weil er vom Stadtrat selbst veranlasst wurde, der Schlimmeres verhüten wollte; so am 6. September in Leeuwarden und am 18. September in Groningen. Der Graf von Culemborg ließ am 14. September in der gleichnamigen Stadt alle Bilder entfernen, Brederode tat dasselbe am 25. September in seiner Herrlichkeit Vianen.

Unzählige Kunstschätze sind durch den Bildersturm vernichtet worden, nur selten kann man in Kirchen noch die Atmosphäre der Zeit vor 1566 spüren. Neben diesem kurzen, vehementen Bildersturm im August und September 1566 ist die systematische Säuberung von Kirchengebäuden in den darauffolgenden Jahren mindestens ebenso folgenschwer gewesen – denn erst nach dem Sieg der Reformation in den siebziger Jahren sind die meisten Bilder verschwunden und wurde die Mehrzahl der Wandmalereien weiß übertüncht.[73] In manchen Fällen erkannten die geistlichen und weltlichen Autoritäten die doppelte Bedeutung der Altarbilder, die nicht nur der religiösen

Erbauung dienten, sondern auch immer wertvolle Kunstobjekte waren. So wurde zum Beispiel in der St. Bavo-Kathedrale zu Gent das *Lamm Gottes* der Gebrüder van Eyck in Sicherheit gebracht. In Leiden ordnete die Stadtverwaltung an, das *Jüngste Gericht* von Lucas van Leyden aus der Kirche zu holen, sodass es dort noch heute im Museum zu sehen ist. In Alkmaar wollten die neuen reformierten Machthaber das große Altar-Triptychon von Maerten van Heemskerck nicht mehr in der Kirche haben. Aber es zu entsorgen wäre schade ums Geld gewesen. Daraufhin verkauften sie es an die (lutherische) Kirche zu Linköping in Schweden.[74]

Insgesamt blieben die Bilderstürmer eine kleine Minderheit der Bevölkerung – die Mehrheit sah tatenlos zu. Es ist interessant, dass die Mehrheit der Niederländer – anders als in Frankreich – die Bilderstürmer im Allgemeinen hat gewähren lassen. Das hat zu verschiedenen Interpretationen geführt. Bei den ersten, vehementen Bilderstürmen vom Sommer 1566 können wir davon ausgehen, dass es den treuen Katholiken einfach den Atem verschlagen hat. Zahlreiche Chronisten hielten jedenfalls ihre Entrüstung schriftlich fest, ihr Entsetzen und ihr Unvermögen, etwas zu tun. Als schlichten Gläubigen war ihnen eingeprägt worden, ihren Priestern, ihren Hirten, in Gehorsam zu folgen. Aber was jetzt? Sich bewaffnen und den Kampf aufnehmen? Dann könnten in den Nieder-Landen die fürchterlichen Bürgerkriege ausbrechen, wie sie zumindest den Eingeweihten aus Frankreich bekannt waren. Andere Reaktionen waren: Sollen die Protestanten doch ihre eigenen Kirchen bauen. Es gab Priester, die einen Appell an die Obrigkeit richteten, und so gab es tatsächlich konservative Städte, in denen keine Bilderstürme stattfanden, wie zum Beispiel Leuven und Lille. In den meisten Städten wollten die Stadtregierungen zwar die Ordnung wiederherstellen, aber dennoch keine Verfolgungen organisieren. In Frankreich dagegen herrschte bei einer großen Mehrheit der Katholiken die Vorstellung von »einem Glauben, einem Gesetz, einem König« – *une foi, une loi, un roi* –, und jeder, der dagegen war, sündigte gegen die sakrosankte Einheit des Volkes. Der französische König war König von Gottes Gnaden, von der Kirche gekrönt und gesalbt. In den Niederlanden ist das nicht der Fall gewesen; hier war der Landesherr insgesamt viermal Herzog, sechsmal Graf und siebenmal Herr der verschiedenen zusammengesetzten Länder. Eine Verfolgung auf Leben und Tod im Namen des Königs galt als Frevel.[75]

Allerdings war die Reaktion unter den Katholiken heftig genug. Sympathie hatte man für die armen Schlucker aufbringen können,

Marianum in der Leonarduskirche zu Zoutleeuw, wo man das unversehrt gebliebene Interieur aus dem 16. Jahrhundert sorgfältig aufbewahrt hat. Maria und das Jesuskind sind umgeben von fünf kleinen Schilden, auf denen die fünf Wunden Jesu am Kreuz zu sehen sind: sein Herz, seine Hände und seine Füße.

die so tapfer singend und betend den Tod auf dem Scheiterhaufen fanden, aber jetzt, wo diese Andersdenkenden so mächtig waren, dass sie die Bilder in den Kirchen kurz und klein schlagen (oder schlagen lassen) konnten, wurde reagiert. Der katholische Adel distanzierte sich von der Opposition. Darum konnte die Ordnung doch verhältnismäßig leicht wiederhergestellt werden. Allerdings gab es auch durchaus kritische Situationen; nach den heftigen Bilderstürmen in Antwerpen und Gent am 20. und 22. August war die Generalstatthalterin zunächst der Verzweiflung nah, doch der Hochadel rettete sie. In Absprache mit Oranien und Egmont beschloss der Adelsverbund, sich selbst aufzulösen. Dafür gestattete Margarethe, dass an Orten, an denen das ohnehin schon geschah, gepredigt werden durfte. Egmont reagierte auf die Ereignisse mit der Devise »Erst der Staat, dann die Religion« und stellte die Ordnung in Flandern wieder her. Oranien sorgte als Burggraf von Antwerpen für Ruhe in der Scheldestadt und ließ einige Aufrührer aufknüpfen. Die Bewohner Culemborgs reichten eine Petition beim Grafen ein, in der sie darum baten, dass die protestantischen Predigten beendet und die Erlasse angewendet werden sollten.[76] Doch der Graf beließ alles beim Alten.

In Heftigkeit und Umfang war der Bildersturm ein Ereignis, das die weltliche und geistliche Obrigkeit, Katholiken, Lutheraner und Calvinisten zutiefst erschütterte. Und dabei war es nicht das erste Mal, dass sich in Westeuropa ein Bildersturm ereignete. 1562, während der Glaubenskriege vier Jahre zuvor, waren in großen Teilen Frankreichs Statuen und Gemälde in Kirchen und Klöstern zerstört worden.[77] Die Obrigkeiten hätten also durchaus damit rechnen können, dass sich ein solches Szenario auch in den Niederlanden würde abspielen können. Dennoch befanden sich der König und der spanische Hof in einer Art Schockzustand.[78]

Am 3. Oktober 1566 trafen sich Egmont, Hoorn, Oranien und Ludwig von Nassau in Dendermonde. Der Überlieferung nach besprachen sie dort die Möglichkeit eines bewaffneten Aufstands. Die Frage war: zu welchem Zweck? Und gegen wen? Und auf welche Weise? Hat der eine oder andere von ihnen erwogen, sich starker Städte zu bemächtigen und von dort aus den König vor die vollendete Tatsache eines Zusammenlebens verschiedener Religionen zu stellen? Wie es 1572 unter großen Mühen tatsächlich bewerkstelligt wurde? Egmont war ein zu treuer Fürstendiener, um Derartiges überhaupt in Betracht zu ziehen. Brederode dagegen wollte kämpfen und begann sofort mit der Befestigung seiner südlich von Utrecht gelegenen kleinen Stadt Vianen. Der Prinz von Oranien versorgte ihn mit ein paar Kanonen. Im Süden entschieden sich Valenciennes und Tournai für den Calvinismus und verweigerten den von der Regierung geschickten Garnisonssoldaten den Zugang. Das Kräftemessen, das darauf folgte, hatte zwar nicht den Umfang, wie er in den traurigen Jahren danach zu sehen sein sollte, doch trug sich hier immerhin die erste erbitterte Auseinandersetzung zu. Mehrmals hatte die Generalstatthalterin beiden Städten die Möglichkeit angeboten, sich mit dem König zu versöhnen. Nachdem dies ebenso oft abgelehnt worden war, gab sie ihrem Feldherrn Noircarmes den Befehl, die Städte mit Gewalt einzunehmen. Im Januar 1567 fiel Tournai. Daraufhin wurde Margarethe mutiger.

Heinrich von Brederode, Initiator des Adelsverbundes,
der Einzige, der schon 1566/67 zu den Waffen greifen wollte.

Auf Anraten von Viglius forderte sie einen neuen Treueschwur des Adels, um zu ermitteln, auf wen sie sich noch verlassen konnte. Oranien, Hoorn und Brederode verweigerten den Eid. Wilhelm von Treslong, ein Angehöriger des niederen Adels, versuchte es zum dritten Mal mit einem Gesuch und drohte jetzt definitiv mit Aufstand, sollte keine Religionsfreiheit zugestanden werden. Das lehnte die Generalstatthalterin indes rundweg ab. Doch Ende Februar schrieb sie dem König besorgt, die Truppen Brederodes seien ebenso stark wie ihre. Nach einem weiteren Monat gelang es ihren Feldherrn, den Aufständischen die letzte Hoffnung zu nehmen. Eine kleine calvinistische Armee unter dem Kommando von Marnix von Toulouse wurde am 13. März bei Oosterweel, nördlich von Antwerpen, ohne Pardon völlig aufgerieben.[79] Herzzerreißende Szenen spielten sich auf dem Stadtwall ab, wo die Mitstreiter der Geusen darauf drängten, den Regierungstruppen zu Leibe zu rücken. Oranien hielt sie davon ab, weil sie den kampferprobten Regierungstruppen hoffnungslos unterlegen waren und in den sicheren Tod gerannt wären. Elf Tage später eroberten die Regierungstruppen Valenciennes. Damit war der letzte wichtige Brandherd des Widerstands gelöscht. In Spanien hatte der König jedoch bereits den Auftrag erteilt, an den Aufständischen in den Niederlanden ein Exempel zu statuieren.

Das *Wilhelmus*, aufgeschrieben von Willem de Gortter, einem Meistersinger aus Mecheln. Van Gortter schrieb eine Reihe von Gedichten ab und versah sie, wie hier, mit farbenprächtigen Zeichnungen von Kriegsleuten seiner Zeit.

3 Die Treue auf dem Prüfstein

Unter Albas Joch ▸ 1567–1573

Ankunft und erstes Auftreten Albas

Sechs Monate würden nach Meinung des Herzogs von Alba reichen, um die Niederlande zu unterwerfen. Und dazu sollten Köpfe rollen, was er schon zur Zeit der Opposition des Adels gegen den König für das beste Mittel zur Wiederherstellung der königlichen Autorität gehalten hatte. Alba gehörte am spanischen Hof zur Partei der Falken, und bereits vor dem Bildersturm war er ein Befürworter eines harten Kurses gewesen. Der König verwarf die Zurückhaltung, die die Generalstatthalterin nach Überreichung der Bittschrift versprochen hatte. Das empörte Montigny derartig, dass er es tatsächlich fertigbrachte, wütend in die Gemächer des Königs zu stürmen. Der stets auf seine Gelassenheit bedachte König lief rot an vor Zorn.[80] Am 3. September 1566 erreichten die Briefe der Generalstatthalterin, in denen sie von der Verwüstung der Kirchen und Klöster berichtete, den spanischen Hof. Es gab dort nicht wenige, die diese Nachrichten im wahrsten Sinne des Wortes krank machten. Der König musste wochenlang das Bett hüten. Alba selbst wurde von der Gicht heimgesucht. Es war das erste Mal, dass er von dieser Krankheit geplagt wurde. Wenn das Schicksal es schlecht mit ihm meinte, sollte sich das noch viele Male wiederholen.[81]

Erst am 22. September versammelte sich der königliche Staatsrat in Madrid, um die niederländischen Angelegenheiten zu besprechen. Alba und den anderen Verfechtern des harten Kurses standen einige Adlige gegenüber, die schon seit Jahr und Tag mit dem Alba-Clan rivalisierten. Ruy Gómez de Silva, Prinz von Eboli, war ein Jugendfreund Philipps II. Er gehörte Philipps spanischem Rat an, auch als der König sich in den Niederlanden aufhielt, und war sein einflussreichster Berater. Man nannte ihn sogar *Rey* Gomez. Er und seine Fraktion wurden die Ebolisten genannt, während die Anhänger von Alba die Albanisten hießen. Francisco de Eraso, einer der königlichen Sekretäre, war ein wichtiger Gefolgsmann Ebolis.[82] Die Ebolisten waren Befürworter einer dezentralisierten Regierung des Habsburger Reiches

Herzog von Alba. Gemälde eines unbekannten Künstlers, vermutlich aus der Zeit, in der Alba sich in den Niederlanden aufhielt.

und damit eines gemäßigten Umgangs mit den Problemen in den Niederlanden. Nach Ansicht Albas und seiner Leute sollte der König das Reich von Kastilien aus regieren, dem Machtzentrum schlechthin.[83] Die niederländischen Adligen hätten am liebsten Eboli selbst in den Niederlanden gesehen, der mit vorsichtiger Hand die Autorität wiederherstellen und das Vertrauen zurückgewinnen sollte. Das war für Alba undenkbar. Seiner Meinung nach musste erst eine Armee Ordnung schaffen, und er dachte, dass dazu etwa 800 Exekutionen nötig wären. Danach sollte der König sich selbst in die Niederlande begeben, um als guter und gnädiger Fürst aufzutreten und Pardon zu gewähren. Also eine Phase der kurzen, harten Aktion und danach die Wiederherstellung der normalen Verhältnisse. Zuerst müsse ein Exempel statuiert werden, andernfalls würden auch die italienischen Gebiete gegen die königliche Autorität aufbegehren. Die Versammlung beauftragte ihn damit, seine Vorschläge selbst in die Tat umzusetzen.

Mit seiner Argumentation hatte der Herzog sich im Grunde selbst in die Enge getrieben, sodass er nolens volens zustimmen musste. Für die Partei von Eboli und Eraso war er damit geraume Zeit vom Hof entfernt, was ihren eigenen Ambitionen sehr entgegenkam.[84] Alba war als altgedienter und hervorragender Feldherr eine unentbehrliche Stütze des Throns. Seine Erfahrung und Zuverlässigkeit machten ihn jetzt zum geeigneten Mann, in den Niederlanden für Ordnung zu sorgen. Doch bevor er überhaupt den Hof verlassen hatte, arbeiteten seine Rivalen bereits daran, ihm zu schaden. Das sollte man bedenken, wenn man sich fragt, warum der mächtigste Mann der westlichen Welt es nicht schaffte, den Aufstand in den Niederlanden zu unterdrücken.

Vor Ende des Jahres 1566 war es nicht möglich, ein so großes Heer in die Niederlande zu schicken. Die Truppen waren in Italien stationiert und mussten zunächst über die Alpen und danach durch neutrales Gebiet in die Nieder-Lande ziehen, eine gigantische Operation, die monatelange Vorbereitung erforderte. In der spanischen Hafenstadt Cartagena bekam Alba unmittelbar vor seiner Überfahrt nach Italien noch eine Instruktion von Eraso, in der ihm mitgeteilt wurde, dass ihm weniger Mannschaften als geplant zur Verfügung stehen würden und zudem sein eigenes Honorar gekürzt worden sei.[85] Ein Beispiel für die Zerrissenheit innerhalb der spanischen Regierung, die zu Irritationen und Missmanagement führte. Alba ließ sich nicht beirren, auch wenn er das Unternehmen jetzt schon bedauerte. Ein Blick auf die Karte Europas zeigt, dass seine Route durch den heutigen Osten Frankreichs führte: durch Savoyen, die Franche-Comté und Lothringen. Zur Zeit Philipps II. waren Savoyen und Lothringen Spaniens Verbündete, die Franche-Comté war habsburgisches Gebiet. Seit der maßgeblichen Studie von Geoffrey Parker nennen wir diese Route *the Spanish road*, die bis 1622 benutzt wurde.[86] Die französischen Truppen westlich dieses spanischen Korridors verfolgten die Entwicklung mit Argusaugen. Auf der anderen Seite bewachten Schweizer Pikeniere ihre Kantone – wie ein Igel, der sich zusammenrollt, wenn ein Fuchs vorbeischleicht. Würde Alba die Gelegenheit wahrnehmen, um quasi im Vorübergehen das Ketzernest Genf auszuräuchern? Aber Alba war stets auf Disziplin bedacht, kein Millimeter durfte von der Route abgewichen werden. Unterwegs erreichten ihn noch Briefe von der Generalstatthalterin, seine Anwesenheit sei überflüssig, weil sie selbst die Ordnung schon wiederhergestellt habe. Diesen Bericht beachtete der Herzog nicht, da der König ihm die Vollmacht gegeben hatte, zu tun und zu lassen, was er für richtig hielt. Außerdem ging er davon aus, dass die Generalstatthalterin nur wegen seiner drohenden Ankunft die Ordnung hatte wiederherstellen können.[87]

Am 28. August erreichte er Brüssel. Die Generalstatthalterin durchschaute schnell, was die Stunde geschlagen hatte, und wahrte ihren Stolz. Am 13. September stimmte Philipp ihrer Entlassung zu, und am Ende des Jahres verließ sie die Niederlande, um nach Parma zurückzukehren. Alba, der davon ausgegangen war, dass er lediglich als Kapitän-General Ordnung schaffen sollte, sah sich jetzt als Statthalter zusätzlich mit einer Regierungsaufgabe belastet. Mit seiner Einsetzung bekamen die Nieder-Lande zum ersten Mal in ihrer Geschichte einen nicht-fürstlichen Stellvertreter des Königs. In den ersten Wochen seines Aufenthalts zeigte er sich wohlwollend und höflich, um möglichst viele ehemalige Oppositionelle in seine Netze zu verstricken. Bei einigen von ihnen hatte er Erfolg: Die Grafen von Egmont und Hoorn ließen sich nach Brüssel locken. Zu spät mussten sie entdecken, dass ihnen ihr Vertrauen zum Verhängnis geworden war, denn am 9. September ließ Alba sie verhaften. Alba genoss sichtlich das Entsetzen im In- und Ausland. Etwa um dieselbe Zeit wurde in Spanien Montigny verhaftet und ins Staatgefängnis von Simancas geworfen.

Andere Oppositionelle hatten sich keine Illusionen gemacht und waren rechtzeitig ins Exil gegangen; Heinrich von Brederode hielt sich im Herzogtum Kleve auf, Wilhelm von Oranien war im April 1567 über Breda nach Dillenburg zurückgekehrt, dem Stammschloss der Nassauer. Im September bot Oranien Herzog Alba in einem Brief pro forma seine Dienste an, eine ausgewachsene Heuchelei, die beide nicht geglaubt haben dürften. Dieses Täuschungsmanöver brachte dem Prinzen irreführenderweise den Beinamen »der Schweiger« ein. Dabei war der Prinz von Natur aus nicht schweigsam, sondern äußerst gesprächig im Umgang und dazu ein ausgezeichneter Redner. Der Inquisitor Titelmans hatte sich nach Oraniens Flucht abfällig über den Prinzen geäußert:[88] »Si astutus Guilielmus evasit, non erunt solida gaudia«, im Deutschen etwa: »Wenn der schlaue Wilhelm entkommen ist, ist die Freude von kurzer Dauer.« Er hatte ihn als listig und verschlagen bezeichnen wollen (*astutus*), was in der niederländischen Übersetzung zu »schweigsam« wurde. Das ursprünglich negativ gemeinte Attribut entwickelte sich später, besonders im 19. Jahrhundert, zum positiv ausgelegten Beinamen des Prinzen, als wäre er ein Politiker gewesen, der wegen seiner Schweigsamkeit Anerkennung verdient. Zu Lebzeiten ist Oranien nie als »Schweiger« bezeichnet worden.[89]

Neben diesen wenigen großen Namen gab es Zehntausende einfacher Menschen, die dem neuen Glauben anhingen und jetzt ins Ausland auswichen. Die meisten gingen in die Nachbarländer, nach Deutschland oder England. Sie siedelten sich in Norwich, Emden, Kleve, Frankfurt oder Heidelberg an. In einigen Orten waren es so viele, dass ihre Anzahl die der ursprünglichen Einwohner übertraf. Doch sie trugen mit ihren verschiedenartigen Berufen auch zur Wirtschaft bei. Zugleich gründeten sie in ihrer neuen Heimat Druckereien, um religiöse und politische Werke in ihrer Muttersprache zu publizieren. Das bedeutendste Druckerzentrum war Emden, wo zwischen 1554 und 1574 über zweihundert Bücher erschienen.[90] Auch im englischen Norwich – Noordwijk, wie die Niederländer damals sagten – wurden zahlreiche Publikationen gedruckt, darunter der Heidelberger Katechismus auf Niederländisch.[91]

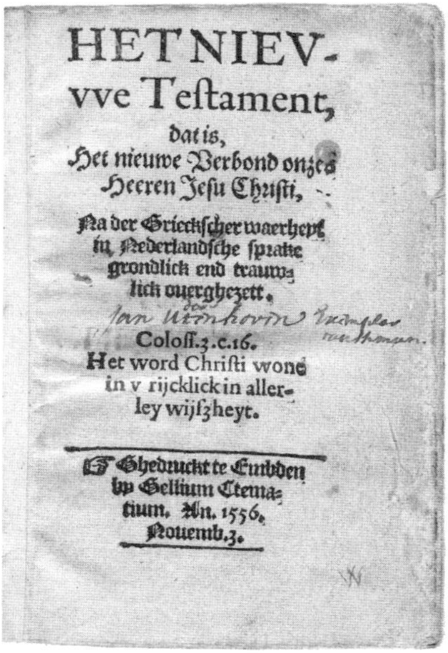
HET NIEV-
vve Teſtament,
dat is,
Het nieuwe Verbond onzes
Heeren Jeſu Chriſti,
Na der Griecksſcher waerheyt
in Nederlandſche ſprake
grondlick end trauwe-
lick overghezett.
Coloſſ.3.c.16.
Het word Chriſti wone
in v rijcklick in aller-
ley wijſzheyt.
Ghedruckt te Embden
by Gellium Ctema-
tium. An. 1556.
Nouemb.3.

Eine der vielen Publikationen aus dem Druckerzentrum Emden. Es handelt sich um eine Übersetzung des Neuen Testaments aus dem Griechischen ins Niederländische. Der Name des Übersetzers ist handschriftlich auf der Titelseite vermerkt.

Neben diesen ehrsamen Bürgern, die ihren Glauben in der Diaspora leben wollten und daher ihren Beruf auch weiterhin ausüben konnten, gab es andere, die in die Wälder Flanderns oder aufs Meer flohen, die sogenannten Waldgeusen und Wassergeusen. Diese mussten für ihren Lebensunterhalt notgedrungen auf illegale Weise sorgen. Die Waldgeusen waren eine leichte Beute für die starken lokalen Autoritäten auf dem Lande und stellten nach 1568 kaum noch einen nennenswerten Faktor dar.[92] Die Wassergeusen hingegen sollten letztlich den Umschwung herbeiführen. Sie haben zwar den Ruf rauer Gesellen, doch auch unter ihnen waren alle Schichten der Gesellschaft vertreten, vom Edelmann bis zum Bettelmann sozusagen. Als Seeräuber sicherten sie sich ihren Lebensunterhalt, indem sie sich aufs Kapern von Schiffen verlegten – auch die Schiffe ihrer Landsleute verschonten sie nicht. Wenn sie den Königstreuen in die Hände fielen, war ihr Schicksal besiegelt, und sie landeten entweder gleich am Galgen beziehungsweise an der Rahe, oder sie wurden nach Brüssel verschifft, wo sie ein Verhör und die unvermeidliche Hinrichtung erwarteten.

Der Blutrat

Alba stand jetzt vor dem Problem, ein ganzes Land regieren zu müssen. Dabei konnte er zwar auf die drei Regierungsgremien zurückgreifen, aber nicht auf einen zentralen Verwaltungsapparat. Gegen eine solche Institution hatten sich die Generalstände immer gewehrt. Alba hatte einige Beamte aus Spanien mitgebracht, weil er den einheimischen Beamten nicht traute. Die aber beherrschten die Sprache nicht, wodurch sie auf die Information vor Ort angewiesen waren. Oft wurden sie entweder gar nicht oder falsch informiert. Außerdem war Albas Stab unterbesetzt und durch interne Streitigkeiten gespalten.[93] Korruption konnte unter diesen Umständen üppig gedeihen. Alba nahm es als etwas hin, was dazugehörte. Mit den Finanzen befasste er sich nicht, solange die Armee nur rechtzeitig ihren Sold erhielt.[94] Hätte Alba sich in der Religionsfrage für die Methode entschieden, wie sie zehn Jahre später von Parma angewandt wurde – die Dissidenten vor die Wahl zwischen Anpassung oder Emigration zu stellen –, wäre der Kampf ein völlig anderer geworden. Alba jedoch hielt nicht nur am katholischen Glauben fest, sondern verbot auch jede Form der Emigration.

Dem Herzog konnte alles gar nicht schnell genug gehen, und so führte er knapp eine Woche nach seiner Ankunft in Brüssel den *Conseil des Troubles*, den *Raad van Beroerten*, den »Blutrat« ein. Die Verhaftungen waren letztlich politisch motiviert, die Aburteilungen gerieten zu politischen Prozessen. Alba bezichtigte alle, die sich an den Unruhen des vergangenen Jahres beteiligt hatten, des Hochverrats, womit er die Einsetzung dieses Rates, der auf kein Privileg Rücksicht nehmen musste, juristisch rechtfertigen konnte. Offiziell führte Alba selbst den Vorsitz dieses Gremiums, das selbstverständlich nur aus königstreuen und katholischen Niederländern bestand. Außerdem gehörten noch zwei spanische Ratsherren dazu. Der eine, Louis del Río, Sohn einer flämischen Mutter, war ein williges Werkzeug des anderen, Juan de Vargas, eines verkommenen Mistkerls, der in Spanien wegen Missbrauchs einer Pflegetochter angeklagt war und sich vor dem Zugriff der spanischen Justiz in die Niederlande abgesetzt hatte.[95] Manche Geschichtsschreiber heben die vornehme Höflichkeit Albas hervor, hüten sich aber, dabei den Namen Vargas zu nennen, der es ohne die Protektion Albas nie so weit gebracht hätte und im Schlepptau Albas auch wieder verschwunden ist. Insgesamt ist in 1037 Fällen das Todesurteil vollstreckt worden, in 11130 Fällen wurde der Besitz der Verurteilten eingezogen.[96] Die Zahl der verhängten Todesurteile war viel höher, doch viele Angeklagte waren geflohen und wurden daher in Abwesenheit verurteilt. Formal wurden bei der Prozessführung alle Regeln strikt eingehalten, die vielen Konfiskationen allerdings entsprangen wohl eher der Notwendigkeit, dem neuen Regime Finanzmittel zu verschaffen. Dass nach Albas Abreise keine Todesstrafe mehr ausgesprochen wurde, ist auch ein Beweis dafür, dass die Ratsmitglieder bei ihrer Urteilsfindung unter der Kuratel Albas standen.

In der öffentlichen Meinung erhielt dieses Sondergericht schon bald den Beinamen »Blutrat«. Die Zahl der Opfer wurde dabei gewaltig übertrieben, und auch bei den Methoden des Blutrats ließ das Volk seiner Phantasie freien Lauf. Die beiden prominentesten Opfer waren die Grafen von Egmont und Hoorn. In ihrem Fall kann von einer normalen Rechtsprechung nicht die Rede sein. Die Grafen bekamen weder Feder noch Papier, um sich zu verteidigen, mit ihrem Anwalt durften sie kaum sprechen. Das Urteil stand zwar nicht von vornherein fest, aber da die Anklage auf Majestätsbeleidigung lautete, war die Todesstrafe im Prinzip unabwendbar.[97] Egmonts Sekretär kam auf die Folterbank, weil man ihm eventuelle politische Geheimpläne seines Herrn zu entreißen hoffte. Anton van Straelen, der Bürgermeister von Antwerpen, der noch am 14. März 1566 unter Einsatz seines Lebens einen Aufruhr in seiner Stadt beschwichtigt hatte, wurde grausam gefoltert und hingerichtet. Am 4. Oktober 1567 verurteilte das Sondergericht Montigny zum Tode. Dieses Urteil wurde zehn Tage später in seinem Gefängnis in Spanien vollstreckt. Dabei wurde er nicht mit dem Schwert enthauptet, wie es einem Adligen zustand, sondern heimlich erdrosselt. Möglicherweise spielte hier sein unbeherrschter Auftritt bei Philipp eine Rolle. Dieser ließ verbreiten, Montigny sei eines natürlichen Todes gestorben.

Alba betonte anfangs, es ginge ihm bei allen Unterdrückungsmaßnahmen nicht um Andersgläubige, sondern um »Rebellen«. Damit wollte er verhindern, dass seine niederländischen Opfer Sympathie bei den deutschen lutherischen Fürsten erweckten. In dem Sinne führte Alba auch mit den deutschen Fürsten, den protestantischen wie

Eine eigenartig friedliche Darstellung aus der Zeit eines heftig wütenden Glaubenskrieges: die Inthronisation Gottfried von Mierlos als Bischof von Haarlem. Die Gesichtszüge sind nur angedeutet. Der Dominikaner von Mierlo wurde von dem Antwerpener Bischof Sonnius zum Bischof geweiht. Das geschah nicht in Haarlem, sondern in der Pauluskirche in Antwerpen.

den katholischen, einen liebenswürdigen, wenn auch zugleich sehr unmissverständlichen Briefwechsel und versicherte sie seiner guten Absichten.[98] Doch gegen Ende seiner Zeit als Generalstatthalter sah er seine Aufgabe immer deutlicher als Kampf gegen das Ketzertum.

Mit dem abwesenden Prinzen von Oranien hatte Alba keine Nachsicht. Daher ließ er dessen zwölfjährigen Sohn Philipp Wilhelm, der an der Universität Leuven studierte, gefangen nehmen. Er schickte den Jungen als Geisel nach Spanien. Dort durfte Philipp Wilhelm zwar an der Universität Alcalá studieren und hatte eine gewisse Bewegungsfreiheit. Doch erst 1596, nach einem erzwungenen Aufenthalt von dreißig Jahren, sollte er die Erlaubnis bekommen, in die Niederlande zurückzukehren.[99]

Dem negativen Urteil, das sich vor allem aus Existenz und Vorgehen des Blutrats ergibt, steht eine Leistung Albas gegenüber, die man positiv bewerten kann: die Kodifizierung und Humanisierung der Strafgerichtsbarkeit. Nicht gerade etwas, das wir mit Alba in Verbindung bringen würden. Höhnisch hatte er sich einmal über die in den Niederlanden übliche Rechtsprechung ausgelassen: »Das Recht ist in den Niederlanden käuflich wie Fleisch beim Metzger.«[100] Jetzt beauftragte er seine Juristen, das Strafrecht und die Strafprozessordnung zu vereinheitlichen, eine Unifikation, die 1570 in den sogenannten Kriminalverordnungen verkündet wurde.[101] Die Leistung selbst geht zwar aufs Konto der niederländischen Juristen, die schon seit längerer Zeit der Meinung waren, eine solche Inventarisierung und Vereinheitlichung der widersprüchlichen Rechtsnormen würde die Zentralisierung der niederländischen Verwaltung erleichtern. Doch wurden diese Bestrebungen ausdrücklich von Alba gewünscht und gefördert. Bei der Genter Pazifikation wurden der Blutrat wie auch die Kriminalverordnungen abgeschafft. In der Praxis blieb die neue, sehr humane Gesetzgebung von 1570 in den Königlichen Niederlanden bestehen.

Für die katholische Kirche und die Katholiken war der starke Arm Albas notwendig, damit die Bischöfe, die bereits ernannt worden waren, jetzt auch offiziell eingesetzt werden konnten. Außerdem verlangte Alba, dass die für die niederländischsprachigen Gebiete ernannten Bischöfe auch selbst des Niederländischen mächtig waren.

Wilhelm von Oraniens Feldzug 1568

Wenn jemand die Initiative zum bewaffneten Widerstand ergreifen sollte, so war dies der Prinz von Oranien. Als höchster Adliger und eines der wichtigsten Regierungsmitglieder stand seine Ehre auf dem Spiel. Natürlich wollte er außerdem wieder über seine beschlagnahmten Besitztümer verfügen können. Als »vornehmster Spross der Niederlande« war es seine Pflicht, sich für die alten Privilegien und die Interessen der Bevölkerung einzusetzen. Er war in Kontakt mit den Wassergeusen, denen er Kaperbriefe gegen den Feind ausstellte, und stand in Verbindung mit den calvinistischen Konsistorien, die seine Unternehmungen finanziell unterstützten. Hauptsächlich mit nassauischem Familienkapital warb er ein Heer an und entwarf einen großen Einsatzplan: Seine Brüder Ludwig und Adolf von Nassau sollten von Norden her in die Niederlande einmarschieren, Wilhelm selbst wollte mit einem großen Heeresverband in der Mitte der Niederlande einen Angriff auf das Regierungszentrum Brüssel wagen und versuchen, Alba zu einer Schlacht auf offenem Feld herauszufordern. Dabei hoffte er, von den Niederländern aktiv oder passiv unterstützt zu werden, weil sie nach einem Jahr eigentlich genug von Albas unerbittlicher Herrschaft haben mussten.

Ob der Prinz wirklich geglaubt hat, Alba schlagen zu können, und sich schon Gedanken über den politischen Kurs nach einem eventuellen Sieg gemacht hat? Der Generalstatthalter war immerhin

Repräsentant des rechtmäßigen Fürsten und verteidigte den katholischen Glauben. Die Mehrheit der Bevölkerung wird damit einverstanden gewesen sein und versucht haben, sich unter dem »eisernen Herzog« so gut es ging einzurichten. War der Prinz nicht einfach nur ein Aufrührer? Alba stellte ihn jedenfalls so hin und schärfte seinen Unterbefehlshabern ein, dass die Armeen der nassauischen Brüder keine fremde Macht repräsentierten. Folglich waren ihre Mannschaften auch keine Soldaten, sondern nur Rebellen, denen keine Gnade gewährt werden durfte. Wer den königlichen Truppen in die Hände fiel, musste auf der Stelle niedergemetzelt werden. Oranien seinerseits begriff sehr wohl, dass er zum Rebellen abgestempelt wurde, und suchte daher eine besondere Rechtfertigung für seine Invasion: Er kämpfte nicht gegen den rechtmäßigen Souverän, sondern gegen die schlechten Ratgeber des Fürsten, die die Gesetze des Landes missachtet hatten. Der Kampf richtete sich also nicht gegen Philipp II., sondern gegen den Herzog von Alba. Seine Devise lautete: *Pro rege, lege et grege* (Für König, Gesetz und Volk). Darüber hinaus veröffentlichte er im April 1568 in mehreren Sprachen eine *Justificatie* (Rechtfertigung), in der er seine frühere und jetzige Handlungsweise begründete. Damit begann ein »Papierkrieg«, ein Propagandafeldzug des 16. Jahrhunderts, in dem der Prinz von einigen Predigern und anderen Männern, die eine gewandte Feder führten, beraten und unterstützt wurde. Mit seinem Kampf auf dem Papier wollte Wilhelm den Krieg, der nun auf dem Feld ausgefochten wurde, gegenüber der niederländischen Bevölkerung, aber auch vor den ausländischen Fürsten rechtfertigen.

Seine Brüder Ludwig und Adolf von Nassau marschierten in Groningen ein, um von dem großen Angriff auf Brabant abzulenken. Die Sache ließ sich zuerst sehr hoffnungsvoll an. Am 23. Mai 1568 errang Ludwig von Nassau bei dem ersten Zusammenstoß mit spanischen Truppen bei Heiligerlee einen Sieg, Adolf von Nassau fiel jedoch im Kampf. Wilhelm von Oranien hatte Ludwig den Auftrag erteilt, eine Armee für die Freiheit von Glauben und Gewissen ins Feld zu führen. Das war der grundsätzliche Punkt, um den es in diesem Krieg ging.[102] Da die Kämpfe 1648 im Westfälischen Frieden konkret und juristisch beendet wurden, hat sich in der Geschichtsschreibung die Bezeichnung Achtzigjähriger Krieg durchgesetzt. Wäre der Frieden ein Jahr früher geschlossen worden, hätte man vielleicht die Schlacht bei Oosterweel zum Kriegsanfang erklärt und ebenfalls vom Achtzigjährigen Krieg gesprochen, nur um auf eine runde Zahl zu kommen. Dirck Janszoon, ein wohlhabender Bauer aus der friesischen St. Anna-

Parochie, der in seinen »Memoiren« alles registrierte, was er erlebte, verlegte den Beginn des »niederländischen Krieges« ins Jahr 1566.[103] Kein Historiker wird seine Hand dafür ins Feuer legen, dass der Krieg wirklich am 23. Mai 1568 angefangen hat.[104]

Der Sieg bei Heiligerlee war nur ein vorübergehender Erfolg, vielleicht ein Glückstreffer. Die Sache hatte auf Seiten der Königspartei einen faden Beigeschmack. Der königliche Statthalter Jean de Ligne, Graf Arenberg, ein Mann aus dem Hochadel, den Philipp II. ganz besonders schätzte, war dort gefallen. Er hatte von Alba den ausdrücklichen Befehl erhalten, Ludwigs Heer nicht mit seinen eigenen Truppen allein anzugreifen. Er sollte die Verstärkung aus Gelderland abwarten, die unter der Leitung des Geldener Statthalters, des Grafen von Megen, anrückte. Einer der spanischen Unterbefehlshaber in de Lignes Heer – Bracamonte – soll ihn jedoch angestachelt haben, die Schlacht selbst zu wagen. Und nachdem Arenberg ihm erklärt hatte, er folge nur seiner Order, soll der Spanier ihn mit der Frage herausgefordert haben, ob ihm vielleicht der Mut fehle. Ein Arenberg, der sich nicht traut? Das wollte Jean de Ligne sich nicht nachsagen lassen, und er wagte den Kampf mit dem bekannten Resultat.[105] Wenn die spanischen Militärs in den Nieder-Landen schon mit Königstreuen so umgingen, wie würden sie dann wohl über die Rebellen denken?

Alba bedauerte den Tod Arenbergs, denn dieser war einer der wenigen hochrangigen Adligen, die dem König rückhaltlos gedient hatten. Allerdings war er zum einen der Meinung, Arenberg hätte so vernünftig sein müssen, nicht auf die Herausforderung einzugehen, und zum anderen, dass seine steinreiche Witwe jetzt am besten einen Spanier heiraten könnte. Außerdem traf er selbst sofort Gegenmaßnahmen, und die richteten sich nicht allein gegen Personen. Am 28. Mai ließ er den Palast des Grafen Culemborg in Brüssel bis auf die Grundmauern abreißen. Die Begründung für diese symbolische Maßnahme war allein die Tatsache, dass hier der Verbund der Geusen geschlossen worden war. Nach alttestamentarischem Brauch ließ er Salz auf den Boden streuen, damit hier nie wieder etwas würde wachsen können.[106] Am 1. Juni 1568 ließ er auf dem Pferdemarkt zu Brüssel die ersten zum Tode verurteilten Adligen enthaupten. Am 5. Juni folgten Egmont und Hoorn, für die der Große Markt ausgewählt worden war. Bis zum letzten Augenblick behielt Egmont seine Naivität: Er dachte noch auf dem Schafott, er würde begnadigt werden. Es war ein Ereignis, das ganz Europa erschauern ließ – so Montaigne in seinen *Essays*.[107]

Damit hatte Alba Angst und Schrecken verbreitet. Anschließend zog er selbst in den Norden, wo Ludwig von Nassau vergeblich versucht hatte, die Stadt Groningen zu belagern. Dass die Groninger Ludwig nicht einließen, bedeutete keineswegs, dass sie auf Albas Seite standen. Als dessen Armee in der Nähe von Slochteren die Feinde suchte, schien niemand den Spaniern sagen zu können, wo die Aufständischen geblieben waren.[108] Sobald Ludwigs Truppen dann doch eingeholt waren, zeigte sich, dass sie es nicht mit Albas Heer aufnehmen konnten. Bei Jemgum an der Ems wurden sie erbarmungslos aufgerieben. Ludwig selbst konnte nur durch einen Sprung in den Fluss entkommen. Von diesem nördlichsten Punkt, den der Kastilianer je erreicht hat, kehrte er rasch nach Brüssel zurück, um sich auf die Invasion Wilhelm von Oraniens vorzubereiten.

Wilhelm von Oranien schaffte es im Sommer 1568, ein großes Heer von 30 000 Mann auf die Beine zu stellen, das durch seine Größe aber auch besonders teuer war. Und die finanziellen Mittel des Prinzen waren durchaus beschränkt. Als Feldherr hatte Oranien im Krieg Karls V. gegen Frankreich Erfahrungen sammeln können. Gegen die beiden Siege, die Egmont bei St. Quentin und Grevelingen gegen die Franzosen für sich verbuchen konnte, nahm es sich allerdings kümmerlich aus, dass Oranien in seinen zwei Feldzügen keine so glänzenden Siege hatte erringen können. Andererseits stand Oranien jetzt einem der erfolgreichsten Feldherrn seiner Zeit gegenüber, der Italien befriedet und die protestantischen Fürsten im Heiligen Römischen Reich geschlagen hatte. Und doch hat Alba es bei beiden Feldzügen nicht gewagt, den Prinzen direkt anzugreifen, weil dieser ihm durch seine gute Organisation keine Gelegenheit dazu gab.[109] Alba vermied eine Schlacht, in der Hoffnung, dass der Prinz sein Heer höchstens ein paar Wochen lang würde bezahlen können. Das brachte ihm im Nachhinein harsche Kritik aus den Kreisen seiner Offiziere ein.[110] Er zog hinter der Invasionsarmee her und war sehr verblüfft, als es dem Prinzen gleich zu Beginn der Unternehmung gelang, die Maas zu überqueren. Bei der Ortschaft Stokkem zwischen Maastricht und Roermond stellte sich die Kavallerie hinter einem langen Seil an einer seichten Stelle mitten im Fluss auf, um die Kraft der Strömung zu brechen. Hinter diesem lebenden Damm aus Pferden und Menschen zog die Truppe mitsamt ihrer Ausrüstung durch den Fluss.[111] Der Prinz zog durch neutrales Lütticher Gebiet, aber in Brabant angekommen, wagte keine Stadt, ihm die Tore zu öffnen, wohl wissend, dass Alba die stärkere Armee, sozusagen die besseren Karten und die stärkste

Position hatte. Schließlich belagerte der Prinz die Stadt Lüttich, wofür es nicht die geringste Rechtfertigung gab.[112] Die Belagerung blieb erfolglos. Nachdem Wilhelm auch vergeblich durch Namur und den Hennegau gezogen war, entließ er im Dezember in Frankreich seine Truppen. »Jetzt ist Oranien ein toter Mann«, schrieb Granvelle dem König. Er sollte sich täuschen.

Nach dieser fehlgeschlagenen Invasion schrieb ein unbekannter Dichter ein Lied auf die Taten des Prinzen (siehe Abb. S. 64): das *Wilhelmus*, eher eine Glorifizierung des Prinzen in biblischen Formulierungen als eine historisch getreue Beschreibung. Im Jahr 1932 wurde es offiziell zur niederländischen Nationalhymne erklärt.

Wilhelmus von Nassauen
bin ich aus deutschem Blut,
dem Vaterland getreue
bleib ich bis in den Tod.
Ein Prinze von Oranien
bin ich frei unverwehrt,
den König von Hispanien
hab ich allzeit geehrt.

Die Frage, wer das *Wilhelmus* geschrieben haben könnte, wurde lange Zeit heftig diskutiert. In der protestantisch-christlichen Tradition hielt man Philipp von Marnix von St. Aldegonde (1540–1598) für den wahrscheinlichsten Urheber.[113] Er war der jüngere Bruder des bei Oosterweel gefallenen Jan von Marnix von Toulouse. Beide stammten aus dem calvinistischen niederen Adel und hatten in Genf bei Calvin persönlich studiert. Später hat Marnix von St. Aldegonde sich als Pamphletist betätigt. Sein *De Bijen-corf der H. Roomscher Kercke* (Der Bienenkorb der heiligen römischen Kirche) war eine beißende Satire auf die Missstände in der katholischen Kirche. Aber auch die Wiedertäufer verfolgte er in Wort und Schrift. In den Jahren der Verbannung trat er in die Dienste Wilhelms von Oranien und wurde schon bald zur rechten Hand des Prinzen. Die Frage ist, ob sich *De Bijen-corf* und das *Wilhelmus* nicht gegenseitig ausschließen. Der intolerante, aggressive Ton des *Bijen-corf* steht im krassen Gegensatz zu der feierlichen Erhabenheit des *Wilhelmus*. Schon aus diesem Grund kommt meines Erachtens Marnix nicht als Verfasser des Liedes infrage. Historiker verorten den unbekannt gebliebenen Autor in der deutschen und vor allem der nassauischen Umgebung des Prinzen.[114] In Belgien

Das Standbild Albas, für sich selbst aus den in Jemgum erbeuteten Kanonen errichtet. Die meisten sehen darin ein Bild des Hochmuts. Andere meinen, Alba wollte damit die Schuld auf sich nehmen und den König entlasten. Und die ausgestreckte Hand sei ein Freundschaftsangebot. Sein Nachfolger hat die Statue entfernen lassen.

wird Marnix eine größere Wertschätzung entgegengebracht als in den Niederlanden. Die Liberalen des 19. Jahrhunderts schätzten ihn gerade wegen seines Antiklerikalismus. Noch 1998 würdigte ihn die belgische Post mit einer Briefmarke. Und 2012 wurde in Antwerpen eine moderne Skulptur enthüllt, auf der Wilhelm von Oranien und Marnix gemeinsam zu sehen sind und auf der Marnix wegen der ehrenvollen Bedingungen, unter denen er 1585 die Stadt an Parma übergeben hat, geehrt wird.

Während das *Wilhelmus* zu einem Denkmal für Oranien wurde, das unvergänglicher als Erz war, ließ Alba für sich selbst ein Standbild aus dem Erz der Kanonen errichten, die er bei Jemgum erbeutet hatte. Sein bedeutendster Biograf deutete dies als ein Zeichen dafür, dass den Herzog sein politisches Urteilsvermögen allmählich im Stich ließ.[115] Oranien und Ludwig von Nassau setzten ihren Kampf 1569 an der Seite der französischen Hugenotten Coligny und Condé in den französischen Religionskriegen fort. Das war ein Geschäft auf Gegenseitigkeit, denn die Franzosen hatten sich bereit erklärt, an der Seite der nassauischen Brüder in den Niederlanden zu kämpfen. Coligny sollte den Einsatz der beiden immer hoch schätzen und die Vereinbarung als eine Ehrenschuld ansehen.[116]

Generalpardon und der Zehnte Pfennig

Nachdem die militärische Gefahr gebannt war, konnte Alba sich erneut um den Wiederaufbau der niederländischen Verwaltung kümmern. Es war inzwischen jedem deutlich geworden, dass der König nicht selbst in die Niederlande kommen würde, um nach der Pazifizierung durch Alba Versöhnung und Begnadigung zu bringen. Immer wieder wurde Philipp durch innerspanische Probleme oder seine internationale Agenda davon abgehalten, sich auf den Weg zu machen. Das bedeutete, dass die Begnadigung jetzt vom Herzog selbst gewährt werden musste. Der war einen solchen Akt nicht gewöhnt, und er kam auch nicht von Herzen. Da es jedoch zu der ihm angeratenen Politik gehörte, ließ er einen Generalpardon ausschreiben. Das kam bei den Königstreuen gut an und wurde als Zeichen einer wohlwollenden Gesinnung der Landesregierung gesehen. Allerdings war die Zahl der Ausnahmen so groß, dass der Generalpardon in der Praxis seine Wirkung verfehlte. Nur sehr wenige Niederländer wagten es, aus der Verbannung zurückzukehren. Selbstverständlich gab es eine feierliche Verkündigung in Antwerpen, eine Zeremonie, in der auch den Bischöfen ein Platz eingeräumt wurde. Doch auch mancher Anhänger Albas war der Meinung, der Pardon komme zu spät und gehe nicht weit genug.[117]

1569 wollte Alba die Reform des Steuerwesens in Angriff nehmen.[118] Die Niederlande mussten in Zukunft unbedingt selbst für ihren Verwaltungs- und Verteidigungsetat aufkommen, weil der König sein Geld für seine internationale Politik brauchte. Jetzt war es unumgänglich, die Generalstände einzuberufen; nicht weil ihre Zustimmung erbeten werden sollte, sondern um ihnen die Beschlüsse Albas diktieren zu können. Damit sich die Stände nicht organisieren und wie üblich Kritik äußern konnten, berief der Herzog sie am 21. März 1569 für einen einzigen Tag in Brüssel ein. Die Herren sollten, bitte sehr, die drei folgenden Steuervorschläge akzeptieren:

1. Eine einmalige Abgabe in Höhe von einem Prozent auf alle Besitztümer, also eine Vermögenssteuer; 2. eine Umsatzsteuer von fünf Prozent, den sogenannten zwanzigsten Pfennig, auf den Verkauf von unbeweglichen Gütern wie Häuser und Ländereien; 3. den zehnten Pfennig, eine zehnprozentige Umsatzsteuer auf alle beweglichen Güter, insbesondere auf die des täglichen Lebensbedarfs, sowie auf alle Handelswaren. Waren die ersten beiden gerade noch hinzunehmen, so erregte die dritte Steuer, der zehnte Pfennig, schieres Entsetzen.

Man war fest davon überzeugt, eine solche Umsatzsteuer würde bei einem Kaufmannsvolk wie den Niederländern dem ganzen Handel den Garaus machen. Diese Form der Steuererhebung hatte man dem König bereits mehrmals verweigert, ebenso wenig würde man sie jetzt seinem Stellvertreter zugestehen. Der Widerstand gegen Albas zehnten Pfennig ist ein nicht zu unterschätzendes Element im »loyalen Widerstand« in den Jahren 1569 bis 1572. Aus Angst vor Gegenwehr verzichtete Alba in den ersten Jahren seiner Regierung auf die Durchsetzung seiner Steuerpläne; vom 13. August 1569 bis zum 13. August 1571 gab er sich mit einer einmaligen Abfindung zufrieden. Sobald diese Frist verstrichen war, ordnete er jedoch an, den zehnten Pfennig bedingungslos einzutreiben. Das weckte heftigen Widerstand, auch in einer so königstreuen Stadt wie Amsterdam, und nicht weniger im Regierungszentrum Brüssel. Der zehnte Pfennig wurde letztendlich nicht eingezogen. Doch viele Menschen waren jetzt bereit, über eine Veränderung nachzudenken. Die Frage war nur: welche Veränderung?

Wilhelm von Oraniens Feldzug 1572

Im Jahre 1572 wollte Wilhelm von Oranien erneut eine Invasion wagen. Er hoffte, dass es inzwischen mehr Menschen als 1568 gab, die Albas Regime überdrüssig waren. Darüber hinaus hatte er in den letzten Jahren seine Kontakte zur protestantischen Partei in Frankreich, den Hugenotten, ausgebaut. Er konnte jetzt die Unterstützung Condés und Colignys in Anspruch nehmen. Mit militärischer Hilfe der Franzosen und flankiert durch einen Angriff von See her müsste sein zweiter Versuch gelingen. Die Invasion vom Meer aus sollte von den Wassergeusen unternommen werden. Die Geusen waren Adlige, Bürger, Kaufleute und Fischer aus allen Teilen der Niederlande. Auf der gegnerischen Flotte Albas dienten keine Spanier, sondern ebenfalls Niederländer aus allen Gewesten. Am 10. Juli 1568 hatten die Geusen auf der Ems eine holländische Flotte unter Admiral Boschuysen geschlagen. Wenn die Wassergeusen Beutezüge auf dem Festland unternahmen, wurden Geistliche und Amtspersonen schwer misshandelt und die anderen Landsleute beraubt.[119] So war die Insel Terschelling immer wieder Ziel der Geusen. Am 2. und 3. März 1571 wüteten sie in Monnickendam. Einen Monat später plünderten sie dreizehn nordholländische Dörfer. Die Küste Flanderns war ebenfalls regelmäßig Ziel ihrer Überraschungsangriffe. Die Geusen überfielen auch neutrale

Der Aufstand in den Niederlanden, oder der Achtzigjährige Krieg, war auch ein Propagandakrieg mit gedruckten Texten und Bildern. Rechts von Oraniens Porträt sein Wappen und ein Lamm; links von ihm das Wappen Albas und ein Wolf. Auf dem Schild mit den zehn Pfennigen ist der zehnte Pfennig mit einem Kreuz versehen. Die Bedeutung lässt keinen Zweifel zu.

Schiffe und verkauften ihre Beute in Emden, in La Rochelle oder in den englischen Häfen.

Vergeblich versuchte Wilhelm von Oranien, ein wenig Zucht und Ordnung in diese undisziplinierte Seeräuberbande zu bringen, um aus ihr vielleicht so etwas wie eine zuverlässige Kriegsflotte zu machen. Bei einem Plan zur Invasion der Niederlande könnten sie möglicherweise von See her angreifen, denn das war Albas schwacher Punkt – er besaß keine nennenswerten Seekräfte. In seiner Eigenschaft als Fürst des souveränen Fürstentums Orange in Südfrankreich stellte der Prinz den Wassergeusen sogenannte »Bestallungsbriefe zum Krieg« aus. Als Erkennungszeichen gab er ihnen seine Flagge in den drei Farben Rot, Weiß und Blau, in Übereinstimmung mit dem Wappen seines Fürstentums, auf dem ein Jagdhorn in denselben Farben auf goldenem Grund abgebildet ist. Auf die gleiche Weise wie die Wassergeusen ein Jahr zuvor Monnickendam überrumpelt hatten, könnten sie auch jetzt wieder eine Stadt einnehmen, zum Beispiel Den Briel oder Enkhuizen. Abgesehen von der Finanzierung der Truppen lag das Problem in der Koordination der einzelnen Angriffshandlungen. Am 27. März 1572 ernannte der Prinz seinen Bruder Ludwig zum Befehlshaber der Geusenflotte.

Noch ehe Graf Ludwig dort etwas ausrichten konnte, hatten die Wassergeusen eine seltsame Initiative ergriffen. Unter Albas Druck hatte Königin Elisabeth von England ihnen am 1. März 1572 befohlen, die englischen Häfen zu verlassen. Wie schon so oft, hatten sie daraufhin einen Raubzug unternommen, diesmal nach Den Briel, der kleinen Hafenstadt auf der Insel Voorne an der Mündung der Maas, gut zwanzig Kilometer westlich von Rotterdam. Unter der Führung Wilhelms von der Mark, Herr von Lumey, und Wilhelms Blois von Treslong waren sie am 1. April vor der Stadt aufgetaucht, um deren Übergabe im Namen des Prinzen zu verlangen. Um die Einwohner zu beruhigen, schickte Blois von Treslong den Siegelring seines Vaters mit, der Vogt dieser Insel gewesen war. Ein Teil der Bevölkerung flüchtete, ein anderer blieb. Da die spanische Garnison abgezogen war, beschlossen die Geusen, die Stadt, anders als sonst, zu halten und verstärkten die Wälle mit ihren Schiffskanonen. Am 6. April eroberten die Geusen eine andere wichtige Hafenstadt, nämlich Veere auf Walcheren. Dieser Coup eröffnete außergewöhnliche Möglichkeiten, denn in Veere befand sich das Arsenal der burgundisch-habsburgischen Flotte. Die Geusen konnten diesen Riesenvorrat an Schiffsausrüstung, Kriegsmaterial und Munition bestens nutzen.

Hatte es sich in Veere noch um eine Überrumpelung der Stadt von außen gehandelt, so wurden die Geusen einige Tage später von den Einwohnern der Stadt Vlissingen freiwillig hereingelassen. Als die Katholiken am Ostersonntag aus der Kirche kamen, bemerkten sie

Die Wappenschilde von Veere und Vlissingen.

drei Quartiermeister, die für einige spanische Infanterieregimenter die Einquartierung organisieren sollten. Nach dem Ärger mit früheren Einquartierungen hatten die Stadtbewohner davon genug und erklärten, sie seien zwar treue Untertanen des Königs, wollten aber nur noch niederländische Truppen beherbergen. Es dauerte dann aber noch bis zum 22. April, ehe Vlissingen zustimmte, die Flotte der Geusen hereinzulassen, die damals sowohl die Flagge des Königs wie auch die von Oranien führte.[120]

Alba soll auf den Überfall mit den Worten *No es nada* (Das macht nichts) reagiert haben.[121] Der Statthalter von Holland, Maximilian de Hénin, Graf von Boussu, marschierte mit einem Heer nach Den Briel, konnte die Stadt aber nicht zurückerobern, weil die Einwohner das Umland unter Wasser setzten. Die Geusen unternahmen einen Gegenangriff und plünderten Delfshaven, aus dem Boussu sie allerdings wieder vertreiben konnte. Rotterdam verweigerte Boussu zunächst den Durchzug. Erst nach langen Verhandlungen durften die spanischen Soldaten in kleinen Gruppen durch die Stadt marschieren. Einmal eingelassen, wurden sie wortbrüchig und überwältigten die Bürgerwehr – Plünderung, Mord und Vergewaltigung waren die Folge.[122] Dieses Szenario sollte sich noch oft wiederholen: Städte, die sich nur dadurch behaupten konnten, dass sie die Umgebung unter Wasser setzten; spanische Truppen, die durch Wortbruch, Mord und Plünderung die mehrheitlich noch immer königstreue Bevölkerung gegen die königliche Autorität aufbrachten. Auch die Wassergeusen machten sich einiger Lynchmorde schuldig. Hier war Lumey der Schlimmste von allen, durch sein schonungsloses Auftreten erzürnte

Regierungstruppen vertreiben die Geusen aus Delfshaven. Links und oben in der Straße die Regierungstruppen mit dem Andreaskreuz in der Flagge. Rechts auf dem Platz die Geusen mit ihrer rot-weiß-blauen Fahne.

er gleichermaßen Freund und Feind. In Gorkum hatte er zwanzig Geistliche aufgreifen, misshandeln und nach Den Briel bringen lassen. Zwar schrieb Oranien ihm, er solle diese Männer unbehelligt lassen. Lumey aber hatte in seinem Stolz als Angehöriger des Hochadels einen handgeschriebenen Brief von Oranien erwartet und nicht einen diktierten, lediglich mit der Unterschrift des Prinzen versehenen. Am 9. Juli drohte er den Geistlichen, er würde sie hängen lassen, wenn sie nicht ihrem Glauben abschworen. Bis auf einen entschieden sich alle für ihren Glauben. Als »Märtyrer von Gorkum« gehören sie zu den von der katholischen Kirche offiziell anerkannten Glaubenszeugen.[123] Kein Wunder, dass die meisten Städte die Geusen nicht gerade begeistert als Befreier einließen.

Anfangs war Oranien irritiert; da die Wassergeusen schon so früh im Jahr zugeschlagen hatten, konnten die geplanten Vorstöße nun nicht mehr gleichzeitig stattfinden. Dennoch schien sein Vorhaben anfangs zu gelingen; der französische protestantische Adlige François de la Noue nahm für Oranien am 23. Mai Valenciennes ein. Einen Tag später gelang es Ludwig von Nassau, Mons (Bergen) im Hennegau im Handstreich einzunehmen. Nun, da diese beiden Hennegauer Städte im Besitz der Aufständischen waren, musste man nur noch auf den Einmarsch von Oranien selbst und die Hilfe der französischen Hugenotten warten. Unterdessen beschloss Enkhuizen, sich auf die Seite des Prinzen zu schlagen. Anschließend gelang es Wilhelms Anhängern, die Kontrolle über die meisten holländischen und seeländischen Städte zu erringen. In den nördlichen Gebieten wie auch im Süden Hollands öffneten die Städte den Wassergeusen die Tore, um für Handel und Fischfang wieder freien Zugang zum Meer zu bekommen.[124] Nur Middelburg, Amsterdam und Goes blieben auf Brüssels Seite.

Im Juli 1572 berief Dordrecht als älteste Stadt Hollands aus eigener Initiative die Provinzialstände ein. Streng genommen besaß die Stadt dazu kein Recht. Nur der König oder dessen Stellvertreter, der Statthalter, durften eine Ständeversammlung einberufen. Das machte Dordrechts Beschluss zu einem revolutionären Akt, wobei die Einberufung der Generalstände 1477 auf Initiative der Provinz Brabant im Grunde schon einen Präzedenzfall geschaffen hatte (siehe S. 15). Auf der Ständeversammlung trat Marnix als Abgesandter Wilhelms auf. Die Stände fassten den denkwürdigen Beschluss, den Prinzen von Oranien als Statthalter des Königs anzuerkennen, wobei sie einfach davon ausgingen, dass seine alte Berufung aus dem Jahre 1559 ihre Gültigkeit behalten hatte. Ebenso wie Wilhelm behaupteten sie, nicht gegen den König, sondern nur gegen dessen schlechte Stellvertreter zu kämpfen. Der Prinz passte sich dem an: Er habe sozusagen nie mit dem Fürsten gebrochen. Er habe nur in Übereinstimmung mit Punkt 58 der *Blijde Inkomst* seine Zusammenarbeit aus Unzufriedenheit mit der Regierung aufgekündigt. Jetzt habe er seine Verantwortung gleichsam wieder aufgenommen.[125]

Wichtig war auch, dass die Versammlung Geldmittel bewilligte, mit denen Wilhelm seinen zweiten Feldzug finanzieren konnte. Im Achterhoek in Gelderland gelang es Wilhelms Schwager Wilhelm van den Bergh, große Teile des Landes in Besitz zu nehmen, unter anderem Zutphen und Deventer. Auch Friesland ging fast ganz zum Prinzen über, der dort umgehend einen Stellvertreter einsetzte. Weniger zögerlich als beim letzten Mal fiel er im August in die Niederlande ein und nahm am 4. des Monats Roermond in Besitz. Hier machten sich diesmal seine eigenen Männer des Mordes an einigen Mönchen schuldig.[126] Einige Wochen später hatte der Prinz in Brabant Erfolg. Am 30. August 1572 öffnete Mecheln ihm die Tore. Stadt und Universität Leuven kauften sich mit 16 000 Gulden von der Einnahme und Plünderung frei. Danach überfiel Wilhelm erfolgreich Dendermonde.

Der Besitz dieser Städte im Herzen Brabants vermochte die Schreckensnachrichten aus Frankreich jedoch nicht aufzuwiegen. In der Nacht vom 23. auf den 24. August 1572, der Bartholomäusnacht, hatte der französische König einen Großteil der in der Hauptstadt anwesenden Protestanten kaltblütig ermorden lassen, darunter ihren Anführer Coligny. Einige Tausend Hugenotten waren nach Paris gekommen, um die Vermählung der Schwester des Königs mit Heinrich von Navarra zu feiern. Diese Gelegenheit hatte die katholische Partei ergriffen, um sie einfach abzuschlachten. Politische Morde, die sich in vielen anderen französischen Städten wiederholten.

Nach dieser Bluthochzeit war mit einer Unterstützung aus Frankreich kaum noch zu rechnen. Deshalb musste Oranien selbst nach Bergen ziehen, um seinen Bruder und dessen Männer zu befreien. Zwar konnte er mit seinen Truppen bis in die Nähe der Stadt vorrücken, aber Alba hatte Bergen nicht nur mit einem Belagerungsring (Contravallationslinie), sondern mit einem zusätzlichen zweiten Ring umgeben, der eine Befreiung von außen verhindern sollte (Circumvallationslinie). Diese Technik werden wir in den nun folgenden Jahrzehnten in den Nieder-Landen immer wieder antreffen. Oranien scheiterte am äußeren Ring. Nachdem der Prinz sein Lager fünf Kilometer östlich der Stadt aufgeschlagen hatte, ließ Alba einen seiner Kommandanten, Julián Romero, einen Überfall ausführen: einen *camisado*, nach dem weißen Hemd genannt, das die Angreifer über ihrer Rüstung trugen, um einander in der Dunkelheit zu erkennen.[127] In völliger Panik ergriffen Oraniens Mannschaften die Flucht oder fanden den Tod. Der Prinz selbst kam nur knapp mit dem Leben davon, weil, wie die Tradition es möchte, ihn sein Hündchen weckte. Ohne französische Hilfe mussten die beiden Brüder den Kampf aufgeben. Ludwig schaffte es, einen ehrenvollen Abzug auszuhandeln, an den Alba sich hielt. Oranien begab sich über Mecheln und Roermond auf den Rückzug. Bei Kampen überquerte er die Zuiderzee nach Enkhuizen, um in Holland, wie er sagte, sein »Grab zu finden«.

Haarlem und Alkmaar

Die Auslöschung der französischen Hugenotten kam Philipp äußerst gelegen. Zudem hatte er seit zwei Jahren auch im Mittelmeerraum die Hände frei. Da sein Halbbruder Don Juan am 7. Oktober 1571 die Türken bei Lepanto vernichtend geschlagen hatte, konnte Philipp nun sein ganzes Geld und alle Aufmerksamkeit der Unterwerfung der aufständischen Geweste widmen. Um ein Exempel zu statuieren, betraute Alba seinen Sohn Friedrich (Don Fadrique) mit der Strafexpedition nach Mecheln. Mecheln sollte für ganz Brabant als abschreckendes

Beispiel dienen. Die königlichen Truppen durften sich dort schadlos halten; sie brandschatzten, plünderten und verursachten all das Elend, das bei einer losgelassenen Soldateska unvermeidlich ist. Die Empörung war so groß, dass nun auch Alba es zum ersten Mal für notwendig ansah, mit einer gedruckten Erklärung zur Motivation seiner Handlungsweise aufzuwarten.[128] Die anderen Städte in Brabant öffneten den Truppen sofort freiwillig die Tore, das Gleiche geschah in Roermond. In Gelderland diente Zutphen als abschreckendes Beispiel, wo Tausende Bürger niedergemetzelt wurden, was jeden Gedanken an weiteren Widerstand im Keim erstickte. Auf der Stelle unterwarf sich die Provinz wieder Alba.

Als erste holländische Stadt kam das kleine Naarden an die Reihe. Hätte die Stadt am 20. August Boussu eingelassen, wäre vermutlich alles glattgegangen. Doch an eben diesem Tag war ein Geusentrupp dem Statthalter zuvorgekommen. Von den Mauern aus wurden sogar Schüsse abgefeuert. Über Muiden zog Boussu nach Amersfoort, das gerade von den Geusen verlassen worden war. Von dort aus schickte er am 19. November noch einmal Reiter nach Naarden, um die Stadt zur Vernunft zu bringen. Diesmal wurde ein Schuss auf den spanischen Trompeter abgegeben. Eine letzte Warnung am 30. November blieb ebenfalls erfolglos. Diese Vorfälle werden das vermutlich doch bereits unabwendbare Schicksal Naardens besiegelt haben. Die Garnison, die aus nur hundert Mann bestand, sah keinen Sinn mehr in der Verteidigung der von schlechten Mauern umgebenen Stadt. Sieben Unterhändler zogen am 1. Dezember zum Lager von Don Fadrique bei Bussum. Sie stießen auf den spanischen Heerführer Julián Romero, der bereits wusste, welches Schicksal die Stadt erwartete. Dennoch versicherte er der Delegation dreimal, dass den Einwohnern nichts geschehen würde. Gemeinsam begaben sie sich in die Stadt, wo sie im Rathaus, der ehemaligen Gasthauskirche, von den Ratsherren bewirtet wurden. Mit einem Trommelwirbel wurden alle männlichen Einwohner der Stadt anschließend aufgefordert, sich zum Rathaus zu begeben. Nachdem sich die Türen geschlossen hatten, teilte ihnen ein Priester mit, sie müssten sich auf den Tod vorbereiten. Mit Schieß-, Stich- und Schlagwaffen vollstreckten die Soldaten das Urteil. Niemand entkam. Doch auch hier hat die Erinnerung oder die Propaganda die Anzahl der Opfer erhöht. Wer jetzt das kleine Gebäude mit der steinernen Gedenkplatte zur Erinnerung an die Gräueltat sieht, kann sich nicht vorstellen, dass hier fünfhundert Männer umgebracht wurden. Auch die später entstandenen Stiche geben einen viel höheren und größeren

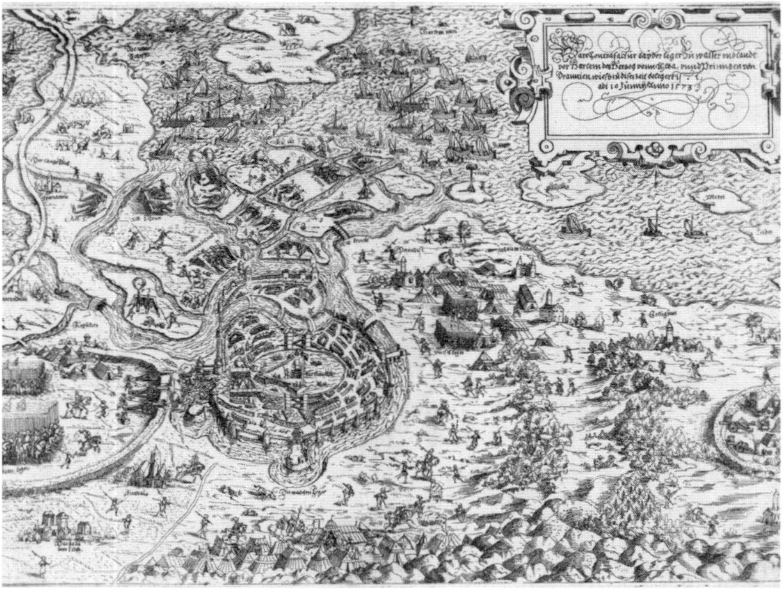

Diese merkwürdige deutsche Karte von Haarlem während der Belagerung zeigt, dass man den Kampf auch im Ausland genau verfolgte. Man beachte das viele Wasser im Umkreis der Stadt und das dreieckige Fort in dessen Zentrum, das nie existiert hat.

Kirchenraum wieder als den, in dem sich das Drama abgespielt hat. In der Stadt selbst machten andere Soldaten Jagd auf jene Männer, die dem Aufruf nicht gefolgt waren. Dann war die Stadt der Plünderung und dem Missbrauch der Frauen ausgeliefert. Am Schluss steckte der Feind die Stadt an verschiedenen Stellen in Brand. In den folgenden Tagen kamen Menschen aus den umliegenden Dörfern, um den Soldaten Beutestücke abzukaufen. Die Berichte hierüber sind uns von einem der Unterhändler überliefert, dem Priester und Rektor der Lateinschule, Lambertus Hortensius, der vermutlich wegen seines geistlichen Status als einer der wenigen verschont wurde.[129]

Das Heer zog über das königstreue Amsterdam nach Haarlem, wobei Don Fadrique erwartete, dass die Stadt genauso schnell kapitulieren würde wie alle anderen davor. Die dort gerade stationierte Garnison und die Bewohner hatten jedoch andere Pläne, auch die Frauen. Da ihnen dasselbe Schicksal blühen würde wie den Bürgern von Rotterdam, Mecheln, Zutphen und Naarden, beschlossen sie, ihre Haut möglichst teuer zu verkaufen. Die Stadt wehrte sich hartnäckig. Unter Wilhelms Führung, der sich in Delft aufhielt, halfen die anderen holländischen Städte den Haarlemern, der Belagerung standzuhalten, indem sie die Stadt über das Haarlemmermeer mit Lebensmitteln und Kriegsmaterial versorgten. Erst als auf dem Haarlemmermeer eine Geusenflotte einem königstreuen Geschwader unterlag, das unter anderem aus Amsterdamer Schiffen bestand, wurde die Lage in der Stadt hoffnungslos. Sieben Monate, von Mitte Dezember 1572 bis Mitte Juli 1573, brauchten die Spanier, um die Stadt in die Knie zu zwingen. Von einer Plünderung konnte sich die Stadt bei den Übergabeverhandlungen freikaufen. Die Männer der Garnison wurden zu Hunderten hingerichtet, bis auf die Deutschen allerdings, weil man Probleme mit den Deutschen in Albas Heer befürchten musste. Tausende Opfer aber hatten die königlichen Truppen zu beklagen, die entweder bei den heftigen Angriffen gefallen oder an den ständigen Entbehrungen in Kälte und Regen, Nebel und Frost gestorben waren. Der Überlieferung nach soll König Philipp getobt haben, als er erfuhr, wie viele Soldaten er verloren hatte: achttausend Mann. Sogar Julián Romero berichtet, mit welchem Abscheu man über das Haus Alba (also nicht nur über Alba selbst) sprach: »Verflucht sei der zehnte Pfennig und derjenige, der ihn sich ausgedacht hat.«[130] Haarlem wurde der Friedhof der Spanier genannt.

Alba machte sich große Sorgen um die Anzahl Spanier im königlichen Heer. Gewöhnlich sprechen die Quellen und Historiker von dem spanischen Heer und den spanischen Truppen, doch der Anteil der echten Spanier betrug im Durchschnitt nur zehn Prozent. Die anderen waren Italiener, Deutsche, Wallonen und so weiter. Allerdings bildeten die Spanier den harten Kern, vor allem bei den meist adligen Offizieren.

Alkmaar, das Haus mit der Kugel. Die Überlieferung kennt viele Geschichten von Belagerungen, seien es schreckliche oder wundersame Ereignisse. Diese Kugel ist bei der Belagerung von Alkmaar mitten durch das Haus geschlagen, ohne jemanden zu verletzen. Die Kugel wurde später am hinteren Giebel zum Wasser hin angebracht. Die Farbe an Holz und Kugel wird immer wieder aufgefrischt.

Lambert Melisz bringt seine Mutter übers Eis in Sicherheit.

Und gerade in ihre Reihen hatten Tod und Fahnenflucht eine Lücke gerissen.[131] Die monatelangen Entbehrungen demoralisierten die spanischen Truppen und ließen auch unter den Befehlshabern Zweifel am Sinn dieser Unternehmung aufkommen. Wie sollte das enden, wenn jede Stadt so viel Zeit, Geld und Menschenleben kosten würde? Mussten die meist von Wasser umgebenen Städte in Holland und Seeland mit so vielen Verlusten erobert werden?

Nach der Einnahme von Haarlem begannen die spanischen Truppen gegen ihre eigene Armeeführung zu meutern. Das gab es in den Niederlanden zum ersten Mal. Sie wählten einen *eletto*, einen Anführer, der sich bei der Armeeführung für die Auszahlung ihres Solds einsetzen sollte. Eine solche Meuterei war eine reine Verzweiflungstat. Soldaten aus den spanischen oder italienischen Gebieten hatten keine Chance zu desertieren. Wohin hätten sie gehen können? Zu Fuß zurück in ihr Heimatland, mitten durch eine feindliche Bevölkerung? Fahnenflucht war also keine Option, und Meuterei sozusagen das Streikmittel für Soldaten. Indem man ihren Wünschen entgegenkam, konnten sich Armeeführung und Untergebene versöhnen. Haarlem war insofern ein einzigartiger Fall, als die Anstifter der Meuterei nach der ersten Versöhnung doch noch aufgeknüpft wurden. Doch dies könnte auf das Konto des eigensinnigen Don Fadrique gehen.[132]

Da es nun einmal keine Alternative gab, kesselten die Spanier am 21. August 1573 Alkmaar ein. Kurz vor der Belagerung kam es hier noch zu einem Vorfall, der beispielhaft war für die Zerstrittenheit innerhalb der Stadtverwaltung und Bürgerschaft. Vor dem einen Tor stand eine Abteilung königstreuer Truppen, vor dem anderen eine Geusenarmee, und beide wollten eingelassen werden. Die überwiegende Mehrheit der Einwohner war katholisch, wollte von den Spaniern aber nichts wissen. Während der Magistrat noch beriet, ließen zwei energische Anhänger des Prinzen einfach die Geusen herein, und damit waren die Würfel gefallen. Alba hatte prahlerisch verkündet, keinen Menschen in der Stadt am Leben zu lassen.[133] Die Belagerung dauerte gut anderthalb Monate. Dann ließ Dietrich Sonoy, der Vertreter des Prinzen, auf Wilhelms Befehl die Deiche durchstechen, sodass die Umgebung von Alkmaar unter Wasser gesetzt wurde. Am 8. Oktober 1573 hoben die Spanier die Belagerung auf. Das für unbesiegbar gehaltene Heer zog ab. Drei Tage später errang die Geusenflotte unter Cornelis von Monnickendam in Sichtweite der Stadt Hoorn einen glänzenden Sieg über einen Flottenverband aus Amsterdamer Schiffen, der unter dem Kommando des Statthalters Boussu stand. Dieser befehligte das Schiff »Die Inquisition« – ein geradezu provozierender Name. Jan Haring, ein einfacher Matrose, kletterte in den Mast der »Inquisition« und holte die Flagge des Befehlshabers herunter. Boussu wurde gefangen genommen und in den später nach ihm benannten Bossuhuizen in Hoorn festgehalten. Auf einem prächtigen Relief dieser Häuserreihe wird die Schlacht in Wort und Bild wiedergegeben. Es heißt da zum Beispiel: »Da kämpft man ohne Geld fürs liebe Vaterland«. Doch so war es in Wirklichkeit nicht. Einige Tage nach der Schlacht wurde Kapitän Monnickendam auf offener Straße von einigen Mitgliedern der Schiffsbesatzung angegangen, die noch auf ihren Sold warteten ...[134] Der sprichwörtliche niederländische Reichtum des Goldenen Zeitalters sollte erst viele Jahre später kommen.

Unabhängig davon hoben diese ersten Siege zu Lande und zu Wasser die Stimmung der Aufständischen. Allerdings war Nordholland oberhalb des IJ damit noch nicht frei von spanischen Truppen. Das königstreue Amsterdam blieb eine feste Bastion und bekam im Volksmund den Beinamen »Morddam«.[135] Aber auch ein Dorf wie Assendelft, zwischen Zaandam und Beverwijk gelegen, blieb königstreu. Das nahegelegene Westzaan wurde von den Spaniern geplündert. Ein einfacher junger Mann brachte in jenen Wintertagen das Kostbarste, was ihm geblieben war, auf einem Schlitten übers Eis in Sicherheit. Als die Spanier ihn entdeckten und eine fette Beute vermuteten, setzten sie ihm nach – um dann aber kein Gold oder Silber zu finden, sondern die Mutter des treuen Sohnes. Er konnte dann doch noch unversehrt die Stadt Hoorn erreichen. Diese rührende Geschichte wird allerdings nicht dem eigentlichen Helden zugeschrieben, sondern

Lambert Melisz, der behauptete, er sei es gewesen, der seine Mutter auf diese Weise gerettet habe. Der echte Held hatte das Nachsehen. So war auch in diesem großen Krieg Platz für kleine Gemeinheiten. Bis heute sind die Eisbahn und das Altersheim von Westzaan also zu Unrecht nach Lambert Melisz benannt.[136] So lebt in der Folklore manchen Dorfes und mancher Stadt die Erinnerung an die Jahre der spanischen Herrschaft weiter.[137]

Drei Tage nach der Niederlage auf der Zuiderzee wurde die Ernennung des Katalanen Don Luis de Requesens zum Nachfolger Albas bekannt gegeben. Am 17. November kam er in Brüssel an, am 29. November fand die Regierungsübergabe statt – auf den Tag genau sieben Jahre nachdem Alba seinen Auftrag übernommen hatte. Der französische Gesandte wusste zu berichten, dass es nicht nur die Gicht war, die Alba im Hause hielt, sondern auch die Furcht, sich auf der Straße blicken zu lassen. Wenn die Menschen es gewagt hätten, so wäre sein Abzug mit einem Feuerwerk gefeiert worden.[138] Sechs Monate und achthundert Köpfe – mehr wäre nach Albas Plänen nicht nötig gewesen, um die Niederlande zu unterwerfen. Sechs Jahre, riesige Geldsummen und zahllose Menschenleben waren die Bilanz. Und als er das Land verließ, standen die Dinge noch wesentlich schlechter als bei seiner Ankunft. Später sollte auch Philipp II. sagen, der Herzog von Alba habe ihn die Niederlande gekostet.

Aus Jan van der Does' Freundschaftsalbum; Gedicht von Jan van Hout auf ihre Freundschaft, die während der Belagerung entstanden war:

Freundschaft, die in heitern Zeiten geschlossen wurde, / verfliegt im Nu, / wenn Not kommt / und Entbehrungen. Aber jene, die entstand / in einer Zeit / großer Angst, / wenn jeder wacht und die Not hereinbricht, / kann weder Leid noch Kummer, / weder Sturm noch Schicksalsschläge / an ihrer Wurzel nagen, sondern sie bleibt unbeschädigt / in allen Zeiten, / ja, selbst über den Tod hinaus.

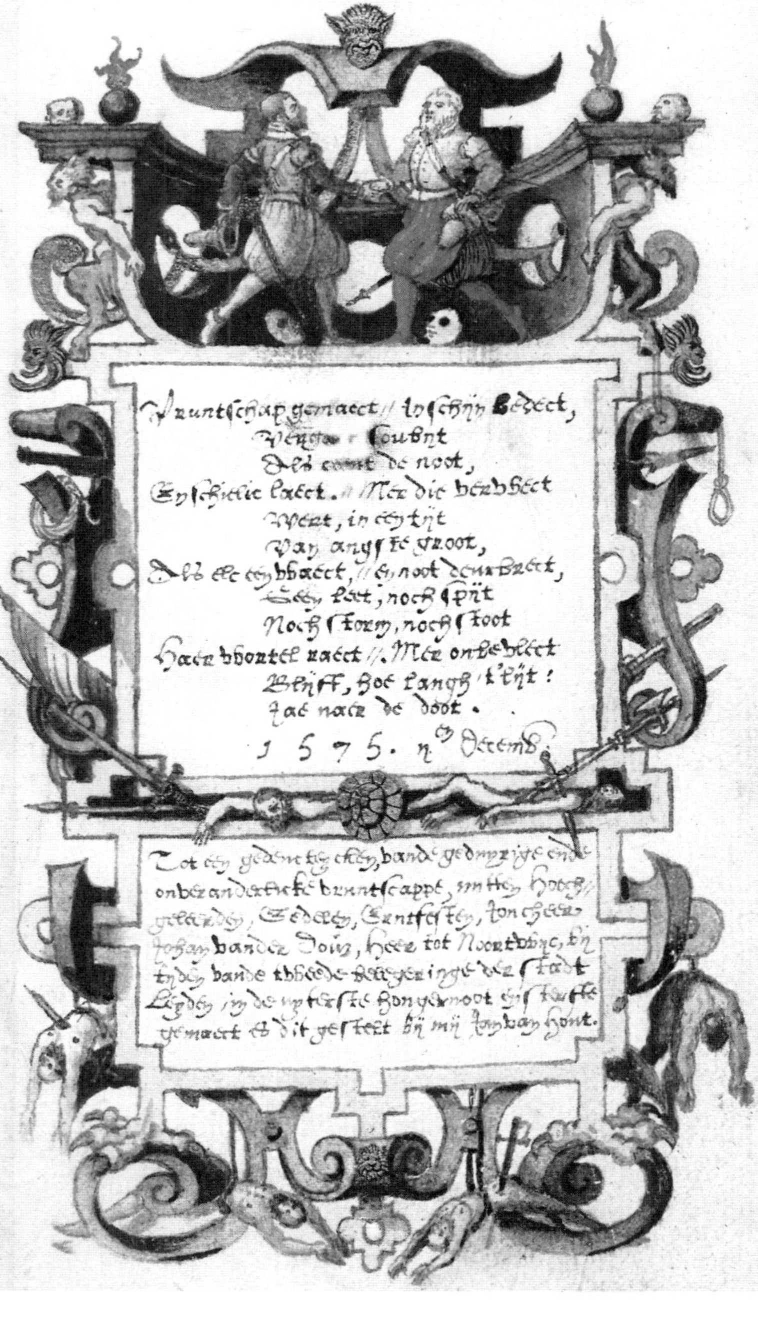
Vruntschap gemaect // in schijn bedect,
Verswint soubijt
Als comt de noot,
En schielic laect. // Mer die verwect
Wert, in een tijt
Van angste groot,
Als elc eenbwaect, // En noot deurbreect,
Geen leet, noch spijt
Noch storm, noch stoot
Haer vrontel raect // Mer onbevlect
Blijft, hoe langh 't tijt:
Jae nae de doot.
1575. 11en Decemb.
Tot een gedenckteecken, vande gedurige ende onveranderlicke vruntscappe, tusschen den hooch// geleerden, Edelen, Eentfesten, Jonchere Johan vander Does, Heere tot Noortwijc, en tijden vande tweede belegeringe der stadt Leyden, in de uyterste hongernoot tusschen gemaect en dit gesteelt bij mij Jan van Hout.

4 Het Nederland oder Belgium nostrum

Vom Kampf zur Pazifikation ▸ 1573–1576

Holland als militärische Lehranstalt

Anderthalb Jahre hatten die holländischen und seeländischen Städte der Übermacht standgehalten, bis die Spanier die Belagerung von Alkmaar aufgaben. Auch nach diesem ersten Erfolg blieb die Situation heikel. An eine Ausweitung des Aufstandsgebietes war kaum zu denken. Den Aufständischen blieb nichts anderes übrig, als sich so gut wie möglich zu verteidigen und abzuwarten, wo der Feind als Nächstes zuschlagen würde. Der Aufstand hatte jetzt einen ganz anderen Charakter als in der zweiten Hälfte der sechziger Jahre. Die zeitgenössischen Historiker, die auf der Seite des Königs standen, sprachen damals schon von einem zweiten Aufstand.[139] In der ersten Phase des Aufstands war die Initiative vom hohen und niederen Adel ausgegangen. Die wichtigsten Oppositionellen aus dem Hochadel waren dem Henker zum Opfer gefallen (Egmont, Hoorn, Montigny und viele von geringerem Rang) oder eines natürlichen Todes gestorben (Bergen und Brederode). Die übrigen hatten sich an das neue Regime angepasst, sei es aus Überzeugung oder der Not gehorchend. Nur der Prinz von Oranien unterstützte noch die Sache der holländischen und seeländischen Aufständischen. Seit seinem letzten Feldzug hielt er sich ständig in den Gewesten am Meer auf, um den Widerstand gegen das spanische Regime zu organisieren.

Die zweite Phase ist dadurch gekennzeichnet, dass der Prinz und seine Mitstreiter in Holland und Seeland Fuß fassten. Die treibende Kraft in der Partei der Aufständischen waren die Calvinisten; sie hatten Gut und Blut für ihren Glauben hingegeben, hatten oft viele Jahre im Exil hinter sich und waren zum Äußersten bereit. Schließlich trat auch Wilhelm von Oranien öffentlich zum Calvinismus über, indem er im Dezember 1573 am Abendmahl der reformierten Kirche teilnahm. Das bedeutete jedoch nicht, dass er eine vollständige Kehrtwende vollzogen hatte. Der Prinz war kein Verfechter von Glaubensdogmen. Schon während der Vorbesprechungen zu seiner zweiten Ehe mit der lutherischen Gräfin Anna von Sachsen hatte er

Die Stadt Dordrecht, an fast allen Seiten von Wasser umschlossen, wirkte aufgrund ihrer geografische Lage wie eine Insel. So sahen damals große Teile von Seeland und Holland aus.

zur Irritation der Schwiegerfamilie seine Meinung kundgetan, jeder könne auf seine Weise des himmlischen Heils teilhaftig werden. Es ist kaum anzunehmen, er habe seine Auffassung nach dem Übertritt zum Calvinismus geändert. Wie sein Glaube genau ausgesehen hat, lässt sich nur vermuten. Wilhelm von Oranien blieb aus grundsätzlichen und praktischen Gründen ein Verfechter der Glaubens- und Gewissensfreiheit, der jeden Gewissenszwang ablehnte. Das Ideal der Religionsfreiheit erwies sich in der Realität des Krieges jedoch als ständiger Stolperstein. Wenn eine der beiden Religionen, seien es die Katholiken oder die Calvinisten, irgendwo die Oberhand gewannen, verboten sie die Ausübung des Gottesdienstes der jeweiligen Gegner. Auf das Religionsbekenntnis allein stand aber nicht die Todesstrafe.

Die Frage ist, was Wilhelm von Oranien und seine Mitstreiter außerdem noch aus dem Kampf der vergangenen Jahre gelernt hatten. Das Wichtigste war, die Geusen und die Truppen des Prinzen streng zu disziplinieren, was keine leichte Aufgabe war.[140] Als Erstes wurden die Kaper- und die Bestallungsbriefe zum Krieg eingezogen oder für ungültig erklärt. Kaperfahrten galten von nun an als verwerflich. Misshandlungen der Mönche und Priester, wie sie in Den Briel und Roermond und an zahlreichen anderen Orten begangen worden waren, hatten von nun an zu unterbleiben. Der berüchtigte Lumey, der nicht nur für die Märtyrer von Gorkum, sondern auch für den abscheulichen Foltertod des Delfter Priors Cornelius Musius verantwortlich war, wurde zuerst verhaftet und Ende April 1574 des Landes verwiesen.[141] Die Geusengeschwader und Soldatenbanden sollten sukzessive zu offiziellen See- und Landstreitkräften umgewandelt werden. Die Grundvoraussetzung dafür war die Zusammenarbeit der holländischen und seeländischen Städte mit dem Prinzen von Oranien. Der Prinz als Anführer im politischen und militärischen Kampf, die Städte als die Verantwortlichen für die Finanzierung und alle weiteren unterstützenden Maßnahmen. Indem die Städte in die Führung einbezogen wurden – was sie in den Nieder-Landen von jeher gewesen waren – und durch die Bereitschaft der Städte, diese Verantwortung auch zu tragen, konnten die Probleme an der Wurzel angepackt werden. Essenziell dabei war eine deutliche Hierarchie: Die höchste Autorität sollte beim Prinzen und den Ständen liegen, denen die Streitkräfte Treue geloben mussten. Und so geschah es. 1574 schuf der Prinz von Oranien in Holland das Regelwerk auf militärischem Gebiet, das er 1578 auf die Generalstände insgesamt ausweitete.[142] Mit seiner Sachkenntnis und seinem Organisationstalent hat er damit die Grundlage für die regulären Streitkräfte der Republik geschaffen.

Die erste Verbesserung war die pünktliche Zahlung des Solds. Zuerst noch alle paar Wochen, danach wöchentlich.[143] Die Städte sorgten für die Unterkünfte der Soldaten. Diese beiden Maßnahmen führten dazu, dass die Soldaten das, was sie brauchten, bezahlen konnten, also nicht betteln oder plündern mussten. Indem die Soldaten Geld für ihre Einquartierung zahlten, verdienten diejenigen Menschen, die sich kaum über Wasser halten konnten, ein paar Cent dazu. Oranien verringerte die Kompaniestärke des Fußvolks um die Hälfte (von etwa 300 auf 150), um sie besser beherrschen und einsetzen zu können. Der zweite Schritt war die Kontrolle darüber, ob in diesen Regimentern überhaupt alle Männer waren, die auf der Lohnliste standen. Dazu wurden die Truppen zu festgesetzten Terminen gemustert, und zwar nicht nur in Anwesenheit militärischer, sondern auch städtischer Kontrolleure. Damit wollte man gewährleisten, dass die staatlichen Gelder vorschriftsgemäß verwendet worden waren. Indem jede Stadt und jedes Gewest dadurch mitverantwortlich gemacht wurde, wuchs auch die Verbundenheit mit den Streitkräften.

Als Nächstes musste exerziert werden. Die Truppen mussten lernen, zu gehorchen, wie auch Befehlen auf Kommando zu folgen, Formationen und Schlachtordnung anzunehmen und so weiter. Dazu gehörten auch die notwendigen Erdarbeiten für Laufgräben oder Verschanzungen, wofür es nicht immer extra Lohn gab. Hinzu kamen Vorschriften für die Ausrüstung. Unabhängig von diesen Aktivitäten für den Aufstand in den Niederlanden, aber ungefähr zur gleichen Zeit, ersetzten – zuerst in Italien, dann in ganz Europa – steinerne Verteidigungswälle die Stadtmauern. Sternförmig angelegt ragten die Bollwerke mit ihren Spitzen ins Land, um auch die Flanken der Festungen zu schützen. Ein Netz von Festungen wurde über die Nieder-Lande gelegt, von Bourtange im Norden, Naarden und Heusden in der Mitte bis Lier und Grevelingen im Süden. Da der Bau und der Unterhalt der Wälle regional vergeben wurden, profitierte auch die städtische Wirtschaft davon.

Geteilte Verantwortung galt notgedrungen auch für die Flotte. Die Idee eines zentralen Oberbefehls und Arsenals in nur einer Hafenstadt – der Prinz hatte dies Rotterdam zugedacht – scheiterte an praktischen Problemen und an dem Ehrgeiz anderer Hafenstädte. In der Praxis entstand so eine Gesamtheit von fünf Admiralitäten: in Seeland (Middelburg), in Südholland (Rotterdam), in Nordholland (Amsterdam), im nördlichen Teil Nordhollands (abwechselnd in Hoorn und Enkhuizen) und in Friesland (zuerst Dokkum, danach Harlingen). Durch den Austausch mit den städtisch-regionalen Netzwerken vor Ort hat dies letztendlich viel besser funktioniert, als es mit einer landesweiten Zentralisation möglich gewesen wäre. Die Summe dieser Maßnahmen, auf den Weg gebracht von Wilhelm von Oranien und natürlich nur schrittweise über mehrere Jahre umgesetzt, hat dazu geführt, dass der Krieg Holland und Seeland nicht ins Verderben gestürzt, sondern sogar Gewinn gebracht hat. Seine Nachfolger als Oberbefehlshaber der Generalitätstruppen, Moritz und Wilhelm Ludwig von Nassau-Dillenburg, sollten auf den Fundamenten aufbauen können, die Wilhelm von Oranien gelegt hatte.

Eine große Bedeutung kommt dabei dem Umdenken Wilhelms von Oranien selbst zu. Während viele Adlige auf die Bürger herabsahen – auch wenn es wohlhabende Kaufleute oder Bankiers waren –, erkannte Oranien, dass die Bürger von Holland und Seeland, aber auch die von Brabant und Flandern zu Großem fähig waren. Der Adlige, der behauptet hatte, gegen einen König würde man immer den Kürzeren ziehen (siehe S. 55), bekam in der Person Wilhelms von Oranien den Gegenbeweis geliefert. Natürlich blieb Oranien ein Vertreter des Hochadels, auch wenn sein Hofstaat durch die Umstände viel bescheidener ausfiel, als er es von Brüssel gewohnt war.[144] Doch er wurde jetzt der Prinz der Kaufleute und Handwerker, sogar der Fischer und Bauern. In der holländischen Ständeversammlung hatten traditionell nur die sechs großen Städte eine Stimme: Dordrecht, Haarlem, Leiden, Amsterdam, Delft und Gouda. Unter seiner Herrschaft wurde diese Zahl auf achtzehn erweitert. Damit vergrößerte er das Fundament seiner Herrschaft.[145] Die Stände Hollands und Seelands drückten ihre Achtung vor dem Prinzen dadurch aus, dass sie ihm am 11. Juli 1575 für die Dauer des Krieges die Oberhoheit über ihre Geweste übertrugen und damit seiner Regierung größere Bewegungsfreiheit gaben.

Die Belagerung von Leiden

Nach Albas Abreise im Dezember 1573 hatte der Prinz es mit einem anderen Gegner zu tun bekommen. Der Katalane Don Luis de Requesens war mehr Diplomat als Feldherr. Er hatte einen angenehmen Posten in Italien innegehabt und keinerlei Neigung gezeigt, in diese schwierigen kalten Niederlande zu ziehen. Natürlich hatte Alba ihn davon unterrichtet, welch missliche Situation ihn dort erwartete. Er zögerte seine Abreise in die Niederlande so lange hinaus, dass Philipp II. ihn schließlich mahnen musste. Nachdem er die geografische oder besser hydrografische Lage in Holland und Seeland kennengelernt hatte, rief er aus: »Das sind ja lauter Inseln!« – was in gewisser Weise ja auch stimmte. Im Gegensatz zu Alba sollte Requesens während seiner Regierungszeit ernsthaft versuchen, zu einer Übereinkunft mit den Aufständischen zu kommen, doch zunächst wurde der Kampf mit militärischen Mitteln fortgesetzt. Nach dem Debakel von Alkmaar schlossen die spanischen Truppen noch im selben Monat Leiden ein. Die Belagerung von Haarlem hatte die Spanier viele Leute gekostet, und das konnte sich die Armeeführung kein zweites Mal erlauben. Deshalb verfolgten die Belagerer jetzt eine neue Taktik. Sie riegelten die Stadt völlig von der Außenwelt ab, um sie auf diese Weise auszuhungern. Das war allerdings auch eine Notmaßnahme, weil die Armee keine Kanonen besaß. Die anderen holländischen Städte verfügten nicht über die Streitkräfte, die für einen erfolgversprechenden Befreiungsversuch nötig waren. So zog sich die Belagerung von Leiden über die ersten Monate des Jahres 1574 hin, während gleichzeitig die Aufständischen zwei Erfolge in Seeland verbuchen konnten. Am 27. Januar schlugen sie bei Reimerswaal auf der Oosterschelde eine königliche Flotte, ein deutliches Zeichen ihrer Überlegenheit zu Wasser, wie schon bei dem Sieg auf der Zuiderzee. Daraufhin ergab sich die Stadt Middelburg am 9. Februar Wilhelm von Oranien. Monate-

Ludwig von Nassau, Bruder und rechte Hand Wilhelms von Oranien.

lang hatte die königstreue Stadt unter dem zähen Mondragón den Truppen der Geusen standgehalten. Es ist bezeichnend für Oraniens Haltung, dass er den Befehl gab, die Stadt dürfe nicht geplündert werden. Die Einwohner sollten als Landsleute respektiert werden – sehr zum Ärger der Soldaten, die sich schon auf die Plünderung gefreut hatten. Bei der darauffolgenden Umorganisation der Stadtverwaltung zeigte sich Oranien erneut als Gegner jeder Scharfmacherei. Die Wiedertäufer weigerten sich nämlich, der Stadt einen Treueeid zu schwören. Gegen den Willen der Stadtväter befahl der Prinz, die Täufer sollten ein feierliches Versprechen abgeben und nicht gezwungen werden, gegen ihr Gewissen einen Eid abzulegen.[146] Nach heutigen Maßstäben vielleicht nichts Besonderes, aber für die damalige Zeit war es außergewöhnlich. Auch hiermit festigte der Prinz seine Herrschaft.

An der Lage von Leiden änderte sich unterdessen nichts. Nur ein erfolgreiches Ablenkungsmanöver aus dem Ausland schien die Stadt befreien zu können. Wieder übernahm Ludwig von Nassau diese Aufgabe. Mit finanzieller Unterstützung seines Bruders Johann von Nassau und mit französischen Mitteln warb er im deutschen Reich ein Heer an, um die Stadt zu befreien. Und tatsächlich gaben die Belagerer ihre Stellungen auf, um der Invasionsarmee auf offenem Felde entgegenzutreten. Doch sie brauchten gar nicht in Aktion zu treten. Die Schlacht auf der Mookerheide am 14. April 1574 fand zwischen den Truppen des spanischen Hauptmanns der Zitadelle von Antwerpen, Sancho d'Avila, und der Invasionsarmee statt und wurde zu einem zweiten Jemgum. Ebenso wie damals kannten die Spanier keine Gnade, und diesmal entkam Ludwig nicht. Er und sein jüngerer Bruder Heinrich von Nassau gehörten zu den Gefallenen, die entweder bis zur Unkenntlichkeit verstümmelt auf dem Schlachtfeld liegen blieben oder auf der Flucht in den Sümpfen umkamen. Ludwig von Nassau war immer die rechte Hand des Prinzen gewesen, und Oranien war tief getroffen. Die Truppen d'Avilas meuterten allerdings nach dem Sieg, weil sie nun Geld sehen wollten.

Für den Prinzen von Oranien aber gab es keinen Weg zurück. Holland und Seeland waren jetzt auf sich selbst angewiesen. Zu allem Unglück hatten es die Bürger von Leiden versäumt, den Abzug der Spanier zu nutzen, um sich mit Lebensmitteln und Munition einzudecken. Nach einer kurzen Atempause belagerten die Truppen die Stadt erneut. Deren Anführer versuchte es nun mit verführerischen Angeboten und gaukelte den Einwohnern die günstigsten Übergabebedingungen vor. Der König würde dies und jenes gewähren ... Die Antwort aus der Stadt lautete: *Fistula dulce canit, volucrem dum decipit auceps*; zu Deutsch: »Der Vogelfänger kann süß pfeifen, um das Vögelchen zu ergreifen«.[147] Diese gelehrte und eindeutige Antwort kam zweifellos von Jan van der Does, Herr von Noordwijk. Er hatte eine Führungsposition bei der Verteidigung der Stadt inne. Außerdem hatte er sich unter seinem latinisierten Namen Dousa einen Namen als Verfasser neulateinischer Gedichte gemacht. An der Spitze des Leidener Widerstands standen außerdem der Bürgermeister Dirck Bronckhorst, der noch während der Besatzung den Entbehrungen erlag, und Pieter van der Werff, der seinen Beitrag zur Verteidigung nachträglich ziemlich übertrieben hat. Er soll geäußert haben, sich eher seinen Arm abhacken und ihn verspeisen lassen, als dem Feind die Stadt zu übergeben. Der resolute Stadtsekretär Jan van Hout wiederum leistete auf seine Art einen bemerkenswerten Beitrag zur Sache der Freiheit. Während einer turbulenten Versammlung im Rathaus, in der sich Befürworter und Gegner wegen der Fortsetzung des Kampfes in den Haaren lagen, sorgte er als Sekretär für Ordnung. Er mahnte zur Ruhe, damit er jede einzelne Meinung und jeden Namen aufschreiben könne. Daraufhin schwiegen die Befürworter von Verhandlungen mit dem Feind. Von jenem Stadtsekretär erzählt man sich eine weitere Anekdote. Während der Besatzung von Leiden wurde wie überall über die Frage gestritten, ob dieser Krieg nun um die Freiheit oder um die Religion geführt würde: *haec libertatis causa* oder *haec religionis causa*. Die Prediger behaupteten natürlich nachdrücklich, der Krieg werde um die calvinistische Konfession geführt. Als diese Behauptung eines Sonntags von der Kanzel herab vehement verfochten wurde, soll Jan van Hout seine Pistole gezogen und den neben ihm sitzenden Bürgermeister gefragt haben: »Soll ich ihm mal heimleuchten?« Aber Jan van Hout hatte den Gottesdienst nicht einmal besucht, und auch der Prediger hatte sich gemäßigt ausgedrückt. Dieser Vorfall ist inzwischen überzeugend von dem Literaturhistoriker Karel Bostoen untersucht und in das Reich der Fabeln verwiesen worden.[148]

Allegorie auf die Friedensgespräche von Breda: Die Zwietracht wird vertrieben und alle 17 Geweste vereinen sich noch einmal.

Die Bevölkerung von Leiden litt weniger unter dem Beschuss und den Angriffen als unter Hunger und Krankheiten. Von den 18 000 Einwohnern kamen damals 6 000 um, zumeist Arme, denn den Reichen gelang es noch immer, sich mit Lebensmitteln zu versorgen.[149] Die einzige Möglichkeit zur Befreiung schien schließlich, das Umland unter Wasser zu setzen, wie schon bei Alkmaar geschehen, was allerdings sämtlichen Bauern in diesem Gebiet gewaltigen Schaden zufügen sollte.[150] Zu dieser Rosskur konnten sich die holländischen Stände daher erst nach vielen Diskussionen entschließen, und der Prinz musste dazu alle Überzeugungskraft aufbieten.[151] Aber auch Wasser lässt sich nicht zwingen, und so dauerte es noch volle zwei Monate, bis das Wasser so hoch stand, dass die Spanier ihre Belagerung zum zweiten Mal, und jetzt endgültig, aufgaben. Am 3. Oktober 1574 ließ Leiden die Geusen als Befreier ein. Den Prinzen erreichte diese Nachricht in Delft, als er in der wallonischen Kirche einen Gottesdienst besuchte – auch in Holland hielt er also an der französischen Sprache fest –, und er ließ diese gute Nachricht sofort von der Kanzel verlesen. Als er einen Tag später persönlich nach Leiden kam, kritisierte er die Nachlässigkeit verschiedener Stadtväter und nahm in der Stadtverwaltung einige Änderungen vor. Noch im selben Jahr ergriff der Prinz die Initiative zur Gründung einer Universität und schlug als Standort Leiden vor. In der Stiftungsurkunde ist vermerkt, der Prinz und die Stände hätten die Universität im Namen König Philipps II. gegründet, womit sie auch hier noch an der Vorstellung festhielten, dass sich der Kampf nicht gegen den König, sondern gegen die schlechte spanische Regierung richtete. Die tatsächliche Gründung übernahmen Jan van der Does und Jan van Hout. Aus ihrer Zusammenarbeit während der Belagerung war eine enge Freundschaft geworden.

Vergebliche Friedensbemühungen

Der neue Generalstatthalter Requesens hat sich wiederholt bemüht, die kämpfenden Parteien miteinander auszusöhnen. Abgesehen vom menschlichen Leid, das der Krieg mit sich brachte, schadeten die Feindseligkeiten auch dem Handel. Mit einer Reihe von Maßnahmen versuchte Requesens, Sympathien in der Öffentlichkeit zu gewinnen. Er hob den Blutrat auf und schaffte nun auch offiziell den zehnten Pfennig ab, der ein Jahr zuvor schon von Herzog Alba und König Philipp aufgegeben worden war. Ein Generalpardon bot den Regierungsgegnern Amnestie an, doch da an die 300 sogenannte »Ketzer« davon ausgenommen waren, blieb das Angebot wirkungslos. Inzwischen verschlang das Heer riesige Geldsummen, in den spanischen Schatzkammern herrschte wieder einmal gähnende Leere. In seiner Not berief Requesens im Juni 1574, also noch während der Belagerung von Leiden, die Generalstände in Brüssel ein, vor allem um von ihnen die Zustimmung zur Erhebung neuer Steuern zu bekommen. Wie von jeher nutzten die Stände diese Gelegenheit, um Kritik zu äußern: an den Ausschreitungen der spanischen Soldaten, an der Regierungspolitik und an der Verletzung der Privilegien. Insbesondere die Stände von Brabant drangen darauf, den Rebellen nachzugeben. Es wurde beschlossen, einen Abgesandten zum Prinzen zu schicken, um bei ihm wegen eventueller Friedensbedingungen vorzufühlen. Durch Vermittlung von Kaiser Maximilian II. begannen am 3. März 1575 tatsächlich Friedensverhandlungen in Breda.

Das hieß nicht, dass sich beide Parteien an einen Tisch setzten. Es wäre unter der Würde der königlichen Delegation gewesen, mit derartigen Rebellen direkt zu verhandeln. Die Vermittler, unter ihnen Günther von Schwarzburg, wohlgemerkt ein Schwager des Prinzen, sprachen gesondert mit der Königspartei und den Anhängern des Prinzen. Die Gegensätze in Religionsfragen erwiesen sich als unüberwindlich; auf Befehl des Königs verlangte Brüssel, dass die Protestanten alle aufständischen Geweste räumen und sämtliche Waffen und Festungen übergeben sollten. Danach würde der König in seiner Güte die Holländer und Seeländer wieder als seine gehorsamen Landeskinder annehmen. Für Holland und Seeland war das inakzeptabel, doch auch sie stellten überzogene Forderungen; so verlangten sie, die neuen Bischöfe sollten die Niederlande verlassen. Es erübrigt sich zu sagen, dass die Verhandlungen scheiterten.

Es blieb Requesens nichts anderes übrig, als trotz seiner beschränkten Mittel den Krieg im Sommer fortzusetzen. Es wurde ein heißer, blutiger Sommer im Grenzgebiet zwischen Holland und Utrecht. Am 8. August 1575 eroberten die königlichen Truppen das Städtchen Oudewater und verübten dort grauenhafte Verbrechen, die dem Leser jetzt erspart bleiben, den Zeitgenossen jedoch in allen Details ausgemalt wurden.[152] Wilhelm von Oranien hatte der Stadt zwar geraten, die Umgebung unter Wasser zu setzen, aber dort lag das Heu zum Trocknen – unverzichtbares Viehfutter –, und deshalb waren die Bürger dem Rat des Prinzen nicht gefolgt. Es kam einem Wunder gleich, dass die Bürger von Schoonhoven nach der Eroberung ihrer Stadt nicht ähnlichen Gewalttaten ausgesetzt waren. Das nahegelegene Woerden überstand eine Belagerung sogar elf Monate. Die Stadt wurde ebenfalls durch Überflutung auf Befehl des Prinzen gerettet, ein Kampf, der in der Literatur bei Weitem nicht die Beachtung gefunden hat wie die Belagerung von Leiden.[153]

In Seeland dagegen ergab sich durch den unbeirrbaren Mondragón, der keine Angst vor Wasser hatte, eine völlig andere Situation. Der zähe Spanier wollte die Stadt Zierikzee auf der Insel Schouwen-Duiveland überfallen. Dazu mussten die Spanier die Zijpe überqueren, ein Gewässer, das St. Philippsland von der Insel trennte. Dies war nur mit einer Schiffsbrücke möglich oder indem man bei Ebbe hindurchwatete. Mondragón entschied sich für Letzteres. Bis zu den Knöcheln versanken die Spanier im Schlick, bis zur Brust standen sie im Wasser, die Waffen hielten sie trocken über den Köpfen. So wateten sie in großer Eile durch die Zijpe, um der Flut zuvorzukommen, während sie von beiden Seiten von einer Geusenflotte beschossen wurden.[154] Als die Spanier Schouwen-Duiveland erreicht hatten, gaben die Geusentruppen vorzeitig auf, nachdem ihr Anführer tödlich getroffen worden war.

Die Verteidigung von Zierikzee wirft wiederum ein bezeichnendes Licht auf die Beziehungen der Niederländer untereinander. Die Truppen des Prinzen hatten den Einwohnern so übel mitgespielt, dass sie lieber auf Mondragóns Friedensbedingungen eingehen und sich kampflos ergeben wollten. Von einem gemeinsamen »nationalen« Kampf gegen Spanien kann hier also nicht die Rede sein. Nur das durchgreifende Auftreten eines Garnisonskommandanten hat die sofortige Kapitulation verhindert. Es gelang ihm, Verstärkung in die Stadt zu holen, er verhaftete sieben Mitglieder des Magistrats, deren lasche Haltung ihn empört hatte, und schickte sie als Gefangene nach Middelburg. Nun begannen die Spanier, Zierikzee nach allen Regeln der Kunst zu belagern. Eine Befreiungsarmee zu Wasser konnten sie zurückschlagen, und Mondragón – süße Rache für seinen Verlust von Middelburg – zwang die Stadt zur Kapitulation.[155] Damit wurde die Lage für die Aufständischen bedrohlich: Durch die spanischen Eroberungen war das Gebiet der Aufständischen in drei Teile zersplittert worden. Mit der Eroberung von Haarlem hatten die Spanier schon das Noorderquartier (Nordholland oberhalb des IJ) vom übrigen Holland abgeschnitten. Mit der Einnahme von Schouwen-Duiveland und Zierikzee war jetzt ein Keil zwischen die holländischen und die seeländischen Inseln getrieben worden. In Seeland war jetzt nur noch Walcheren ein Stützpunkt der Aufständischen.

Die Suche nach Unterstützung aus dem Ausland

In dieser heiklen Lage musste ein ausländischer Fürst gefunden werden, der zu einer Intervention bereit war. Das hatte Wilhelm von Oranien schon 1573 erfolglos versucht. Auf den ersten Blick schien Elisabeth I., die englische Königin als Oberhaupt der Church of England, die geeignete Person zu sein. Sie verfolgte jedoch eine äußerst vorsichtige Politik und wollte vor allem einen Krieg mit Spanien vermeiden. Ebenso wie ihr Vater Heinrich VIII. bevorzugte sie traditionell eine »burgundische« Strategie: Um die englischen Handelsinteressen zu fördern, pflegte sie gute Beziehungen zu den Niederlanden. Obwohl selbst anglikanisch, war sie deshalb noch keine Vorkämpferin für die protestantische Sache. Sie fürchtete Frankreich mehr als Spanien und unterstützte in der verworrenen französischen Politik heimlich die Hugenotten, wenn auch nicht aus prinzipiellen Gründen. Die französischen Katholiken unter Führung des Geschlechts der Guise wollten nämlich ihre Rivalin Maria Stuart, die katholische Königin von Schottland, die von Elisabeth gefangen gehalten wurde, befreien und auf den Thron setzen. Schon deshalb misstraute sie den französischen Bemühungen, größeren Einfluss in den Niederlanden zu erlangen. Elisabeth und Alba hatten so lange gute Beziehungen unterhalten, bis Elisabeth einige Schiffe mit Goldladung in Beschlag nahm, die für die Niederlande bestimmt waren. Der Konflikt führte zwar zu einem Handelskrieg, in dem Elisabeth den Kürzeren zog, aber er weitete sich nicht zu einem wirklichen Krieg aus, weil Elisabeth wie auch Alba vorsichtig genug waren.

1572, nach der Einnahme von Vlissingen, gab sie als Grund für die dortige Präsenz eines englischen Regiments an, sie wolle die Stadt für den König von Spanien kontrollieren. Nach Alba unterhielt sie auch zu Requesens gute Beziehungen, und im April 1575 vereinbarte sie mit ihm, dass beide die Rebellen des jeweiligen Landes ausweisen sollten. Den Konflikt in den Niederlanden verfolgte sie mit Argusaugen, hielt jedoch an ihrer erprobten Strategie fest, im Geheimen Hilfe zu leisten, sich aber offiziell herauszuhalten, solange es möglich war. Mit dieser vorsichtigen Politik schaffte sie es, ein halbes Jahrhundert lang die Sicherheit Englands und ihrer Krone zu gewährleisten.[156] So kehrte die holländische Delegation, die ihr im Januar 1574 einen Besuch abstattete, unverrichteter Dinge zurück.[157]

Angesichts der Macht und Bedeutung der niederländischen Republik im 17. Jahrhundert ist es schwer vorstellbar, dass man in den

Königin Elisabeth von England wollte den Rebellen verdeckte, aber keine öffentliche Unterstützung zukommen lassen.

achtziger Jahren des 16. Jahrhunderts auf die Suche nach einem ausländischen Staatsoberhaupt ging. Für einen Zeitgenossen dagegen musste es unmöglich erschienen sein, den spanischen Feind aus eigener Kraft zu schlagen. Von den deutschen lutherischen Fürsten war nichts zu erwarten, denn ihre Aversion gegen die Calvinisten war noch größer als ihre Abneigung gegen die Katholiken. Die einzige Macht, die noch blieb, war Frankreich. Hätte »Brüssel« ebenfalls ganz allein Holland und Seeland gegenübergestanden, hätte man gewiss rasch einen Waffenstillstand oder Frieden geschlossen. Dann wäre nach Schweizer Vorbild eine Confoederatio Belgica möglich gewesen, mit katholischen und protestantischen Kantonen. Brüssel jedoch verfügte über die spanische Kriegskasse (auch wenn sie meistens leer war) und ein Potenzial an kampferprobten Mannschaften; daher brauchten Holland und Seeland einen vergleichbaren Bündnispartner. In Frankreich wütete wieder einmal ein Bürgerkrieg zwischen Katholiken und Protestanten. Vielleicht würde der Bruder des Königs, der konfessionell neutrale Herzog von Anjou, den Niederländern zu Hilfe eilen? Er hatte schon einmal in Frankreich Frieden zwischen den beiden religiösen Parteien gestiftet und war ehrgeizig genug, sich nach einer Rolle auf der europäischen Bühne umzuschauen.[158] Er hatte bereits um die Hand von Königin Elisabeth geworben. Doch eine Sache, die als

Luis de Requesens, der dritte Generalstatthalter des Königs in den Niederlanden (1573–1576). Nach der harten Politik Albas verfolgte er einen gemäßigten Kurs.

aussichtslos gilt, findet nie Unterstützung – erst wenn sie Erfolg hat, bieten sich von allen Seiten Beschützer an. So war es auch mit Anjou. Wenn er über die Niederlande hätte herrschen wollen, hätte er besser eine Tochter Philipps II. heiraten und die Nieder-Lande als Mitgift verlangen sollen. Offizielle ausländische Hilfe blieb also aus. Allerdings dienten in den Jahren 1572 bis 1576 englische, schottische, französische und deutsche Kompanien in Oraniens Armee – mit der Duldung der jeweiligen Obrigkeiten. Zudem gab es immer genug Freiwillige, die sich am Kampf der Aufständischen beteiligen wollten.

Alle Nieder-Lande im Widerstand vereint

Auf der Seite des Königs war die Lage nicht viel besser. Irgendwann beschwerte Requesens sich, dass er bereits seit sieben Monaten nichts vom König gehört habe. Die spanischen Truppen beendeten die unübersichtliche Situation, indem sie ihre vorteilhaften Ausgangspositionen einfach aufgaben. Am 1. September 1575 musste der spanische König zum zweiten Mal in seiner Regierungszeit einen Staatsbankrott anmelden. Als Requesens am 5. März 1576 unerwartet starb, hatte man in Brüssel nicht einmal genug Geld, um seine Beerdigung zu bezahlen. Da Requesens zudem keinen Nachfolger bestimmt hatte, ging die Generalstatthalterschaft automatisch auf den Staatsrat über. Die spanischen Soldaten hatten seit Ewigkeiten keinen Sold mehr erhalten. Es war ein Wunder, dass sie überhaupt noch so lange hatten kämpfen wollen. Nach der Eroberung von Zierikzee hatten sie ihr Elend endgültig satt und beschlossen, sich auf eigene Faust schadlos zu halten. Mondragón musste es in seinem Alter noch erleben, dass die königlichen Truppen zu meutern begannen – es muss ihm unfasslich erschienen sein – und Beutezüge unternahmen. Die Meuterei erfasste das gesamte spanische Heer in den Niederlanden. Übrigens hatten auch die niederländischen Soldaten in den Jahren 1572 bis 1576 weniger als die Hälfte ihres Solds erhalten. Die spanischen Meuterer wählten die Stadt Aalst in Flandern zu ihrem Räubernest. Unter der Ägide ihrer selbstgewählten Anführer, der *elettos*, verschonten sie bei ihren Plünderungen weder Städte noch ländliche Gebiete. Der Staatsrat, der bis auf eine Ausnahme nur aus Niederländern bestand, wollte diesem Treiben nicht länger zusehen. Er erklärte die spanischen Truppen zu Landesfeinden und ermächtigte die Stände von Brabant, Truppen gegen die marodierenden Banden anzuwerben. Aber auch der Staatsrat selbst wurde Opfer der radikalen Stimmung,

Bei der Plünderung von Antwerpen, der sogenannten »Spanischen Furie«, ging auch das Rathaus in Flammen auf.

die in Brabant herrschte. Am 4. September 1576 wurden seine Mitglieder völlig überraschend verhaftet.

Am nächsten Tag wurde die königstreue Regierung abgesetzt, und nach einem weiteren Tag bewiesen die Stände von Brabant, welche führende Rolle sie spielen konnten, wenn wirklich Not am Mann war. Nach dem Vorbild des Jahres 1477 beriefen sie wieder auf eigene Verantwortung die Generalstaaten ein.[159] Erneut beschlossen

Die Antwerpener ziehen los, um die verhasste Zitadelle zu schleifen.

die Generalstände, mit den aufständischen Provinzen zu verhandeln. Schließlich betrachteten sich alle als »Niederländer«. Auch die Aufständischen in Holland hielten weiterhin daran fest, den König als Landesherrn anzuerkennen. Weshalb also sollte man nicht zu einer Einigung kommen, auch wenn es nur um die gemeinsame Bekämpfung der spanischen Truppen ging? Wieder trafen sich die Vertreter von Holland und Seeland mit einer Delegation der Generalstaaten, diesmal in Gent. Ohne von einem Generalstatthalter behindert zu werden, der nur den königlichen Willen durchsetzen sollte, kam es am 8. November 1576 zu einem für beide Parteien »befriedigenden« vorläufigen Vergleich, der »Genter Pazifikation«. Wie schon zuvor ging es auch jetzt um die beiden Kernthemen Politik und Religion. Politisch gesehen stellten alle Gewestе dieselben alten Forderungen an die Krone: Abzug der spanischen Truppen und Verwaltung der Niederlande für Niederländer und von Niederländern (dazu die Einleitung S. 8–9). Den inzwischen vom König benannten neuen Generalstatthalter würden sie nur unter der Voraussetzung anerkennen, dass er die Pazifikation unterschrieb. Die Religionsfrage blieb weiterhin schwierig; eine endgültige Lösung wurde auf eine spätere Versammlung der Generalstände verschoben. Momentan löste man diese Frage dadurch, dass mit zweierlei Maß gemessen wurde. Die Holländer und Seeländer verlangten freien Protestantismus in den anderen Gewesten, während sie den Katholiken in ihren Gewesten keine freie Religionsausübung gestatteten. Damit blieben die Katholiken in Holland und Seeland die benachteiligte Partei, auch wenn sie nicht verfolgt wurden. Außerhalb von Holland und Seeland wiederum durfte nichts gegen die Katholiken unternommen werden, und die Verordnungen gegen die Protestanten wurden aufgehoben. Im Grunde bedeutete dies Gewissensfreiheit für alle und überall. Das Wichtigste war die politische Übereinkunft; über Religion hoffte man sich später einigen zu können.

Schon am Tage nach dieser Vereinbarung zeigte sich, wie wichtig einträchtiges Vorgehen war; am 4. November 1576 waren nämlich die spanischen Truppen in Antwerpen eingezogen und plünderten, mordeten und brandschatzten vier volle Tage lang. In den letzten vier Jahren war der Schiffsverkehr bei Antwerpen von den Aufständischen erheblich behindert worden, indem sie Schiffe von Vlissingen aus nur gegen Bezahlung durchließen. Zweimal schon hatte der königliche Staatsbankrott Handel und Industrie der Scheldestadt schwer geschadet. 1574 war die Stadt auch noch gezwungen gewesen, eine Anleihe aufzunehmen, um meuternde spanische Soldaten zufriedenzustellen.[160] Und jetzt? Jetzt wiederholten sich die Mordszenen von Mecheln, Rotterdam, Zutphen, Naarden, Haarlem und Oudewater in Antwerpen. 2500 Einwohner fanden bei dieser »Spanischen Furie« den Tod.[161] Das Renaissance-Rathaus ging mit tausend anderen Gebäuden in Flammen auf. Die Soldaten waren noch tagelang damit beschäftigt, ihre Beute auf Karren zu laden. Alle, die bislang noch gezögert hatten, sich mit den Aufständischen zu einigen, gaben jetzt ihre Zurückhaltung auf. Am 8. November 1576 wurde die Genter Pazifikation feierlich unterzeichnet.

Das Bewusstsein, zum selben Staatenbund zu gehören, führte jetzt auch dazu, dass man nicht mehr von »den Niederlanden« (de Nederlanden) im Plural sprach, sondern von »dem Niederland« (het Nederland). Im Niederländischen heißt es inzwischen einfach »Nederland«, im Deutschen hat sich der Plural erhalten. Der Dichter des *Wilhelmus* legte dem Prinzen die Worte in den Mund: »Oh edles Niederland süß«, also im Singular. Dasselbe gilt für den französischen Sprachgebrauch; nicht *les* Pays-Bas, sondern *le* Pays-Bas. Mit dieser Singularform sind alle siebzehn Provinzen zusammen gemeint. Im Lateinischen bezeichnete man das ganze Land, also nicht nur die südlichen Provinzen als *Belgium nostrum*. Man wechselte im Gebrauch zwischen het Nederland, le Pays Bas und Belgium Nostrum.[162]

Obwohl die Einheit dem Namen nach existierte, erwies es sich als schwierig, im Anschluss an die Pazifikation politisch und militärisch gemeinsam zu agieren. Jede Stadt war auf sich selbst angewiesen und handelte, ohne sich mit den anderen Städten zu beraten. Am 9. November gelang es Gent, die Spanier zu vertreiben. Die Bewohner von Utrecht schleiften im Jahr darauf ihre Zwingburg, die Vredenburg. Im August 1577 machten die Antwerpener mit ihrer Zitadelle dasselbe. Wie 1572 in Holland agierte jeder auf eigene Faust. Unterdessen warnte Wilhelm von Oranien vor den Absichten des neuen Generalstatthalters, Don Juan von Österreich. Don Juan war ein unehelicher Sohn Karls V. Er war in Spanien erzogen worden und hatte die Türken in der berühmten Schlacht von Lepanto 1571 geschlagen, was ihm zu Kopf gestiegen war. Der Befehl, in den Niederlanden die Nachfolge von Requesens anzutreten, schien ihm eine einmalige Gelegenheit zu sein, seine Ziele zu verwirklichen; er würde den Aufstand niederschlagen, mit seinem Heer nach England übersetzen, Maria Stuart aus ihrem Gefängnis befreien, Elisabeth beseitigen und gemeinsam mit Maria den englischen Thron besteigen.

Die Realität in den Nieder-Landen sollte ernüchternd wirken. Am 3. November kam er in Luxemburg an, ohne Geld und ohne Autorität über die meuternden spanischen Truppen. Er musste sich nach den Umständen richten, wofür er eigentlich nicht der richtige Mann war. Dennoch suchten die Generalstände noch nach einer Möglichkeit, es ihm so einfach wie möglich zu machen. Am 7. Januar 1577 schlossen die Generalstände und der Staatsrat die sogenannte erste Union von Brüssel. Darin unterschrieben sie die Genter Pazifikation, betonten noch einmal ihre Treue zum König und versprachen, am katholischen Glauben festzuhalten. Letzteres konnte bedeuten, dass sie sich für die freie Ausübung des Katholizismus in Holland und Seeland einsetzen wollten, wodurch die Diskussionen mit diesen beiden Provinzen wieder aufloderten. Im Grunde war diese erste Union von Brüssel eine katholische Union, die für Don Juan keine einschränkenden Bedingungen enthielt.

Gegen den Rat von Wilhelm von Oranien erkannten die Generalstände mit dem »Ewigen Edikt« Don Juan als Generalstatthalter an. Don Juan seinerseits unterschrieb die Genter Pazifikation, wie sie in der Union von Brüssel ausgelegt wurde. Man vereinbarte, dass die spanischen Truppen das Land verlassen sollten, wofür die Generalstände 600 000 Gulden bezahlen wollten. Am 6. April stimmte auch König Philipp der Pazifikation zu, nicht aus Überzeugung, sondern weil ihm im Moment nichts anderes übrig blieb.[163]

Die Opposition war in einem Maße verbreitet, dass Philipp sich am 28. April 1577 sogar bereit erklärte, die spanischen Truppen wegzuschicken. Und in der Tat räumten die Truppen das Land. Gut eine Woche später hielt Don Juan seinen Einzug in Brüssel – die *Blijde Inkomst* – und legte den Eid ab. Der vor Tatendrang platzende Generalstatthalter konnte seine Ungeduld jedoch nicht verbergen. Schon am 24. Juli besetzte er mit Gewalt die Zitadelle von Namur. Dieser militärische Handstreich zeitigte jedoch nicht die geringste Wirkung, sodass er erneut mit den Ständen über Bedingungen für eine weitere Zusammenarbeit verhandeln musste. Weder der König noch sein Generalstatthalter schienen etwas aus der politischen Lage und der allgemeinen Kritik gelernt zu haben; seit mittlerweile zehn Jahren waren die Forderungen der Niederländer unverändert, aber etwas anderes als eine militärische Antwort war seitens der Krone kaum ernsthaft erwogen worden. Dabei ging sie immer so vor, dass sie nachgab, wenn es nicht anders ging, und die Macht an sich riss, sobald sich die Gelegenheit dazu bot. Einen Monat später zögerte der König, ob er noch einmal militärisch eingreifen sollte; am 28. August befahl er seinen Truppen, in Italien zu bleiben, am 31. August, in die Niederlande zurückzukehren.[164]

Inzwischen hatten militantere Gruppen in den Brabanter Städten das Sagen; in Brüssel riss ein radikales Volkskomitee die Macht an sich, die sogenannten XVIII oder Achtzehn Männer. Diese Aufrührer, Anhänger des Prinzen, zwangen die Generalstände, Oranien nach Brüssel einzuladen.[165]

Wilhelm von Oranien am 23. September 1577 an Bord eines Bootes, das ihn zu seinem triumphalen Einzug (der *inkomst*) nach Brüssel bringt. Ganz oben an dem geschmückten Boot das Wappen Philipps II., links darunter sein eigenes Wappen. In den Bäumen die Wappen der Provinzen, hier Artois und Hennegau. Auf der Fahne am Heck Sankt Michael mit dem Drachen, dem Schutzheiligen von Brüssel. Holzschnitt von A. van Leest in: Jan Baptist Houwaert, *Declaratie van die triumphante incompst,* Antwerpen 1579. Im Museum Plantin-Moretus in Antwerpen befindet sich der Originaldruckstock.

5 Die Teilung der Niederlande

Vorübergehender Erfolg der Gemäßigten ▸ 1576–1584

Wilhelm von Oraniens schönster Augenblick

Die Pazifikation konnte nur für knapp drei Jahre alle Provinzen zusammenhalten. Daraus zu schließen, dass sie von Anfang an zum Scheitern verurteilt war, hieße, nach dem heutigen Kenntnisstand zu urteilen. Es wäre allzu einfach, von der Genter Pazifikation des Jahres 1576 rasch zur Spaltung der Niederlande in die südliche Union von Artois und Hennegau und die (grob gesagt) nördliche Union von Utrecht im Jahr 1579 überzugehen. Als hätten dann die Niederländer oder Belgier rückwirkend das Gefühl, »wieder unter sich« zu sein. Genauso gut könnte man es höchst erstaunlich finden, dass die Union von Utrecht über zweihundert Jahre lang funktioniert hat, obwohl dieser Vertrag nur als provisorisches Bündnis gedacht war. Eine definitive Lösung der Religionsfrage hatte die Pazifikation einer künftigen Versammlung der Generalstände überlassen. Kein Wunder also, dass dies jedes Mal wieder ein Diskussionspunkt sein konnte, wenn die Stände zu einer Beratung zusammenkamen. Wilhelm von Oranien nutzte diese Möglichkeit, um die Erste Union von Brüssel, die aus Rücksicht auf Don Juan noch katholisch orientiert war, im Dezember 1577 zu einem engeren Zusammenschluss, der »Nadere Unie«, umzuformen, die auch den Protestanten Gewissensfreiheit garantierte. Im Juli 1578 versuchte Wilhelm, den Religionsfrieden in den Generalständen durchzusetzen. Danach sollte an jedem Ort Freiheit für jene Konfession herrschen, zu der sich mindestens hundert Familien bekannten. Dies brüskierte die protestantischen Stände von Holland und Seeland und widersprach zugleich den Wünschen der Katholiken in den übrigen Provinzen. Dennoch wagten es immerhin 27 Städte, eine solche Regelung einzuführen. In keiner von ihnen war dem Religionsfrieden ein langes Leben vergönnt – der Prinz war mit dieser Regelung seiner Zeit weit voraus.[166]

Es ist bezeichnend für Wilhelm von Oranien, dass er erst die Stände von Holland und Seeland um Zustimmung bat, ehe er die Einladung nach Brüssel annahm, als würde in ihm schon ein konstitutioneller Fürst heranreifen. Nach seiner Ankunft in Antwerpen war er zunächst Mittelpunkt eines drei Tage währenden Festes. Anschließend ging die Fahrt durch den Willebroek-Kanal – das wasserbautechnische Glanzstück jener Zeit – zur Hauptstadt. Vor Brüssel lagen für den Prinzen und sein Gefolge drei geschmückte Boote bereit, dekoriert mit kleinen Buchen, an denen die Wappen der siebzehn Provinzen befestigt waren. Im ersten Boot spielten Musikanten unter anderem das *Wilhelmus*. Im letzten Boot, das in den Farben des Prinzen orange-weiß-blau gestrichen war, saß Wilhelm unter einem Baldachin, der mit Wappenschilden geschmückt war. Ganz oben prangte das Wappen des Königs zum Zeichen dafür, dass die Niederlande und der König sozusagen ein Herz und eine Seele waren. Links darunter hing das Wappen des Prinzen. Am 23. September 1577 zog Wilhelm von Oranien im Triumph in Brüssel ein. Zehn Jahre zuvor hatte er die Stadt zuletzt gesehen. Jetzt empfing ihn eine begeisterte Menge als den großen Befreier, als den Mann, der von Anfang an vor der Politik der Krone gewarnt hatte. Die Glocken läuteten, Salutschüsse ertönten, die Menschen jubelten und waren zu Tränen gerührt. Es war ein Tag des Triumphes, wie ihm wenige vergönnt gewesen sind. Der englische Botschafter berichtete als neutraler Zuschauer, die Menschen hätten Oranien wie einen Engel empfangen, der auf die Erde herabgestiegen war.

Zu denen, die den Prinzen offiziell begrüßten, gehörte auch Philipp von Croy, Herzog von Aarschot. Er war in den letzten Jahren nach und nach zum Oppositionsführer in Brüssel aufgestiegen. Auch wenn die Aufständischen vielfach zum Radikalismus neigten, bedeutete dies nicht, dass die Regierungstreuen Alba und Requesens nach dem Mund redeten. Vor Albas Regierungsantritt waren Wilhelm von Oranien und Aarschot Rivalen gewesen. Als Aarschot sich jedoch unter dem repressiven Generalstatthalter zum Oppositionsführer entwickelte, nahmen die beiden wieder Kontakt auf. Auch wenn Aarschot neidisch auf Wilhelms derzeitigen Erfolg zu sein schien – der belgische Historiker Henri Pirenne beispielsweise beurteilte Aarschot negativ: halb verrückt, ein Aufschneider, ein Mann, der anmaßend auftrat[167] –, so haben die beiden während der Pazifikation doch gut zusammengearbeitet. In politischer Hinsicht verfolgten sie schließlich dasselbe Ziel: Die Niederlande sollten unter der Führung niederländischer Adliger in Übereinstimmung mit den niederländischen Interessen regiert werden. Sie erwogen ernsthaft eine Heirat von Wilhelms ältester Tochter mit Karl von Chimay, Aarschots Sohn. Wilhelm

Matthias von Österreich und Wilhelm von Oranien zu beiden Seiten eines Wappenschildes mit den Wappen der Siebzehn Niederlande.

besuchte in Brüssel keinen protestantischen Gottesdienst, und in seiner katholischen Besitzung Breda ließ er ganz normal die Messe lesen, was der öffentlichen Meinung in Brabant Nahrung gab, der Prinz sei in seinem Herzen katholisch geblieben.[168] Alle Parteien strebten also nach Übereinstimmung und wandten sich von den extremen Standpunkten ab.

Wäre nun nicht eine Wiederherstellung der alten Situation die beste Lösung gewesen? Die Niederlande gemeinsam unter einem rechtmäßigen Prinzen, einem Spross aus dem Hause Österreich? Dieses »rechtmäßig« richtete sich gegen den unehelich geborenen Don Juan, der noch immer vergeblich bemüht war, seine Autorität durchzusetzen. Wütend schrieb er an Philipp, Wilhelm würde jetzt die Politik bestimmen. Auch der katholische Adel arbeitete nicht mit Don Juan zusammen. Zwei Wochen nach der Ankunft Wilhelms von Oranien gab Aarschot bekannt, Erzherzog Matthias von Österreich, ein jüngerer Bruder Kaiser Rudolfs II. und Neffe von König Philipp, habe sich bereit erklärt, das Amt des Generalstatthalters zu übernehmen. Matthias war gerade einmal zwanzig Jahre alt, einem Abenteuer nicht abgeneigt und hatte Ja gesagt. Ohne die Zustimmung von Kaiser oder König einzuholen, reiste er kurzerhand in die Niederlande ab. Politisch völlig unerfahren, war er leichte Beute für Wilhelm von Oranien, der mit seiner Liebenswürdigkeit rasch das Vertrauen des Österreichers gewann. Der junge Mann, der gern in einer antikisierenden Rüstung herumlief, sah in Oranien bald seinen zweiten Vater. Oranien hatte ihn so sehr vereinnahmt, dass der neue Ersatzlandesherr im Volksmund schon bald »Kanzleivorsteher des Prinzen« genannt wurde. Übrigens beweist die Ernennung von Matthias, wie schnell man auch unter den Umständen des 16. Jahrhunderts und trotz der riesigen Entfernungen reagieren und Entschlüsse fassen konnte – wenn man es nur wollte. Wien lag kaum näher an Brüssel als Madrid, und das Angebot an Matthias samt seiner Zusage war innerhalb von vier Wochen geregelt. Außergewöhnlich interessant waren auch die Bedingungen, zu denen Matthias den Regierungsauftrag akzeptiert hatte. Seine Machtbefugnisse waren im Vergleich zur *Blijden Inkomst* so eingeschränkt, dass wir von einer konstitutionellen Monarchie *avant la lettre* sprechen können.[169]

Ebenso wie nach Granvelles Abreise musste der Hochadel nun wieder beweisen, dass er das Land regieren konnte. Wilhelm von Oranien stand auf dem Höhepunkt seiner Macht, vor allem als ihn die Brabanter Stände zum Regenten von Brabant ernannten, was der Funktion des Statthalters in den anderen Provinzen entsprach. Aarschot seinerseits wurde zum Statthalter von Flandern ernannt. Als Angehöriger des Hochadels hatte er jedoch – im Gegensatz zu Wilhelm von Oranien – keine hohe Meinung vom städtischen Bürgertum und machte vor seinem Aufbruch nach Flandern noch abschätzige Bemerkungen über die Bürger. Aber als er in Gent ankam, sollte dort ein für ihn ganz ungewohnter Wind wehen.

Die Radikalisierung der Opposition in Flandern und Brabant

Der Aufstand 1577 in Brüssel und im Süden unterschied sich von den beiden früheren Aufständen der Jahre 1568 und 1572. Diesmal war es eine Erhebung fast aller Provinzen (ausgenommen waren das erzkatholische Luxemburg sowie Limburg und Namen), nicht nur von Holland und Seeland. Den meisten Provinzen ging es dabei nicht um die Glaubensfreiheit, sondern darum, das Land von den spanischen Soldaten zu befreien. Die Mehrheit der Bevölkerung war katholisch und wollte mit dem Calvinismus nichts zu tun haben. Umso erstaunlicher ist es, dass die Calvinisten 1578 und in den darauffolgenden

Jahren in den großen Städten von Brabant und Flandern trotzdem das Sagen hatten. Die Radikalisierung ging so weit, dass am 1. Mai 1581 in Brüssel und am 1. Juli 1581 in Antwerpen der katholische Gottesdienst verboten wurde.[170] Und dabei hatte man im Juni 1577 in Gent noch einen jungen Maurer zu Peitschenhieben und fünfzig Jahren Verbannung verurteilt, nur weil er die Mütze aufbehalten hatte, als das Allerheiligste in einer Prozession vorbeigetragen wurde.[171] 1578 also war die Situation genau umgekehrt, und die Calvinisten hatten das Kommando. Wilhelm von Oranien hatte der stolzen Stadt Gent versprochen, ihr die meisten Privilegien zurückzugeben, die Karl V. 1540 für null und nichtig erklärt hatte. Es war ein denkbar schlechter erster Schachzug von Aarschot, diese Wiederherstellung der Privilegien gleich nach seiner Ankunft als Statthalter von Gent vom Tisch zu fegen. Das militante Lager wollte ja gerade die alten Vorrechte zurückbekommen, was auch den Einfluss der Handwerkerzünfte auf die Stadtverwaltung und die Wiederherstellung der Oberhoheit Gents über das Umland beinhaltete.

In der Stadt und ihrer Umgebung kam es jetzt zu einer wahren Schreckensherrschaft. Die beiden Anführer waren Jan van Hembyze, ein Genter Schöffe, der seinen Sohn in den Unruhen verloren hatte und nun selbst zu drastischen Maßnahmen bereit war, und François Rijhove, ein junger Adliger und Anhänger Wilhelms von Oranien. Am 27. Oktober besuchte dieser Rijhove Wilhelm in Antwerpen und schlug vor, eine Reihe katholischer Honoratioren zu verhaften. Der Prinz stimmte dem nicht zu, riet aber auch nicht davon ab. Diese stillschweigende Indifferenz reichte Rijhove und den Seinen, ihr Vorhaben in die Tat umzusetzen. In der Nacht vom 28. auf den 29. Oktober 1577 ließen sie notabene ihren Statthalter Aarschot, die Bischöfe von Ypern und Brügge, den Vogt der Stadt sowie einige andere Adlige und Magistratsherren verhaften. Am Tag darauf setzten sie eine calvinistische Stadtmiliz ein, indem sie dreihundert Landstreicher in Dienst nahmen und sie mit Waffen ausstatteten.[172] Am 1. November wurde in Gent ein Kollegium von Radikalen, der sogenannten »Achtzehn Männer« gegründet. Als Wilhelm von Oranien am 29. Dezember dort eintraf, gelang es ihm, die Gegensätze zu überbrücken und Aarschot freizubekommen. Wieder einmal konnte Wilhelm von Oranien sich als Mann der Versöhnung feiern lassen, obwohl es besser gewesen wäre, wenn er Hembyze und Rijhove von ihrer unbesonnenen Tat abgehalten hätte. Denn das schuf bei den Katholiken böses Blut. Genau wie 1566 bekam der eher gleichgültige Katholizismus des

Adels durch den Abscheu gegen die calvinistischen Aufrührer neuen Auftrieb.

Im Januar 1578 traf Alexander Farnese, Prinz von Parma, der Sohn der ehemaligen Generalstatthalterin, mit neuen Truppen ein, um Don Juan wieder an die Macht zu bringen. Schon am 28. desselben Monats errang er mit Leichtigkeit einen Sieg über das Heer der Generalstände bei Gembloux, zwischen Brüssel und Namur. Die Bewohner von Brüssel fürchteten schon eine Belagerung, und das Heer der Generalstände schien sich zunächst nicht von der Niederlage zu erholen. Doch Anfang August standen sich die Armeen wieder gegenüber, diesmal östlich von Mecheln beim Dorf Rijmenam. Parma riet Don Juan ab, doch dieser nahm den Kampf auf und wurde geschlagen.

Es war und blieb auch weiterhin so, dass jeder nur für sich sorgte, zu einem gemeinsamen Vorgehen der Generalstände kam es nicht. Holland und Seeland hatten die anderen Geweste nun endlich auf ihrer Seite, verlangten aber weiterhin Konvoi- und Lizenzgelder von ihnen.[173] Die Konvoigelder wurden für die bewaffnete Eskorte zur See verwendet. Das Lizenzgeld war eine Abgabe, eine Art Exportsteuer auf Lebensmittel und andere Güter (ausgenommen Waffen und Munition), die an »den Feind« geliefert wurden. Auf den ersten Blick scheint es empörend, seinen Feind, den man auf Leben und Tod bekämpft, mit Gütern zu versorgen. Doch der Gewinn daraus war für den holländischen Handel unverzichtbar, und außerdem würden die Waren dem Feind andernfalls aus dem Ausland geliefert werden.[174] Diese Abgaben kamen der Verteidigung von Holland und Seeland zugute, besonders den Admiralitäten. Die Antwerpener aber waren erbost darüber, dass ihre Landsleute ihnen somit zuwiderhandelten.[175] Statt eines Obolus an die Generalität brachten die Stände von Holland und Seeland lieber Ordnung in die eigenen Geweste. Durch eine »Satisfaktion«, eine schriftliche Garantie, zwangen sie Städte, die bisher unter der Herrschaft des Königs geblieben waren, gewaltsam auf ihre Seite: Amsterdam und Haarlem in Holland und Goes in Seeland. Offiziell wurde der Ausübung der katholischen Religion nichts in den Weg gelegt, doch das war in der Praxis nicht einmal die Tinte auf dem Papier wert. Wilhelm von Oranien konnte oder wollte nichts dagegen unternehmen. Sein Unwillen oder seine Unfähigkeit, die Katholiken in Holland und Seeland zu beschützen, verstärkte bei den Katholiken in den anderen Provinzen die Kritik an seiner Person.

In den Monaten nach der Niederlange bei Gembloux begannen zwei unterschiedliche Offensiven, beide zum Nachteil der Gemäßigten. Einerseits startete das Duo Don Juan und Parma von Namur und Luxemburg aus eine königliche Offensive. Als sie Leuven eroberten, mussten die Generalstände nach Antwerpen ausweichen. Unterdessen führten die radikalen Calvinisten in den Dörfern und Städten Flanderns einen revolutionären Umsturz herbei. Kaum hatte Wilhelm von Oranien Gent verlassen (am 15. Januar 1578), setzten die Achtzehn Männer ihre aggressive Politik fort. Statt den Aufbau einer nationalen Armee zu unterstützen, die Don Juans und Parmas Truppen schlagen sollte, bemächtigten sich die Genter der wichtigsten Städte in Flandern: Brügge, Kortrijk, Ronse, Oudenaarde, Axel, Hulst, St. Niclaas und Ypern. Von der letzten Stadt aus ging es nach Dünkirchen, St. Winoksbergen, Veurne und so weiter.[176] Andere Ortschaften wie Dendermonde und Deinze folgten dem Vorbild Gents und entschieden sich ebenfalls für den militanten Calvinismus. Überall dort, wo sich ein solcher Umsturz ereignete, kamen Volkskomitees von Achtzehn Männern an die Macht. Mönche und Priester wurden misshandelt, während in den Kirchen und Klöstern die Bilder vernichtet wurden.

Es ist nicht leicht, dieses aggressive calvinistische Wiederaufleben zu erklären. Schon früher, in den sechziger Jahren, waren die Calvinisten rigoros aufgetreten. Vielleicht waren die Städte in Flandern und Brabant aus Abscheu vor diesem militanten Auftreten und auch aus Furcht vor Alba im Jahr 1572 und in den darauffolgenden Jahren zurückhaltend gewesen. Aber die Erinnerung an die chaotischen Zustände im Jahr 1566 wird 1577 doch nicht weniger lebendig gewesen sein als 1572? Warum vertraten Brüssel, Gent und andere Städte mit ihren Achtzehn Männern trotzdem eine so stark polarisierende Politik? Die Erinnerung an das Jahr 1566 scheint die Calvinisten eher ermuntert als gebremst zu haben. Unter Albas Herrschaft war in den königlichen Niederlanden an einen militärischen Widerstand gar nicht zu denken gewesen. Nun, da das strenge Regime des Generalstatthalters entfiel, entlud sich die angesammelte Wut. Zurückgekehrte Calvinisten griffen gemeinsam mit denen, die in vielen Städten Flanderns und einigen Städten von Brabant ihrem Glauben im Verborgenen treu geblieben waren, zu denselben radikalen Maßnahmen wie 1566. Wie schon damals waren es die Katholiken zu sehr gewohnt, die Politik ihren geistlichen und politischen Führern zu überlassen, um Widerstand zu leisten. Die flämischen Städte, die ihren Achtzehn Männern unterstanden, zahlten der Zentralregierung in Brüssel kaum noch Steuern, weil sie das Geld für ihre eigene Verteidigung gebrauchen wollten. Dennoch sollten sie den Armeen von Don Juan und Parma nicht gewachsen sein.

Die Unionen von Arras und Utrecht

Im äußersten Südwesten der Niederlande lagen die Provinzen Artois und Hennegau (siehe Karte S. 6). Im Vergleich zu Brabant und Flandern, Holland und Seeland waren die Städte dort nicht dominant. Von alters her besaß hier der Adel die Macht, er stellte vor allem die Befehlshaber der königlichen Armee. Im Hennegau war die Hauptstadt Mons die einzige Vertreterin des Bürgertums in den Ständen. In Artois gab es nur drei Städte: Arras, Béthune und St. Omer. Am 1. März 1578 beantragten die vom Adel beherrschten Stände von Artois, mit Don Juan Frieden zu schließen, was am 6. März von den Ständen Hennegaus unterstützt wurde. Die Bevölkerung von Béthune, Aire, St. Omer und Douai war damit nicht einverstanden und protestierte sofort, kam aber gegen das Übergewicht des Adels nicht an.[177] Nach dem Vorbild der Ereignisse in Flandern riss auch in Arras eine Minderheit fanatischer Calvinisten die Macht in der Stadt an sich. Sie hissten als Zeichen ihrer politischen Überzeugung die orange-weiß-blaue Flagge. Ihr Volksrat bestand nicht aus achtzehn Männern, sie nannten sich *les quinze*, die »Fünfzehn«.

Während der Unruhen unter Philipp II. hatte sich auch der Adel aus Artois und Hennegau am Adelsverbund beteiligt. Nach Albas Ankunft 1567 aber hatten sie entweder das Weite gesucht oder sich angepasst. Die zurückgebliebene Gruppe war daher in religiöser und politischer Hinsicht sehr viel homogener; die radikalen Elemente waren verschwunden, und die Befürworter einer Wiedervereinigung mit Krone und Altar waren sich einig. Der Dienst für die Krone in Verwaltungsämtern oder militärischen Funktionen stellte oft ihre wichtigste, wenn nicht gar einzige Einkommensquelle dar. Die standesbewussten katholischen Adligen störten sich an dem militanten Auftreten der calvinistischen Bürger in Gent. Die unzufriedenen Adligen, die sogenannten *Malcontenten* waren lieber Herren als Knechte und beschlossen, zur Tat zu schreiten. Die Stände des Hennegaus stellten sich gegen die »mehr als barbarische Brutalität und Tyrannei der Sektierer und ihrer Anhänger, welche sogar noch die der Spanier übertrifft«.[178] Die Malcontenten machten der calvinistischen Herrschaft in Arras ein Ende und ließen die Anführer aufs Schafott bringen. Das war ein Sieg des Adels und des wohlhabenden Bürgertums. Am 6. Januar 1579 schlossen das Artois und Hennegau in Arras eine katholische Union.

Die Union von Arras war vor allem das, eine *katholische* Union, eine Ergänzung zur Ersten Union von Brüssel. Vier Monate später, am 17. Mai 1578, versöhnten sich Artois und Hennegau im Frieden von Arras mit dem König. Mit diesem Frieden setzten sie das politische Programm um, das im großen Ganzen mit dem alten Aufstandsideal der sechziger Jahre übereinstimmte: Die fremden Truppen mussten das Land verlassen, der König sollte in Absprache mit dem Adel regieren und Parma durch einen Fürsten von Geblüt ersetzt werden. Die Union von Arras war also kein »Landesverrat« an der gemeinsamen politischen Sache. Aber über freie Religionsausübung für Protestanten war mit der Union von Arras nicht zu reden. Im ebenfalls französischsprachigen Tournai mit seinem Umland war die soziale Lage genau umgekehrt. In dieser Stadt gaben die Bürger den Ton an. Das hatte zur Folge, dass die Befürworter einer Versöhnung mit dem König – die ländlichen Gebiete und der Klerus – hier den Kürzeren zogen und Tournai auf der Seite des Aufstands blieb. Die französische Sprache war für sie kein Grund, sich der Union von Arras anzuschließen. Tournai gab sich erst geschlagen, nachdem die Stadt von Parma erobert worden war.[179]

In den protestantischen Provinzen Holland und Seeland lagen die Dinge in gewisser Hinsicht einfacher, weil die Stadtverwaltungen dort alle Fäden fest in der Hand hielten. Es gab keine führende Rolle oder Opposition des Adels wie in Artois und Hennegau. Die Städte in Holland und Seeland kannten auch nicht den Neid, wie er in Flandern und Brabant unter den Städten bestand. Die Mitglieder der Stadtverwaltungen waren Reformierte, die den Calvinismus gewissermaßen kanalisiert hatten und jeden Glaubensfanatismus ablehnten. Wiedertäufer und Katholiken wurden geduldet, ohne dass sie dazu gedrängt wurden, ihren Glauben abzulegen.

In vielen Städten auch nördlich der großen Flüsse sympathisierten noch viele Menschen mit der katholischen Kirche und dem König.[180] Im Kampf gegen die Spanier war die Schweiz möglicherweise ein Vorbild. Dort hatten protestantische und katholische Kantone sich zu einem Militärbund, der Eidgenossenschaft, zusammengeschlossen, während jeder Kanton seine sonstigen Angelegenheiten, wozu auch die Religion zählte, selbst regelte. So entstand noch im selben Monat wie die Union von Arras die Union von Utrecht.

Die Initiative dazu ergriff Johann von Nassau, der von 1577 bis 1580 Statthalter der Provinz Gelderland war. In der Union vereinigten sich

Gelderland, Holland, Seeland, Utrecht und Friesland. Einige große Städte Brabants und Flanderns schlossen sich ebenfalls an. Die Union ließ vieles im Ungewissen; über den König wurde nicht gesprochen und auch über die katholische Religion schwieg der Unionsvertrag sich aus. Jedes Gewest sollte selbst entscheiden, welche Bestimmungen auf religiösem Gebiet gelten sollten, solange niemand um seines Glaubens willen verfolgt wurde. Der Prinz von Oranien war eigentlich gegen die Union, weil sie abwich vom alten Ideal, alle niederländischen Territorien im Kampf gegen Spanien zu vereinen. Erst am 3. Mai 1579 unterschrieb er in Antwerpen eine formelle Beitrittserklärung. Auch Overijssel schloss sich auf diese Weise der Union an. Damit gab es also Gebiete unterschiedlicher Art: die königstreu gebliebenen Provinzen Luxemburg, Limburg und Namur; die katholische Union von Arras; die auf dem Papier neutrale, in der Praxis aber protestantische Union von Utrecht; und eine Anzahl von Städten in Brabant und Flandern, die formal keinen der beiden Verträge unterschrieben hatten. Die Union von Utrecht und die aufständischen Städte kamen jedoch schon bald zu einer Einigung.[181]

Parma

Die Existenz einer Wahlmöglichkeit ist immer sehr misslich für die Neutralen, die nicht wählen wollen, weil sie dann zu einer Entscheidung gezwungen sind. Deshalb gingen die Generalstände auf das Angebot von Kaiser Rudolf II. ein, in Köln über einen Friedensvertrag zu verhandeln. Die Gespräche begannen im Mai 1579. Unterdessen war Don Juan am 1. Oktober 1578 unerwartet an der Pest gestorben. Er hatte Parma zu seinem Nachfolger bestimmt. Parma war ein zuvorkommender Edelmann, der ebenso wie Wilhelm von Oranien mit Menschen umgehen konnte. Als gewiefter Politiker besaß er eine Geduld, die Don Juan nie hatte aufbringen können. Parma war ein hervorragender Feldherr, obwohl auch er sich regelmäßig zum Stillhalten verurteilt sah, wenn die spanischen Millionen ausblieben. Im Juni 1579 eroberte er die Stadt Maastricht. Das versetzte dem Ansehen des Prinzen von Oranien einen empfindlichen Schlag, weil ihm in der öffentlichen Meinung die Schuld daran gegeben wurde – als derjenige mit dem größten Einfluss auf die Generalstände hätte er die Stadt befreien müssen. Der Erfolg von Maastricht sowie die Rückkehr der Union von Arras unter die Autorität des Königs veranlassten die königliche Partei in Köln, weitreichende Friedensbedingungen zu stellen. Wieder sollten alle Protestanten das Land verlassen (wenngleich ihnen dazu etwas Zeit gelassen wurde), und in politischer Hinsicht wollte man zur Situation des Jahres 1559 zurückkehren, also den Einfluss der Niederländer auf die königliche Regierung auf ein Mindestmaß beschränken.[182] Auch die spanische Partei erwartete nicht, dass die Aufständischen darauf eingehen würden, aber sie hoffte, dass wenigstens einige andere Adlige, Städte oder Provinzen das Lager des Aufstands verlassen würden.

In gewissem Sinne geschah dies auch im März 1580, als der Statthalter der nördlichen Provinzen, Georges de Lalaing, Graf von Rennenberg, es seinen katholischen Verwandten im Süden gleichtat und sich zur Aussöhnung mit dem König entschied. 1576, im Jahr des allgemeinen Aufstands gegen Spanien, war er in den Dienst der Generalstände getreten und ein Jahr später Statthalter von Friesland, Groningen und Drenthe geworden. Noch 1578 hatte er Kampen und Deventer von den Spaniern zurückerobert. Als sich seine Verwandten aber mit dem König aussöhnten, suchte auch er den Weg zurück zur Krone. So wie seine Verwandten im Süden sich an der calvinistischen Expansion in Flandern störten, hatte er Anstoß daran genommen, dass der übereifrige Johann von Nassau versuchte, Gelderland zum Calvinismus zu zwingen. Die katholische Bevölkerung von Groningen stand auf Rennenbergs Seite, sodass sich Stadt und Umland am 3. März Philipp II. unterwarfen. Die Aufständischen, gewarnt durch Rennenbergs Empfänglichkeit für Parmas Angebote, hatten Friesland rechtzeitig wieder unter ihre Kontrolle gebracht. Durch Rennenbergs Eroberung von Coevorden und Oldenzaal sollten den Aufständischen große Teile von Drenthe und Overijssel verlorengehen. Als er im Juli 1581 überraschend starb, ernannte Parma Francisco Verdugo zu seinem Nachfolger, einen unerbittlichen spanischen Militär, der allerdings durch seine Heirat mit einer unehelichen Tochter des Grafen von Mansfeld wenigstens halb als jemand aus dem eigenen Land betrachtet wurde. Er hatte schon 1557 bei St. Quentin gedient und sollte sich in der königlichen Verwaltung der nördlichen Geweste außerordentlich bewähren.[183]

Für Parma sollte es vorläufig bei diesen Erfolgen bleiben. Wieder einmal änderten sich nämlich die Bedingungen, weil Philipp 1580 und 1581 der Eroberung von Portugal den Vorrang gab. Statt Parmas Offensive zu unterstützen, ging er jetzt auf den Vorschlag Granvelles ein, Wilhelm von Oranien für vogelfrei zu erklären. Im sogenannten Bannedikt wurde der Prinz aller denkbaren Schandtaten bezichtigt. Er

Porträt Wilhelms von Oranien aus dem Jahr 1578 mit seinem Wahlspruch *Je maintiendray*, Ich bleibe fest.

sei ein Gottesleugner, Bigamist und Trunkenbold, der die Niederlande seinem eigenen Ehrgeiz geopfert habe und ohne den längst wieder Friede zwischen dem König und den Niederlanden herrschen würde. Für Parma war die Ächtung Wilhelms von Oranien kein ritterliches Mittel im Kampf. Er war gegen diese Maßnahme und schob sie so lange wie möglich hinaus. Den auf den 15. März 1580 datierten Bann gab er erst am 15. Juli öffentlich bekannt.[184] Als Antwort auf das Bannedikt schrieben Oraniens Mitstreiter in Zusammenarbeit mit dem Prinzen dessen *Apologie* oder Rechtfertigung. Diese *Apologie* war eine ebensolche Schmähschrift wie der Bann und diente in erster Linie der Propaganda. In ihr sollten zwar die Handlungsweisen des Prinzen gerechtfertigt werden, aber bei der Beschreibung der Gegenpartei nahmen es die Verfasser nicht besonders genau. Die *Apologie* malte Spanien, die Spanier und die spanische Herrschaft in den schwärzesten Farben. König Philipp und Herzog von Alba waren Tyrannen, die es ausschließlich auf den Untergang der Niederlande abgesehen hatten. Der Prinz ließ sich in der *Apologie* von seinen antispanischen Gefühlen mitreißen. Aber schließlich war in einer Propagandaschrift gegen den Feind mitten im Krieg kein Platz für Differenzierungen, und schon gar nicht für die Anerkennung irgendeines Rechts der Gegenseite. Vielmehr sollte die in der *Apologie* verbreitete antispanische Gesinnung alle Niederländer, die noch zögerten, auf ihre Seite ziehen und sie dazu bewegen, dem spanischen König den Gehorsam aufzukündigen. Dass es selbst bei den Generalständen solche Zweifler gab, ergibt sich aus der Tatsache, dass sie die *Apologie* nicht unter ihrer Verantwortung herausgeben wollten. Schließlich erschien die Schrift in vier Sprachen im Namen der holländischen Stände, die dem Prinzen auch eine Leibwache zur Seite stellten.[185] Der Prinz schloss die *Apologie* mit seiner Devise: Ich bleibe fest, *Je maintiendray*. Ursprünglich lautete sein Spruch: *Je maintiendray Nassau*, was bedeutete, dass er seiner Ehre, seinem Geschlecht und seinem Besitz treu sein wollte. Nach und nach ließ er »Nassau« immer häufiger weg, beispielsweise auf dem Porträt aus dem Jahr 1578. In späteren Jahren benutzte er den Spruch in einem weiter gefassten Sinn, zum Beispiel in einem Brief an die Stände von Holland, der mit den Worten endete »*Ce qui par vous sera résolu, je le maintiendrai*«, »Ich werde an dem festhalten, was ihr beschließen werdet«. In dieser erweiterten Bedeutung wurde der Satz das Motto auf dem Wappen des späteren Königreichs der Niederlande.

Parmas Erfolg im Jahre 1579 war paradoxerweise der Grund dafür, dass er 1580 auf der Stelle trat. Im Vertrag von Arras hatte er versprechen müssen, die ausländischen Truppen aus dem Land zu schicken, und er besaß den politischen und militärischen Mut, dieses Versprechen im April 1580 auch einzulösen. Philipp kam dies gelegen, weil er die 5500 Spanier sofort zur Eroberung Portugals einsetzen konnte.[186]

Das Reformationsdenkmal in Genf. Das Relief mit der Versammlung der Generalstaaten, in der Philipp als Landesherr »verlassen« wird. Rechts vom Relief ein französisches Zitat aus einem Brief Wilhelms von Oranien an die Stände von Holland, das mit den Worten endet: »Ich werde an dem festhalten, was ihr beschließen werdet.« *(Ce qui par vous sera résolu, je le maintiendrai.)*

Auch die italienischen Truppen schickte Parma fort, und die Deutschen entließ er, sodass ihm tatsächlich nur eine Armee mit ausschließlich niederländischen, meist wallonischen Truppen blieb. Da 1580 und 1581 wegen der Eroberung Portugals jede finanzielle Unterstützung ausblieb, konnte Parma in diesen zwei Jahren keine großen Unternehmungen wagen. Erst am 29. November 1581 ergab sich Tournai nach langer Belagerung,[187] aber der Überfall auf Bergen op Zoom eine Woche später wurde vereitelt. Zwei Jahre ging es hin und her, bis Adel und Stände der Union von Arras einsahen, dass sie den Aufständischen ohne ausländische Truppen nicht gewachsen waren. Zu Parmas Verwunderung baten sie selbst um die Rückkehr der spanischen und italienischen Regimenter.

Wilhelm von Oraniens französische Politik

Zugleich hatten auch die Generalstände Hilfe aus dem Ausland gesucht. Am 29. September 1580 unterzeichneten sie einen Vertrag mit dem Herzog von Anjou, dem Bruder des französischen Königs Heinrich III. Anjou erhielt den pompösen Titel »Verteidiger der Freiheiten der Niederlande« und sollte mit 10 000 Mann militärische Hilfe leisten. Um Anjou die Souveränität zu übertragen, mussten die Stände zuerst Philipp den Gehorsam aufkündigen. Dies geschah am

22. Juli 1581. Man »verließ«, wie der richtige Ausdruck lauten muss, mit einer Urkunde, der *Acte van Verlatinghe*, offiziell den König als Landesherrn. Die Stände haben dem König also nicht mit einem Eid abgeschworen, wie eine hartnäckige Fabel aus dem 18. Jahrhundert glauben machen will. Es handelte sich um einen Beschluss, der in einer ganz normalen Sitzung der Generalstände ohne großes Spektakel getroffen wurde. Es dauerte über ein Jahr, bevor Anjou am 10. Februar 1582 in Vlissingen eintraf, der Stadt, aus der der rechtmäßige Landesherr Philipp II. 23 Jahre zuvor für immer nach Spanien abgereist war. Mit einem Kniefall erkannte Wilhelm von Oranien als Erster Franz von Anjou als neuen Souverän an, und am 19. Februar fand in Antwerpen die Ernennung Anjous zum Herzog von Brabant statt. Diese französische Politik kam nicht gerade gut an. Traditionell waren die Franzosen schließlich die Feinde und Anjou ein Fürst, der religiösen Fragen gleichgültig gegenüberstand und nur auf seinen eigenen Vorteil bedacht war. Er galt als unzuverlässiger Bursche, der reichlich von der Puderdose Gebrauch machen musste, um die Spuren seines lasterhaften Lebenswandels zu überdecken. Die Holländer und Seeländer wollten ohnehin überhaupt nichts von einem katholischen Landesherrn wissen. Sie hatten bereits 1575 Wilhelm von Oranien als »Hohe Obrigkeit« anerkannt und verlangten für sich nun eine Ausnahmeregelung. Um Anjou fernzuhalten, drängten sie Wilhelm, selbst den Grafentitel – also die Souveränität über die Grafschaft Holland – anzunehmen, was der Prinz zu dem Zeitpunkt noch ablehnte. Als am 18. März 1582 ein Anschlag auf den Prinzen verübt wurde, war man deshalb allgemein davon überzeugt, dass Anjou dahintersteckte. Aber es war Juan Jauregui, ein baskischer Katholik, der dem Prinzen durch den Kiefer geschossen hatte. Die Wunde wollte nicht heilen und es dauerte Monate, bis der Prinz wieder gesund war, Monate, in denen Anjou sich nicht zu zeigen wagte. Für Oraniens Ehefrau, Charlotte de Bourbon, waren diese Monate so kräftezehrend, dass nicht Wilhelm, sondern sie selbst am 5. Mai 1582 starb.

Im Sommer ging Parma wieder zur Offensive über. Er hatte seine spanischen Elitetruppen zurückerhalten und nahm am 4. Juli die Stadt Oudenaarde ein.[188] Fast wäre ihm ein kühner Angriff auf Gent gelungen, während sich Oranien und Anjou gerade in der Stadt aufhielten, als dieser dort zum Grafen von Flandern ernannt werden sollte. Als im Herbst endlich die lang erwartete französische Hilfsarmee in die Niederlande einrückte, schien sich das Kriegsglück vollkommen zu wenden. Es hatte den Anschein, als würde Oraniens französische Politik endlich

Eine symbolische Darstellung, wie Philipp II. als Landesherr »verlassen« wird: In dem ansonsten leeren Versammlungssaal der Generalstände steht ein Herold mit den Wappen der Provinzen. Nicht sieben, wie sonst üblich, sondern acht: die Grafschaft Zutphen, normalerweise zum Herzogtum Gelderland gehörend, ist hier extra aufgeführt.

Früchte tragen: eine konkrete Unterstützung von 10 000 Mann, darunter erprobte Schweizer, im Kampf gegen Parmas Armee und möglicherweise sogar ein baldiger Krieg zwischen Frankreich und Spanien. Genauso sah es Parma auch und war sich seiner plötzlichen Unterlegenheit bewusst. Noch am 8. Januar 1583 schrieb er dem König, dass Land und Religion ohne sofortige finanzielle Zuwendungen für die Krone verloren seien.[189]

Eine völlig überraschende neue Taktik Anjous und der französischen Truppen befreite die Spanier aus der Not. Der Herzog war seiner untergeordneten Funktion überdrüssig und fasste den Plan, Antwerpen sowie einige andere flämische Städte zu erobern, um sich danach zum Herrn und Meister des Landes aufzuwerfen und dann mit Parma abzurechnen. Eine andere Reihenfolge gab es für ihn wohl nicht. Die Einwohner Antwerpens waren im letzten Augenblick gewarnt worden und verpassten den verblüfften Franzosen am Morgen des 18. Januar 1583 einen ordentlichen Denkzettel. Während der sogenannten »Französischen Furie« starben mehr Franzosen als Antwerpener, doch brachte diese Auseinandersetzung Oraniens französische Politik noch mehr in Verruf. Trotzdem setzte sich Wilhelm für eine förmliche Aussöhnung mit Anjou ein, selbst als dieser im Juni 1583 endgültig die Niederlande verließ. Der Prinz hoffte weiterhin auf eine französische Intervention und heiratete im April 1583 Louise de Coligny, die Tochter des Admirals de Coligny, jenes französischen Hugenottenführers, der in der Bartholomäusnacht ermordet worden war. Sie wurde die Mutter des späteren Statthalters Friedrich Heinrich. Während im Lager der Generalstände noch Verwirrung herrschte, riss Parma die Initiative wieder an sich und gab sie in den nächsten Jahren auch nicht mehr aus der Hand. Im Juli 1583 eroberte er fast alle Ortschaften an der flämischen Küste, ein Vorspiel zur Belagerung der großen Städte Ypern, Brügge und Gent. Die Überrumpelung von Zutphen im September 1583 zeigte, dass er entschlossen war, seine Eroberungen auch im Norden tatkräftig fortzusetzen.

Oraniens Tod

Die auf Frankreich ausgerichtete Politik hatte den Prinzen nach dem Debakel mit Anjou politisch isoliert. Zwar teilten verschiedene Anhänger seine Meinung, der Aufstand könne nur mit ausländischer Hilfe gerettet werden, doch die Kritik herrschte vor. Selbst die langjährige Unterstützung Johanns von Nassau entfiel nun. Der Prinz schien sich jedoch durch nichts von seiner Strategie abbringen zu lassen und schrieb entschlossen an seinen Bruder, er halte jene Politik für die beste, die vom Gegner am meisten gefürchtet würde. Und Spanien würde am meisten einen zunehmenden Einfluss Frankreichs in den Niederlanden fürchten.[190] Nach Anjous Verschwinden verhandelten Wilhelm von Oranien und die Stände von Holland noch einmal darüber, Oranien selbst die Souveränität zu übertragen. Die Stände würden ihn

Wilhelm von Oranien mit seinen letzten Worten (Mon Dieu, ayez pitié de mon âme, Mon Dieu ayez pitié de ce pauvre peuple! / Mein Gott, hab Erbarmen mit meiner Seele, Mein Gott hab Erbarmen mit diesem armen Volk!).

unter sehr einschränkenden Bedingungen zum Grafen erheben. Am 12. Dezember 1583 stimmte Oranien zu.[191] Die Verhandlungen zogen sich noch bis zum Juni hin, weil Amsterdam und Gouda Bedenken anmeldeten.[192] Letztlich kam die Ernennung Wilhelms von Oraniens zum Grafen doch nicht zustande, und zwar nicht, weil der Prinz zuvor ermordet wurde, sondern weil am 10. Juni 1584 der Herzog von

Anjou starb. Daraufhin beschlossen Oranien und die Generalstände, dem französischen König die Souveränität anzubieten, wozu auf der Stelle eine Delegation nach Paris aufbrach. Und die Souveränität über das begrenzte Gebiet des Aufstands wäre natürlich weniger reizvoll gewesen, wenn die Grafenwürde über Holland bereits in Händen Wilhelms von Oranien gelegen wäre.[193] Der französische König lehnte jedoch ab, und danach wurde durch die Ermordung Wilhelms von Oranien jede weitere Diskussion über ein Anbieten des Grafentitels hinfällig.

Balthasar Gérard aus der Freigrafschaft Burgund hatte sich vorgenommen, den Prinzen von Oranien zu ermorden, um ein gottgefälliges Werk zu verrichten. Nach sorgfältiger Vorbereitung gelang es ihm, zum Prinzen vorzudringen und ihn am 10. Juli 1584 im Treppenhaus des Delfter Prinzenhofs niederzuschießen. In die Brust getroffen brach der Prinz zusammen und soll gesagt haben: *Mon Dieu, Mon dieu, ayez pitié de moi et de ce pauvre peuple.* »Mein Gott, mein Gott, hab Erbarmen mit mir und diesem armen Volk«. Seine Schwester Katharina fragte ihn, ob er seinen Geist in die Hände Jesu Christi legen wolle, worauf der Prinz mit »Ja« antwortete und verschied.

Für die letzten Worte des Prinzen gilt, was für alle »letzten Worte« gilt: Man sollte sie nur unter Vorbehalt für echt halten. Die Worte können ihm zugeschrieben sein, weil sie propagandistischen Wert haben. Sie wollen glauben machen, dass der Prinz bis an sein Ende eher an das Volk als an sich selbst gedacht hat und dass er als gläubiger Mensch gestorben ist. Auf den Rahmen eines der vielen Porträts des Prinzen sind diese Worte gemalt (Abb. S. 134). Es wurde auf die Übereinstimmung dieser Worte mit früheren Äußerungen und Schriften Wilhelms von Oranien hingewiesen.[194] Tatsächlich stimmen sie inhaltlich ungefähr mit den Schlusssätzen der *Apologie* überein. Dennoch muss das kein Beweis für die Authentizität des Gesprochenen sein, denn die Hofprediger und Texteschreiber waren auch an der *Apologie* beteiligt. Könnte das nicht auch hier der Fall sein? Ein Argument für ihre Authentizität liegt vielleicht in der Tatsache, dass für eine Fälschung kaum Zeit blieb. Wenige Stunden nach dem Mord fand – ebenfalls in Delft – die Versammlung der Generalstände statt. Die Worte des Prinzen wurden im Sitzungsprotokoll vermerkt. Man kann wohl ausschließen, dass die vielköpfige Ständeversammlung die Worte selbst erfunden haben könnte. Es gab in den Jahren so viel Kritik an Wilhelm von Oranien, dass seine Gegner sicher nichts hätten beschönigen wollen. Aber absolute Gewissheit wird man diesbezüglich

Das einfache Grab Wilhelm von Oraniens in der Nieuwe Kerk in Delft.

wohl nie erhalten. Auf beiden Seiten wird auch hier der Wunsch der Vater des Gedankens sein.[195]

Im Allgemeinen ist der Ausdruck *pater patriae*, »Vater des Vaterlandes«, ein klassischer Gemeinplatz, mit dem fast jeder Fürst bedacht wurde, der einige Jahre an der Regierung geblieben war. Schon 1558, als Philipp II. erst drei Jahre regiert hatte, stand unter seinem Porträt in einem der Kirchenfenster der Sint Janskerk in Gouda p.p., also *pater patriae*. Dass man auch Wilhelm von Oranien Vater des Vaterlandes genannt hat, muss vor allem in dieser humanistischen Tradition gesehen werden. An zweiter Stelle spielt hier das ganz normale Gemeinschaftsgefühl der einfachen Bevölkerung mit. So sprachen die Bewohner von Nordholland von »Vater Wilhelm«, als der Prinz 1577 eine Rundreise durch die ländlichen Gebiete machte.[196]

Letztlich hat sich die Bezeichnung »Vater des Vaterlandes« auch in der Geschichtsschreibung – insbesondere in populärwissenschaftlichen Darstellungen – erhalten. Doch die protestantische nordniederländische Republik war nicht das Vaterland, das Wilhelm von Oranien vorgeschwebt hatte, weder in geografischer noch in religiöser Hinsicht. Geografisch gesehen umfasste das Gebiet, das seine Anhänger beherrschten, nicht einmal die Hälfte der Niederlande. Und auch ideologisch stimmte es nur teilweise mit seinem Ideal überein. Die Gewissensfreiheit wurde dort zwar zugesichert, aber für sein Ideal der Religionsfreiheit waren seine Zeitgenossen nicht offen gewesen. Das wirkliche Vaterland bestand aus der Gesamtheit der Niederlande, wie Karl V. sie Philipp II. hinterlassen hatte – diesem Vaterland hatte der Prinz von Oranien gedient, in der Armee des Kaisers und im Ständerat zu Brüssel.

Alexander Farnese, Prinz, später Herzog von Parma,
Landvogt der Niederlande 1578–1592.

6 Ein Angriffskrieg

Das eine Niederland gegen das andere ▸ 1584–1609

Der Fall von Antwerpen

Der belgische Historiker Henri Pirenne nannte die Ermordung Wilhelms von Oranien ein sinnloses Verbrechen.[197] Schließlich war der Prinz in seinen letzten Jahren ohnehin nicht mehr in der Lage gewesen, Parmas Vormarsch aufzuhalten. Nach sechsmonatiger Belagerung eroberte Parma am 7. April 1584 die Stadt Ypern. Einen Monat später schloss er Brügge ein. Die Stadt wartete nicht einmal den ersten Angriff ab, um zu kapitulieren. Jeder Stadt, die sich ergab, wurden ehrenvolle, sogar günstige Bedingungen angeboten. Anfangs hatte sich auch Parma für ein hartes Vorgehen entschieden. Dabei war seine Strategie vor allem wirtschaftlich begründet. Da er weder über das nötige Geld noch über genügend Truppen verfügte, um alle Städte zu belagern, befahl er seiner Reiterei, die Landbevölkerung zu vertreiben. Nun waren die Städter von der Nahrungszufuhr abgeschnitten und mussten dazu noch die Vertriebenen versorgen. Durch Blockaden waren die Städte gezwungen, sich schneller zu ergeben.[198] 1578 hatte Parma das Städtchen Zichem erobert, das zu Diest gehörte, ein Besitztum der Oranier. Dort ließ er alle Männer ermorden.[199] Im Juni 1579, bei der Eroberung von Maastricht, plünderten und mordeten Parmas Männer ein letztes Mal, vielleicht auch, weil Parma zu der Zeit krank im Bett lag. Danach blieben alle Städte von solchen Gräueltaten verschont. Allen ehemaligen Gegnern wurde Amnestie gewährt. Den Protestanten, die nicht in den Schoß der Mutterkirche zurückkehren wollten, gewährte Parma ausreichend Zeit – mehrere Jahre sogar –, um ihr Hab und Gut zu verkaufen und das Land zu verlassen. Es war also eine unbarmherzige religiöse Säuberung, doch die größtenteils noch katholischen Städte empfanden es als Balsam auf ihre Wunden. Nach der Eroberung von Dendermonde und Vilvoorde kapitulierte Gent am 17. September 1584. Die Stadt beherbergte außer ihren 40 000 Einwohnern jetzt zusätzlich 20 000 Flüchtlinge. Danach zog Parma zu den großen Städten in Brabant. Am 28. Februar 1585 begannen seine

Parma kniet vor der Heiligen Jungfrau, der er die Einnahme von Antwerpen weiht. Tympanon aus dem Jahr 1869 an der Kirche von Gaverland in Melsele (Beveren).

Unterhandlungen mit Brüssel. Zehn Tage reichten aus, um die Hauptstadt wieder für den König zurückzugewinnen.

Parmas Meisterstück als Politiker und Stratege blieb jedoch die Einnahme von Antwerpen. Parma schlug sein Hauptquartier in Beveren auf, im Waasland, westlich der Scheldestadt. Dort erinnert ein Relief an der Außenmauer einer der kleinen Kirchen daran, wie er die Einnahme der Stadt der Jungfrau Maria geweiht hat. Allerdings war Parmas Nachgiebigkeit in Hinsicht auf die Religion ausschließlich politisch motiviert. Mit unbelehrbaren Protestanten machte er kurzen Prozess. So ließ er in Beveren den Prediger Johannes Florianus in einem Brunnen ertränken.[200] Ebenso wie bei früheren Belagerungen hatte er erstklassige Ingenieure mitgebracht, die mit ihrem technischen Können die Voraussetzung für die eigentlichen Militäraktionen schufen. Eine geniale Schiffsbrücke riegelte die Schelde im Norden der Stadt ab und verhinderte eine Versorgung der Belagerten mit Munition und Lebensmitteln. Man hatte zwar einen Teil des Landes unter Wasser gesetzt, aber das Wasser stand längst nicht überall hoch genug. Und so wurden die Deiche zum Schauplatz oft erbitterter Kämpfe. Der heftigste fand auf dem Kouwensteiner Deich statt, den man auf Oraniens Geheiß hatte durchstechen sollen, sodass von Antwerpen aus eine offene Verbindung zu Seeland entstehen würde und die Stadt dadurch nicht eingeschlossen werden könnte. Aber die Antwerpener Metzger, die dort ihre Rinder weiden ließen, hatten das verhindert. Als im Kampf um diesen Deich die Königlichen unter Parmas Führung nach heftigen Gefechten siegten, war auch das Schicksal der Stadt besiegelt.

Parmas Erfolg bewirkte bei Königin Elisabeth von England eine politische Kehrtwende. Seit Don Juan ernsthaft geplant hatte, sie vom Thron zu stürzen, und Spanien auch bei anderen Komplotten gegen sie die Hand im Spiel hatte, wollte sie die Macht der Spanier in den Niederlanden nicht allzu groß werden lassen. Deshalb beunruhigte sie Parmas Vormarsch. Zwar lehnte sie höflich ab, als man ihr die Souveränität über die aufständischen Provinzen anbot, schickte aber ihren Günstling, den Grafen von Leicester, mit einer Streitmacht von 8 000 Mann zur Unterstützung der Aufständischen. Dafür verlangte sie mehrere Stützpunkte als Pfand: den Briel in Südholland und Vlissingen sowie die Festung Rammekens auf Walcheren in Seeland.[201] Schon zu Elisabeths Zeit verglich man Antwerpen mit einer Pistole, die auf Englands Brust gerichtet war. Deshalb war es kein Wunder, dass sie die Garantien für eine Rückzahlung ihrer Unkosten dort wählte, wo sie sich – falls die Lage brenzlig werden sollte – gegen einen Angriff aus Antwerpen verteidigen konnte. Allerdings legten sich die Seeländer in den Verhandlungen quer, sodass die endlich eintreffende englische Hilfe für Antwerpen zu spät kam.[202] Am 17. August 1585 hatte die Stadt unter großzügigen Bedingungen kapituliert. Die Frage bleibt offen, ob die Seeländer die Vereinbarung mit England absichtlich hinausgezögert haben, damit Antwerpen Parma in die Hände fiel. Jedenfalls hatten sie nun freie Hand, den Handel der Stadt weiterhin zu behindern. Gerade hier hätte jetzt die Autorität eines Statthalters wie Wilhelm von Oranien von ausschlaggebender Bedeutung sein und möglicherweise einen Ausweg schaffen können.

Im Vertrag der Union von Utrecht hatte man die Institution des Statthalters beibehalten. Man hielt es für notwendig, eine Person zu haben, die über dem Gezänk innerhalb eines Gewests stand und auch die Konflikte zwischen den einzelnen Gewesten schlichten konnte. Ein Jahr nach Oraniens Tod setzte sich Johan van Oldenbarnevelt, Pensionär von Rotterdam, für die Ernennung von Prinz Moritz, Oraniens zweitem Sohn, zum Statthalter von Holland und Seeland ein. Seine Ernennung fand am 13. November 1585 statt, seinem 18. Geburtstag. Am 16. März 1586 wurde Oldenbarnevelt zum Landesadvokaten von

Holland ernannt, ein Amt, das nach ihm den Titel Ratpensionär erhielt. Oldenbarnevelt war da 39 Jahre alt, was auch für dieses Amt sehr jung war. Moritz und Oldenbarnevelt sollten verhindern, dass sich der englische Generalstatthalter allzu sehr in die inneren Angelegenheiten der Union einmischte. Ihrer Meinung nach hatte sich Leicester nur um die militärische Verteidigung der nördlichen Verbündeten zu kümmern.

Als Generalgouverneur machte Leicester keine gute Figur, auch wenn er mit den besten Absichten kam.[203] Seine Eitelkeit und die Tatsache, dass er kein Französisch sprach, sondern Italienisch – Englisch sprach damals niemand in den Nieder-Landen –, waren im Umgang mit ihm ein zwar lästiges, aber kein unüberwindliches Hindernis. Misslicher war, dass er eine rigide calvinistische Politik führen wollte und Utrecht als Regierungssitz wählte. Wie sollte er auch verstehen, dass der Kampf zwar zum Teil für den protestantischen Glauben geführt, die Politik aber andererseits von Holland bestimmt wurde, das diesem Protestantismus nicht allzu viele Zugeständnisse machen wollte. Als Calvinist dachte Leicester außerdem, er könne den Krieg dadurch beenden, dass er den Handel mit dem Feind verbot. Das scheinbar Absurde an diesem Handel mit dem Feind war aber gerade, dass der Krieg mit diversen Steuern, vor allem aber mit den Einnahmen aus den Konvoi- und Lizenzgeldern finanziert wurde. Darüber hinaus hatte Leicester keine glückliche Hand bei der Wahl seiner politischen Berater und Mitarbeiter. Er entschied sich für einige fanatische Flamen, die für die Bewohner der nördlichen Gebiete Fremde waren und von denen einige – noch schlimmer – Unterschlagungen begangen hatten. Auch fiel unangenehm auf, dass man im Kreise dieser Flamen auf die bürgerliche holländische Regierung herabsah. Geringschätzig titulierten sie die holländischen Regenten als »die souveränen Herren Hans Pfefferscheißer, H. Korbträger, H. Käsehändler, H. Müller«.[204] Auch Lord Willoughby, der Nachfolger Leicesters als Befehlshaber der englischen Truppen, sah voller Geringschätzung auf die Bürger herab. Lieber ein Stallbursche bei Königin Elisabeth als Hauptmann im Dienste eines Bürgerregimes, so meinte er.[205]

Dann beging Leicester den Fehler, über ein halbes Jahr abwesend zu sein, sodass der Staatsrat keine Entscheidungen treffen konnte. Hinzu kam noch, dass 1587 durch den Verrat englischer und irischer Offiziere die Stadt Deventer und die Schanzen bei Zutphen verlorengingen. Zwar brachte Leicester eine Armee mit, als er nach Vlissingen zurückkehrte, aber auf der anderen Seite der Schelde eroberte Parma die Hafenstadt Sluis, um den Empfang der erwarteten Armada aus Spanien vorzubereiten. Diese »unbesiegbare Flotte«, von deren Bau man in England und Holland schon durch Spione gehört hatte, versetzte Elisabeth derartig in Furcht und Schrecken, dass sie sich wieder bei den Spaniern einschmeichelte. Insgeheim hatte sie Leicester beauftragt, die Aufständischen zu einem Frieden mit Parma zu bewegen. Als dies bekannt wurde, hatte Leicester selbst bei seinen calvinistischen Anhängern – seiner einzigen Stütze – seinen letzten Kredit verspielt. Er versuchte selber noch durch einen Putsch Moritz und Oldenbarnevelt zu verhaften und Amsterdam und Leiden zu überfallen. Als diese Pläne aber misslangen, war seine Position unhaltbar geworden. Im Dezember 1587 verließ er das Land.

Nach so vielen negativen Erfahrungen mit französischen und englischen Generalstatthaltern beschlossen die Stände, das Land in Zukunft ohne Unterstützung aus dem Ausland selbst zu regieren. Die Souveränität, die sie vorher vergeblich den Fürsten von Frankreich und England angeboten hatten, nahmen sie jetzt für sich selbst in Anspruch. Um dies politisch und juristisch zu rechtfertigen, beauftragten sie den Pensionär von Gouda, François Vrancken, damit, ihren Standpunkt deutlich zu machen. Er verfasste eine *Justificatie* oder *Deductie*, in der er argumentierte, die Souveränität habe von alters her bei den Ständen gelegen und sei in ferner Vergangenheit einem Grafen übertragen worden. Seitdem dieser Graf – Philipp II. – im Jahr 1581 seiner Rechte enthoben worden war, sei die Souveränität wieder wie eh und je an die Stände zurückgefallen. Elisabeth war darüber sehr erstaunt und erklärte, so etwas habe sie noch nie gehört und glaube es auch nicht. Doch die politische Realität sah tatsächlich so aus, dass die Herren der Stände die Souveränität an sich zogen und sie bis zum Ende der Republik 1795 behielten. Die Theorie folgte auch jetzt – wie immer – der Praxis. Übrigens nannten sie sich nie »Republik der Vereinigten Niederlande«, wie wir heute sagen, sondern verwendeten den Ausdruck »Vereinigte Provinzen«. So standen die Vereinigten Provinzen seit Leicesters Verschwinden im Jahr 1587 auf eigenen Füßen. Im April 1588 folgte die notwendige Umstrukturierung der inneren Verwaltung. Als Beweis dafür, wie selbstbewusst die junge Republik auftreten konnte, bewilligten die Stände von Holland Heinrich von Navarra eine Subvention von 12 000 Gulden. Er war der protestantische Schwager von König Heinrich III. von Frankreich und bekämpfte dort das katholische Lager.[206]

Die Armada

Philipp II. war nicht nur verärgert darüber, dass die englische Königin die Aufständischen in den Niederlanden heimlich unterstützte. Zugleich hatten nämlich englische Freibeuter, allen voran Francis Drake, auch noch erfolgreich spanische Besitzungen in Amerika und spanische Schiffe auf offener See überfallen. Alles angeblich ohne Wissen der Königin. Philipp hielt eine Strafexpedition nach England für die beste Lösung. Er befahl Bau und Ausrüstung einer gewaltigen Flotte, die in einer groß angelegten Militäraktion zusammen mit Parma erst England erobern und dann die Aufständischen niederwerfen sollte. Seit Albas Amtsantritt war jeder spanische Generalstatthalter insofern im Nachteil gewesen, als er über keine gut ausgerüstete und gut geführte Flotte verfügte. 1574 hatte Philipp versucht, in den nordspanischen Hafenstädten, vor allem in Santander, eine Flotte aufzubauen, die in den Niederlanden eingesetzt werden sollte. Viele Schiffe, Mannschaften und Proviant lagen bereit, ein Admiral war bestimmt worden. Geldmangel und der Ausbruch der Pest machten dieses Vorhaben jedoch zunichte, sie führten zu Tod und Desertion. Der ganze Aufwand war umsonst gewesen, aber man hatte es zumindest versucht.[207] Durch die *armada invencible*, die »unbesiegbare Flotte«, sollte sich das Blatt nun wenden. Weder Kosten noch Mühen wurden gescheut; 130 Schiffe liefen aus, mit einer Besatzung von 30 000 Mann, von denen zwei Drittel Soldaten waren. Die Blüte der Nation brannte darauf, an diesem gottgefälligen Werk teilnehmen zu dürfen, weil es unwahrscheinlich schien, dass man dabei etwas anderes als Ruhm und Ehre ernten könnte.

Über die spektakuläre Geschichte der Armada ist eine Schiffsladung von Büchern geschrieben worden, wenn auch ausschließlich aus englischer nationalistischer Perspektive.[208] Der Herzog von Medina Sidonia und Admiral der Flotte hatte an Land die Bevorratung mit Übersicht und Überlegenheit organisiert. Doch das Kommando übernahm er nur widerwillig, weil er nie zuvor eine Flotte kommandiert hatte. Allerdings wäre Sidonia auch mit mehr Erfahrung den englischen Wasserratten Drake und Howard nicht gewachsen gewesen. Sie kannten sich aus in den heimischen Gewässern, wussten mit Gezeiten und Wind umzugehen und nahmen Ende Juli 1588 mit ihren wendigen Schiffen die schwerfälligen spanischen Galeonen im Ärmelkanal unter Feuer. Hinzu kam der Vorteil, dass das englische Geschütz leichter nachzuladen war als das spanische. Als die derart ramponierte Armada

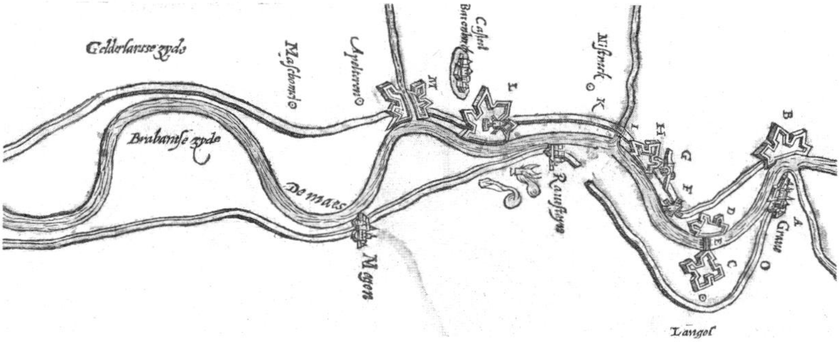

Parmas Eroberung von Grave. Man beachte die Sperrung des Flusses bei E. Kolorierter Holzschnitt.

flüchtete und vor Calais ankerte, verursachten die englischen »Brander« – Brandschiffe, die brennend an feindliche Schiffe herangetrieben wurden – Panik und Verluste. Die Ankertaue wurden gekappt, und die Schiffe flüchteten in nordöstliche Richtung. Eine Vereinigung mit Parmas Armee war unmöglich: Es gab kaum eine Kommunikation zwischen Flotte und Festland, sodass beide Seiten vergeblich auf Nachrichten warteten. Außerdem wurden Häfen, die in Parmas Besitz waren, von den Holländern und Seeländern unter Justinus von Nassau blockiert. Zudem bestand Parmas Flotte vor allem aus Transportschiffen, die nur unter Deckung der Armada ihre Truppen nach England hätten befördern können. Daran war also nicht zu denken. Vor der Küste bei Grevelingen, wo Egmont einst für seinen König einen Sieg errungen hatte, verhalf keine spanische Tapferkeit zu einem Sieg auf dem Meer. Die auseinandergetriebenen Reste der für unbesiegbar gehaltenen Flotte wählten für den Rückweg nach Spanien eine Route durch die Nordsee um Schottland und Irland herum. Diese Fahrt forderte ebenso große Verluste wie die Angriffe des Feindes. Wegen heftiger Stürme oder aus Unkenntnis der Strömungen zerschellten zahlreiche Schiffe an der schottischen oder irischen Küste. Im August wurden mehr Gebete für das Seelenheil der Toten gesprochen als Dankgebete für eine wohlbehaltene Rückkehr. Die Spanier – bemüht, einem Ausländer die Verantwortung zuzuschieben – gaben dem Herzog von Parma die Schuld. Angeblich sei er nicht zur Stelle gewesen, um die Truppen nach England zu verschiffen.[209] Ein Jahr später, als Elisabeth ihrer Flotte den Auftrag gab, einen Angriff in spanischen Gewässern zu wagen, erlitt sie eine empfindliche Schlappe. Es war keine geringere Niederlage als die der

Armada, fand in der Geschichtsschreibung jedoch keine vergleichbare Aufmerksamkeit.[210]

Einige Monate nach der Niederlage der Armada musste Parma die Belagerung von Bergen op Zoom aufgeben, weil es ihm nicht gelang, die Verbindung der Stadt mit den seeländischen Gewässern abzuschneiden. Jetzt kam sogar Parma im militärischen Kampf auf dem Festland an seine Grenzen, weil ihm, genau wie Alba, eine Flotte fehlte. Im Landesinneren jedoch konnte er seine starke Position aufrechterhalten. So belagerte er ein Jahr später die Festungsstadt Grave an der Maas. Die Stadt wurde ebenso konsequent eingeschlossen wie Antwerpen, indem auch hier der Fluss gesperrt wurde. Grave kapitulierte am 7. Juni 1586.

Die zehn Jahre: Der Garten wird geschlossen

Wieder sollten die Entwicklungen im Ausland auch die Ereignisse in den Niederlanden beeinflussen. Der unberechenbare französische König Heinrich III., dem man die Souveränität über die Niederlande angeboten hatte, ließ in seinem eigenen Land die Anführer der Katholiken, den Herzog de Guise und dessen Bruder, Kardinal de Guise, am Weihnachtsabend 1588 ermorden.[211] Im Dezember 1589 fiel er jedoch selbst einem Anschlag zum Opfer. Philipp II. sah sich gezwungen, den Herzog von Parma gegen Paris marschieren zu lassen, weil er fürchtete, Stadt und Land könnten dem protestantischen Thronanwärter Heinrich von Navarra in die Hände fallen. Ein protestantischer König in Frankreich, nachdem er sich schon zuvor mit einer anglikanischen Königin in England hatte abfinden müssen, das war für Philipp zu viel. Man hatte Philipp nach seinem Regierungsantritt natürlich viel Weisheit gewünscht, und deshalb wurde er mit König Salomon verglichen. Sein Ehrenname »el Prudente« bedeutete anfangs daher auch: der Weise. Später hat man das eher als »der Vorsichtige« interpretiert. Und vorsichtig war der König sicher in den ersten Jahren seiner Herrschaft. In späteren Jahren wollte er um jeden Preis der Vorkämpfer des katholischen Glaubens bleiben, und zwar nicht nur in seinen eigenen Ländern, sondern auch in der internationalen Politik. Da war von Vorsicht keine Rede mehr. Er warf alle militärischen und finanziellen Mittel in den Kampf.[212] Obwohl Parma dem König riet, erst die übrigen aufständischen Provinzen in den Niederlanden zu erobern, weil er dabei gerade jetzt so gute Fortschritte machte, wog die Gefahr eines protestantischen Frankreichs für Philipp schwerer.

Belagerung und Eroberung von Geertruidenberg durch Moritz und Wilhelm Ludwig. Auch hier wurde die Stadt durch eine Schiffsbrücke auf der Wasserseite abgeschnitten.

Auf Befehl des Königs unternahm Parma zwei erfolgreiche Feldzüge gegen Frankreich und zog am 19. September 1590 in Paris ein. Damit wurde den Aufständischen oberhalb der großen Flüsse eine Atempause gewährt.

In seiner sorgfältigen Untersuchung *Tien jaren* (die zehn Jahre) aus dem Jahr 1857 liefert Robert Fruin eine heute noch fesselnde Darstellung der Republik von 1588 bis 1598.[213] Insbesondere betont er hier die Unabhängigkeit und den Unternehmungsgeist der damals noch kleinen Union. Er hebt gleichzeitig hervor, dass eine solche Erfolgsgeschichte ohne Parmas Verpflichtung in Frankreich nicht oder doch kaum möglich gewesen wäre. 1588 war Moritz Statthalter von Holland und Seeland, in den darauffolgenden Jahren auch von Utrecht, Gelderland und Overijssel. Sein Vetter Wilhelm Ludwig war schon in Friesland stellvertretender Statthalter Wilhelms von Oranien gewesen und wurde nach dessen Tod sein Nachfolger. Wilhelm Ludwig hatte noch mehr als Moritz die klassische Kriegskunst studiert, wie es damals in Europa üblich war. Beide setzten die Reorganisation und Professionalisierung der Armee der Generalstände fort, mit der Wilhelm von

Oranien begonnen hatte. Immer wieder plädierten beide dafür, dass Angriff die beste Verteidigung sei, eine These, die Wilhelm Ludwig 1589 in einer Versammlung der Generalstände vehement verfocht: Man sollte »mit großer Kampflust und Einsatzbereitschaft Krieg führen. Nicht, indem man seine Gebiete vor dem Feind schützt, wie dies bisher geschehen ist, sondern indem man aus eigener Initiative die Gebiete überfällt, die der Feind besetzt hält.«[214] Auf diese Weise würde das Kriegsgeschehen mit allen schrecklichen Folgen auf feindlichen Boden verlegt und das eigene Gebiet bliebe verschont.

Nachdem man sich für den Angriffskrieg entschieden hatte, wurde die Fortsetzung dessen, was der Aufstand oder der Achtzigjährige Krieg hieß, zu einem »regulären« Krieg. Die religiösen und politischen Motive blieben unverändert, die Fronten waren jetzt klar. Auf der einen Seite steht die Union oder Republik, auf der anderen Seite die Königlichen Niederlande. Der Kampf fand von nun an auf militärischer Ebene statt, wobei man sich nicht alle Eroberungen und Verluste merken muss.[215] Je schwächer die finanzielle Position der einen Partei war, desto größer waren die Erfolgschancen für die andere. Das Charakteristikum dieses Krieges blieb, dass es vor allem um Belagerungen ging. Die Zahl der Feldschlachten war nach wie vor gering, auch wenn Befreiungsversuche häufig Kämpfe Mann gegen Mann mit sich brachten.[216] Die Erfolge von Moritz und Wilhelm Ludwig begannen mit der Überrumpelung von Breda. Dabei konnten sie auf einen Plan Wilhelms von Oranien zurückgreifen, der auf die Möglichkeit hingewiesen hatte, Soldaten in einem Schiff versteckt in die Burg zu schmuggeln.[217] Moritz wandte sich dafür an den Torfschiffer Wilhelm van den Bergh, weil er der Burg Torf lieferte und dadurch mit der Situation vertraut war. Oldenbarnevelt bestimmte Charles de Héraugières, einen Adligen aus Cambrai, zum Hauptmann, der diese einigermaßen brenzlige Aufgabe mit siebzig Mannschaften übernehmen sollte. Die Aktion verlief erfolgreich. Am 4. März 1590 überwältigten sie die Besatzung der Burg und ließen danach die Armee des Prinzen durchs Burgtor ein. Da dieser erste Sieg aus eigenen Kräften ohne fremde Hilfe errungen wurde, hatte er eine enorm anspornende Wirkung. In der ganzen Republik läuteten die Kirchenglocken. De Héraugières wurde mit dem Amt des Gouverneurs von Breda belohnt.

Die Eroberungen des nächsten Jahres verteilten sich über das ganze Land: im Osten des Landes Zutphen, Deventer und Nimwegen, im Norden Delfzijl und im Südwesten Hulst. Es kennzeichnet Moritz' Taktik, wie er die großen Flüsse für seine Zwecke nutzte. Nach der

Copia van een brieue gheschreuen van seker goeden Burger van Groninghen aen een ander sijne medeburger vertrocken in Duytslant.

Translat d'une lettre escripte par certain bon Bourgeois de Groeninge à vng aultre sien combourgeois Retiré en Allemaigne.

Copia vanden Eedt den die Burghers ende inwoonders der Stadt Groninghen aengedwonghen is geweest te doen/ aen die vereenichde Lantschappen.

Translat du serment que les Bourgeois & inhabitans de la Ville de Groeninge ont esté constrainctz de faire aux Estatz des Prouinces vnies.

Seltener Kupferstich von Groningen mit einem Kommentar in zwei Sprachen, in dem darauf hingewiesen wird, dass sich die Lage der Stadt jetzt, nach der »Befreiung«, verschlechtert habe. Antwerpen 1600.

Eroberung von Nimwegen erwartete der Feind keine weiteren Vorstöße mehr, weil es schon zu spät im Jahr war. Die Truppen konnten in ihre Winterquartiere. Moritz jedoch ließ die Truppen in Nimwegen einschiffen, fuhr die Flüsse hinab nach Flandern und tauchte dort überraschend vor Hulst auf. Die Stadt ergab sich kampflos.[218] In den nun folgenden Jahren mussten die Statthalter sich genau überlegen, wo sie einen Überfall planten. Im Jahr 1592 war Seeland wütend, weil zuerst

Gemälde der Furie von Liers: Die winzige wimmelnde Menge steht auf dem Schauplatz des Kampfes mit den Geusen.

Coevorden und Steenwijk zurückerobert wurden, zwei Räubernester, von denen aus Overijssel und Friesland heimgesucht worden waren.[219] Prompt stellten die Seeländer ihre Beitragszahlungen ein. Ein Jahr später war es genau umgekehrt; die Einnahme von Geertruidenberg erregte den Zorn der Friesen, die erst Groningen erobert sehen wollten. Die Statthalter und Oldenbarnevelt mussten also dafür sorgen, dass jede Partei beizeiten zu ihrem Recht kam. Mit Geertruidenberg hatten die Statthalter noch ein Hühnchen zu rupfen, weil die Besatzung der Stadt am 10. April 1589 zu Parma übergelaufen war und die Stadt verkauft hatte.[220] Die Verräter waren damit als die sogenannten »Bergverkäufer« abgestempelt. Jetzt mussten sie das büßen. Die Stadt wurde nicht nur zur Landseite, sondern auch zur Wasserseite vollständig abgeriegelt. Außerdem verschanzte Moritz sein Heer gegen einen eventuellen Befreiungsversuch nach außen mit der sogenannten Circumvallationslinie (siehe S. 86). Als tatsächlich ein königliches Heer anrückte, erkannte man, dass sich der Prinz zu stark verschanzt hatte, um einen Kampf gegen ihn wagen zu können. Die Stadt ergab sich am 25. Juni 1593, aber für die »Bergverkäufer« gab es keine Gnade.[221]

Belagerung und Einnahme der Stadt Groningen bildeten den Höhepunkt der Feldzüge im Jahr 1594. Alle eroberten Städte bekamen ihre alte Position zurück, die sie vorher in ihren Gewesten innegehabt hatten. Bei der sogenannten *Reductie* wurde Groningen zur siebten Provinz der Republik. Die Eroberung Groningens bedeutete allerdings ein vorläufiges Ende des Siegeszuges von Moritz und Wilhelm Ludwig. Die Belagerung und die Konsolidierung der eroberten Festungen in der ganzen Republik hatten die Finanzen des Landes zu sehr belastet. Danach haben Moritz und sein jüngerer Bruder Friedrich Heinrich noch Städte und Gebiete in Flandern, Brabant und Limburg der Republik hinzugefügt. Trotz ernsthafter Bemühungen gelang es nicht, auch Brabant dem Bund der Union als vollwertige und selbständige Provinz anzugliedern. Moritz sah sich selbst schon als Markgraf von Bergen op Zoom und Freiherr von Breda.[222] Aber die Generalstände hielten an der Vorstellung fest, dass sie auch die Provinzen Brabant und Flandern repräsentierten und die eroberten Gebiete deshalb in deren Namen verwalteten, bis diese Provinzen völlig »befreit« sein würden. Die eroberten Gebiete hießen deshalb Generalitätsländer. Im Grunde waren sie nicht viel mehr als eine militärische Pufferzone für die Republik. Dort wurde die Regierung der Generalstaaten von der katholischen Bevölkerung durchweg als Last empfunden. Bei einem Eroberungsversuch konnte es für die Republik durchaus einmal kritisch werden. Lier, eine kleine, aber gut befestigte Stadt südöstlich von Antwerpen, war am 2. August 1582 durch Verrat in die Gewalt von Parmas Truppen gekommen. Dieser Kampf wurde später als die »Spanische Furie« bezeichnet. Am 14. Oktober 1595 wagte Héraugières, der Befehlshaber von Breda, einen Überraschungsangriff auf Lier. Er konnte die Stadt einnehmen, doch als seine Mannschaften sofort zu plündern begannen, reagierten die Einwohner schnell und ließen Verstärkungen aus Antwerpen und Mecheln anrücken. Sie vertrieben den Feind aus der Stadt, wobei dreihundert Soldaten aus Héraugières' Lager ihr Leben lassen mussten. Voller Stolz nannten sie dies die »Liersche Furie«, die allerdings nur in sehr detaillierten niederländischen Geschichtsbüchern erwähnt wird.[223]

Spektakulär, nämlich sowohl wagemutig als auch erfolgreich, war 1597 der Sieg der Armee der Generalstaaten bei Turnhout. Die Reiterei – übrigens ohne Moritz, der erst später mit der Infanterie eintraf – jagte das anrückende königliche Feldheer überfallartig in die Flucht. Englische Regimenter hatten einen beträchtlichen Anteil an dieser ersten gewonnenen Feldschlacht nach fast zwanzig Jahren –

Die beiden jungen Nassaubrüder Friedrich Heinrich und Moritz. Über ihnen die Wappen der Sieben Provinzen und darüber der rote Löwe der Republik mit Schwert und einem Bündel mit sieben Pfeilen.

der Schlacht bei Rijmenam 1578.[224] Dieser Winterschlacht vom 13. Januar 1597 folgte keine Offensive in Brabant, jedoch später im Jahr im Gelderland, vor allem im Achterhoek. Hier ließ Moritz sich zum ersten Mal von seinem jüngeren Halbbruder Friedrich Heinrich begleiten, der mit seinen gerade vierzehn Jahren besonderen Eifer an den Tag legte. Zuerst ging es darum, für Rückendeckung zu sorgen. Die Stadt Rheinberg am Niederrhein südlich von Wesel war während des gesamten Achtzigjährigen Krieges ein Zankapfel zwischen Königstreuen und Rebellen, weil man von dort aus den Handel über den Rhein und die Proviantversorgung der Truppen kontrollieren konnte. Insgesamt ging es sechsmal hin und her zwischen der Republik und den Königlichen Niederlanden. Danach eroberte Moritz alle kleineren Städte nördlich der großen Flüsse, die noch unter der königlichen Regierung standen: Moers und Lingen im Reich, Grol und Bredevoort in Gelderland, Enschede, Ootmarsum und Oldenzaal in Overijssel. Nach diesen Eroberungen war sozusagen ein Meilenstein erreicht. Man drückte es liebevoller und poetischer aus: Der holländische Garten war eingefriedet.[225]

Die Erfolge im Inland fanden jetzt auch Anerkennung im Ausland. Nun, da die Republik unter der politischen Führung Oldenbarnevelts und der militärischen Führung der Nassau-Brüder ihr Existenzrecht und ihre Tatkraft bewiesen hatte, waren die Nachbarländer bereit, dieses Potenzial zu stärken und davon zu profitieren. Am 31. Oktober 1596 kam es zum englisch-französisch-niederländischen Dreibund. Er sollte zwar nur einige Jahre halten, doch wichtiger war, dass die beiden Königreiche damit die Souveränität der Republik anerkannten.

Im königstreuen Süden war die Lage eine völlig andere. Parma, alt und verbraucht, hatte seine Pflicht bis zum Ende erfüllt, ohne sich bewusst zu sein, dass er im undankbaren Spanien in Ungnade gefallen war. Sein Tod am 6. Dezember 1592 war eine Erlösung für ihn und für den König. Was nun folgte, war ein rascher Wechsel von Generalstatthaltern und eine Serie von nicht weniger als vierzig Meutereien. Als erster vorübergehender Generalstatthalter fungierte der bereits hochbetagte Statthalter von Luxemburg, Peter Ernst I. von Mansfeld.[226] Er setzte Parmas Kampf in Frankreich fort, versah das Amt aber nur, bis mit Ernst von Österreich, dem zweiten Sohn von Kaiser Maximilian II., wieder ein Prinz von Geblüt an die Regierung kam. Dieser starb jedoch innerhalb eines Jahres (am 20. Februar 1595). Nun stellte sich heraus, dass der Spanier Graf von Fuentes, Mitglied des Ständerates und zugleich Oberbefehlshaber der spanischen Truppen, geheime Instruktionen hatte, das Amt als stellvertretender Generalgouverneur einzunehmen. Dem Herzog von Aarschot, einstiger Gegenspieler des Prinzen von Oranien (mit dem er dennoch in den Jahren 1576 bis 1579 zusammengearbeitet hatte), ging das zu weit. Denn dieser Vorgang stand im eklatanten Widerspruch zu den Vereinbarungen im Frieden von Arras, nach denen die Niederlande von Niederländern regiert werden sollten. Aarschot war so empört über seinen geringen Einfluss auf die Regierung und fühlte sich von spanischen Adligen in einer Weise schändlich behandelt, dass er das Land verließ und verbittert den Rest seines Lebens in Venedig verbrachte. Ein weiteres Beispiel dafür, wie die Spanier mit ihren Mitstreitern umgingen. Aarschots Halbbruder, Karl von Croy, Marquis von Havré, erging es besser. Er wurde 1599 Vorsitzender des Finanzrats und setzte sich für einen Frieden mit den Vereinigten Provinzen ein, was allerdings von Madrid blockiert wurde. Aarschots Sohn, der Oraniens Tochter Maria hatte heiraten sollen, wurde 1593 Statthalter vom Hennegau, Ritter vom Goldenen Vlies und folgte seinem Onkel als Vorsitzender des Finanzrats. Um die Finanzen stand es in Spanien schlecht. 1596 kündigte Philipp II. seinen dritten Staatsbankrott an.

Neue Gegner – die Erzherzöge

Philipp II. wollte die Niederlande letztlich für seine Dynastie erhalten, indem er sie seiner Tochter Isabella Clara Eugenia unter eng begrenzten Bedingungen zur Mitgift gab. Als Bräutigam war ihr Vetter Ernst ausersehen, doch durch seinen unerwarteten Tod fiel die Wahl jetzt auf einen seiner jüngeren Brüder, Albert von Österreich.[227] Albert war am Hofe Philipps erzogen worden und hatte anfangs eine Karriere als Kleriker gewählt. Philipp sandte ihn als Kardinalregenten nach Portugal, danach wurde er zum Erzbischof von Toledo ernannt, dem reichsten Erzbistum von Kastilien. Sein geistliches Amt legte er jedoch ab, nachdem Philipp ihn zum Generalgouverneur der Niederlande ernannt hatte. Gleich nach seiner Ankunft in den Niederlanden 1596 zeichnete er sich in zwei siegreichen Schlachten aus. Im Süden eroberte er das französische Calais (April) und im Norden die Stadt Hulst (August) südlich von Antwerpen, die zur niederländischen Republik gehört hatte.[228]

Auf religiösem Gebiet aber brachte er die öffentliche Meinung gegen sich auf, indem er die Politik seines Onkels sehr wörtlich auslegte und umsetzte. So ließ er Anneke van den Hove, die als Wiedertäuferin in Brüssel zum Tode verurteilt worden war, entsprechend der damals üblichen Form der Exekution für Frauen lebendig begraben. Die politische Empörung war gewaltig. Es wimmelte von Schmähschriften und Karikaturen. Es war dann auch das letzte Mal, dass in den

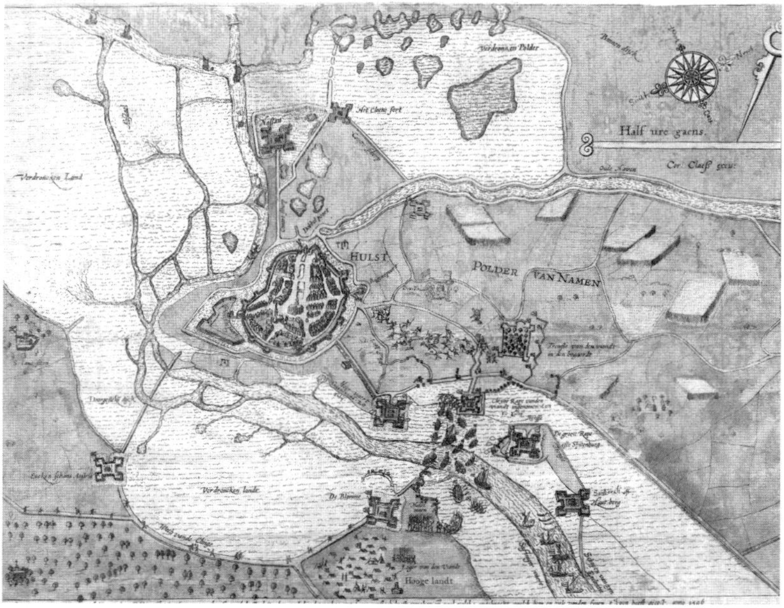

Die Eroberung von Hulst durch Erzherzog Albert von Österreich. Kolorierter Stich.

königstreuen Niederlanden ein Mensch um seines Glaubens willen zum Tode verurteilt wurde.

Am 6. Mai 1598, vier Monate vor seinem Tod, dankte Philipp II. zugunsten seiner Tochter Isabella ab. Die damit verbundenen Bedingungen sollten allerdings eine Trennung der Niederlande von Spanien unmöglich machen. Das wurde schon in Philipps Weigerung deutlich, die Republik anzuerkennen, sodass Isabella juristisch gesehen die gesamten Niederlande erbte, inklusive der Republik. Sollten sie oder ihr Ehegemahl kinderlos sterben, würden die Niederlande wieder an Spanien fallen.[229] Wenn nur eine Tochter geboren würde, sollte sie den spanischen König oder dessen Sohn heiraten. Alle Ehen in der fürstlichen Familie mussten vom spanischen König genehmigt werden. Die spanischen Truppen blieben in den Niederlanden, und der spanische König sollte die Befehlshaber – auch die der Festungen – ernennen. Die Erzherzöge hatten sich zum katholischen Glauben zu bekennen und die Ketzer zu verfolgen. Darüber hinaus gab es noch geheime Bestimmungen, wodurch die Regierung der Erzherzöge faktisch mit goldenen Ketten an Madrid gebunden war.[230] Am 22. Au-

Erzherzog Albert und Erzherzogin Isabella, Fürsten der königstreuen Niederlande.

gust 1598 wurde dies in Brüssel den Generalständen mitgeteilt, wobei auch Bänke für die Vertreter der nördlichen Geweste bereitstanden, die natürlich leer blieben. Und endlich starb Philipp II. am 13. September 1598 im Escorial nach einer Regierungszeit von 43 Jahren. Sein Ende war schrecklich, aus seinem noch lebenden Leib krochen die Maden – sein Glaube blieb ungebrochen.

Philipp III., sein Sohn, wurde sein Nachfolger. Da Albert und Isabella ihr Amt in den südlichen, Königlichen Niederlanden antraten, war er bei den Niederländern weniger bekannt. Philipp III. stützte sich vor allem auf seinen wichtigsten Minister, den Herzog von Lerma. Beide strebten eine bewusste Friedenspolitik an, die *Pax Hispanica*. Das stimmte überein mit den Intentionen des erzherzöglichen Paares. Nach ihrer Eheschließung in Valencia am 18. April 1599 reisten Albert und Isabella in die Niederlande. Hier ließen sie sich nach altem Brauch in zahlreichen Städten feierlich in ihr Amt einführen und legten den Eid ab auf die *Blijde Inkomst* und die Privilegien der Geweste.[231] Die Bewohner der südlichen Niederlande hofften nun, dass die alten Zeiten von Karl V. zurückkehren würden: eine Regierung unter einem Fürsten von Geblüt, für die Niederländer von Niederländern und in Übereinstimmung mit den alten Bräuchen. Und wenn Andersdenkende einfach des Landes verwiesen und nicht verbrannt oder lebendig begraben würden, müssten die alten Zeiten der Gottesfurcht und des Wohlstands doch wieder zurückkehren. Die Zusammenkunft der Generalstände im

Jahre 1600 wurde zum Prüfstein für die neue Regierung. Albert und Isabella waren nun allerdings in eine Zwickmühle geraten. Einerseits waren sie verpflichtet, die Niederlande so zu regieren, wie es in der Abdankungsurkunde festgelegt worden war. Andererseits wollten sie die Erwartungen der Niederländer nicht enttäuschen. Die Versammlung der Generalstände – jetzt also die der Königlichen Niederlande – nach Absprache mit der Landesregierung erwies sich als eine Wiederholung nach dem Muster der seltenen Versammlungen aus den ersten Regierungsjahren Philipps II. Die südlichen Generalstände zeigten jetzt Selbstbewusstsein, indem sie ihre Kritik an der hier geführten Politik äußerten. Verblüfft sahen die Vertreter der Stände, dass der Regierungsbeamte seine Ansprache kniend hielt. Das ging zu weit; zu solcher Kriecherei fühlten sie sich nicht imstande. Somit war es das letzte Mal, dass die Königlichen Niederlande von einem Fürsten zusammengerufen wurden. Erst 1632 sollten die Stände unter dramatischen, weit widrigeren Umständen wieder zusammengerufen werden.

Die Schlacht bei Nieuwpoort

Ihre Feuerprobe erlebten die beiden Landesteile im Juni 1600. Die holländischen Städte hatten sehr zu leiden unter den Freibeutern aus Dünkirchen, damals eine südniederländische, flämische Hafenstadt. Oostende war noch ein Stützpunkt im Besitz der Vereinigten Provinzen. Die holländischen Handelsinteressen erforderten nach Ansicht Johans van Oldenbarnevelt, dass von Oostende aus ein Überraschungsangriff gewagt werden musste, um Dünkirchen zu erobern. Als Wunsch war das durchaus gerechtfertigt. Doch in der Praxis barg dieser militärische Vorstoß, so weit von der Basis entfernt, enorme Risiken. Man hatte es in den verflossenen Jahren gerade an Moritz geschätzt, dass er stets schonend mit seinen Mannschaften umgegangen war. Im Prinzip war Moritz einem Risiko nicht abgeneigt, wenn es denn kalkulierbar war. Das hatte für den Überraschungsangriff auf Breda gegolten oder für die Eroberung von Huy im damaligen Lüttich – ein Überraschungsangriff unter Héraugières, demselben Mann, der den Angriff auf Breda gewagt hatte.[232] Huy hatte zum Sprungbrett ins Herz von Brabant werden sollen, doch Héraugières hielt nur fünf Wochen durch.

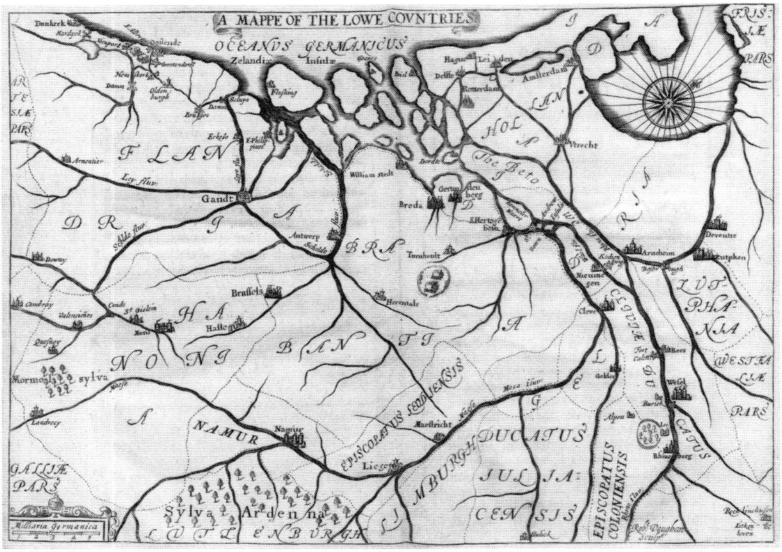

Der Schauplatz des Kampfes zwischen der Republik (rechts) und den Königlichen Niederlanden (links).

Die beabsichtigte Operation gegen Dünkirchen bedeutete jedoch, die gesamte Armee der Republik – und damit das Land selbst – in die Waagschale zu werfen. Nach Ansicht von Moritz war die Aktion so unverantwortlich, dass er eigentlich nicht mitmachen wollte, und für Wilhelm Ludwig war es der helle Wahnsinn. Moritz machte sich dennoch auf den Weg, weil es ihm befohlen wurde. Wilhelm Ludwig blieb in Friesland, vermutlich nicht einmal aus Starrsinn, sondern um das Risiko klein zu halten. Die Operation wurde mit einer großen Anzahl von Schiffen, Wagen und Pferden, Kriegsgerät, Munition und Proviant gründlich vorbereitet.[233] Am 20. Juni 1600 lag die riesige Invasionsflotte mit Tausenden Mannschaften auf Hunderten von Schiffen vor Vlissingen, doch Gegenwind machte es unmöglich, Kurs auf Oostende zu nehmen. Deshalb beschloss man, in Philippine, also im Osten des heutigen Seeländisch-Flandern, an Land zu gehen, um den Landweg nach Dünkirchen zu nehmen. Von einem Überraschungsangriff konnte also keine Rede mehr sein. Erschwerend kam hinzu, dass man keine Karten von dieser unvorhergesehenen längeren Strecke dabei hatte! Anfangs hofften die Nordniederländer noch, dass die Städte Flanderns und Brabants sich gegen die Fremdherrschaft erheben würden, wie sie es 1576 getan hatten. Oldenbarnevelt, der die Truppen begleitete, forderte die Städte schriftlich auf, für ihre Befreiung zu zahlen – andernfalls wären sie selbst für die Folgen verantwortlich. Nun stellte sich jedoch heraus, dass die militärische und politische Trennung auch eine Änderung in der Mentalität bewirkt hatte. Die großen Städte gingen nicht auf die Drohung ein, sondern hielten zur Regierung in Brüssel, weil die Bevölkerung bewusst auf Seiten des Fürstenhauses und des Katholizismus stand. Die spanische Armee allerdings wollte anfangs nicht eingreifen. Wie so oft waren die Soldaten mal wieder nicht bezahlt worden. Das war in Den Haag bekannt, und auch deshalb hatte man das Unternehmen gewagt. Erzherzogin Isabella musste jetzt ihre Juwelen verpfänden, um zu Geld zu kommen, und konnte dann in einer glühenden Ansprache die Mannschaften zum Kampf bewegen.

De Bloedige ende ſtrenge
Belegeringhe
Der Stadt Ooſtende/
in Vlaenderen;
Van al het voornaemſte datter ſo binnen als buyten gheſchiet is / aldaer aen weder zijden over de hondert en twintich duyſent menſchen gebleven zijn.
Oock is hier Figuerlick afgebeelt de Stadt met de gelegentheyt van dien / hoeſe tot drie verſcheyden reyſen beſtormt/verkleent/ende deur geſneden is geweeſt.
Ooc ſekere Brieven die de Ertz-hertogen geſchreven hebben aen de vier Leden van Vlaenderen.
Hier wort noch verhaelt alle het geene datter gepaſſeert is / ſoo te Water als te Lande / geduyrende deſe Belegeringe.
Met voordacht opgeſocht ende beſchreven, door
HENRICK van HAESTENS.
Tot Leyden, by Henrick van Haeſtens, 1613.

Der eine niederländische Löwe gegen den anderen. Titelbild eines der vielen Berichte, die über die Belagerung von Oostende erschienen sind.

Überrascht durch das plötzliche Erscheinen der Gegner musste sich Moritz am Strand und in den Dünen von Nieuwpoort dem Kampf stellen. Auf beiden Seiten gab es starke Verluste. Letztlich waren die Republikaner überlegen, man sprach von einem glänzenden Sieg – tatsächlich hatte er jedoch auf Messers Schneide gestanden. Für den weiteren Verlauf des Feldzugs blieb diese gewonnene Schlacht ohne Folgen. Zwar gelang Moritz noch die Belagerung von Nieuwpoort, doch die Bewohner setzten die Umgebung unter Wasser, sodass die Holländer mit ihren eigenen Waffen geschlagen wurden. Von Nieuwpoort zog sich Moritz nach Oostende zurück, von wo die Truppen Richtung Heimat eingeschifft wurden. Es kam noch zu einer

Auseinandersetzung mit Oldenbarnevelt, der die Schlacht von dort aus verfolgt hatte. Es werden harte Worte gefallen sein, doch nach Ansicht der Historiker ist es nicht zu einer dauerhaften Entfremdung zwischen den beiden wichtigsten Beamten der Republik gekommen. Schriftsteller und grafische Künstler stellen die Schlacht fürs eigene Land und fürs Ausland als einen überwältigenden Sieg dar.[234] Wer jetzt noch zweifeln mochte am Prestige der Republik, würde sich lächerlich machen. Erzherzog Albert verlangte von den Ständen seiner Geweste nunmehr 300 000 Gulden im Monat. Die jedoch forderten Friedensverhandlungen mit der Republik.

Das Abenteuer von Nieuwpoort machte deutlich, dass Oostende eine nicht zu duldende Enklave an der flämischen Küste war, eine Laus im Pelz des flämischen Löwen. Deshalb belagerte Albert die Stadt. Aber ein Jahr ums andere verging erfolglos, weil die Republik die Stadt vom Meer aus versorgen konnte. Die Titelseite eines der Bücher zu diesem Streit zeigt zwei einander bekämpfende Löwen, als würde das eine Niederland gegen das andere kämpfen. Zweimal hat Moritz versucht, den Feind von Oostende wegzulocken, indem er 's-Hertogenbosch belagerte. 1601 soll dies durch den früh einfallenden Frost misslungen sein; 1603 verhinderte Hochwasser eine erfolgreiche Aktion.[235] Moritz schaffte es nicht, die Stadt völlig von der Außenwelt abzuschließen. Dadurch gelang es Albert, die Garnison um ein paar Tausend Mann zu verstärken.[236] Wieder im Norden, belagerte Moritz Grave, das zwei Monate lang Widerstand leistete, sich aber am 19. September 1602 ergab.[237] Viele englische Soldaten waren in den Sümpfen der Laufgräben gestorben. Elisabeth hätte es bevorzugt, wenn er ein Ablenkungsmanöver direkt bei Oostende gewagt hätte. Zunehmend wurde die Kritik – auch im eigenen Land – laut, Moritz wage sich zwar an Belagerungen, aber nicht an Schlachten.[238]

Im Kampf um Oostende gab es eine überraschende Wendung durch die Ankunft eines Kriegsfreiwilligen, des steinreichen Genueser Bankiers Ambrogio Spinola. Er besaß zwar keine Kriegserfahrung, übernahm aber die Vorfinanzierung des Kampfes und beherrschte rasch die Feinheiten des Kriegshandwerks. Am 28. September 1603 schrieb Albert an König Philipp III., er habe Spinola den Oberbefehl zur Belagerung von Oostende übertragen. Ihm gelang es, die Stadt immer weiter einzuschließen. Prinz Moritz belagerte daraufhin die Stadt Sluis, um den sich bereits abzeichnenden Verlust der einen flämischen Hafenstadt durch den Besitz einer anderen zu kompensieren.[239] Spinola eilte nun seinerseits umgehend nach Sluis, um die

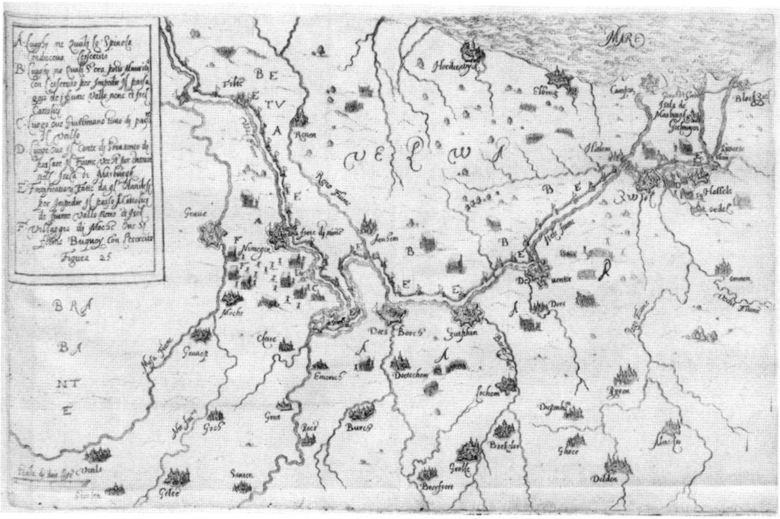

Ganz wie die legendäre Chinesische Mauer hatte die Niederländische Republik ebenfalls eine Mauer gebaut, wenn auch in bescheideneren Ausmaßen.

Belagerung zu beenden. Am 17. August 1604 kam es zu einem gewaltigen Kräftemessen der beiden Truppen, das mit dem Abzug Spinolas endete. Sluis ergab sich am 18. August 1604. Spinola aber verzichtete nicht auf Oostende. In einem legendären dreijährigen Kampf bezwang Spinola die Stadt schließlich, nachdem er das Kommando dort ein Jahr zuvor übernommen hatte, am 20. September 1604.[240] Somit hatte er sein Talent auf dem Gebiet der Kriegsführung bewiesen und ergriff nun auch im politischen Bereich die Initiative. Er reiste über Italien nach Spanien, um seine Ansichten bei Hofe vorzutragen. Das war man dort nicht gewohnt. Spinola wünschte für sich den Oberbefehl über die Truppen in den Königlichen Niederlanden, andernfalls würde er sich – mitsamt seinem Geld – wieder zurückziehen. Es gab keine Wahl. Philipp III. ernannte Spinola nicht nur zum Oberbefehlshaber, sondern auch zum Superintendanten für die Finanzen in Brüssel. Er sollte fortan jedes Jahr zu Beratungen an den Hof zurückkehren, wenn die Kämpfe in den Niederlanden während der Wintersaison unterbrochen waren.[241]

Da Oostende nun in sicherem Besitz war, konnte Spinola andernorts initiativ werden. Sein Vorschlag in Spanien lief darauf hinaus, auf einem Weg durch das Römische Reich einen Überfall im Osten der Republik zu wagen. In den spanischen Dokumenten wird dieser Teil der Republik einheitlich als *Frisia* bezeichnet.[242] Er zog also gen Osten und überfiel die Republik in Overijssel vom Römischen Reich aus, wo er Oldenzaal besetzte. So war nun doch wieder eine Bresche in den »Holländischen Garten« geschlagen. Vorsichtshalber befestigte Moritz nun Coevorden.[243] Ein Jahr später waren Spinolas Ambitionen noch gewachsen. Jetzt wollte er mit dem größten Teil seiner Truppen vom Achterhoek aus bis zur IJssel vorstoßen und dann über die IJssel die Republik in ihrem Kern treffen. Die IJssel konnte man aufgrund eines niedrigen Wasserstands an verschiedenen Stellen mühelos durchwaten. Allerdings hatte die Republik am Westufer eine lange Verteidigungslinie angelegt. Von der Zuiderzee bis Nimwegen und noch einmal von Nimwegen nördlich des Waal bis nach Tiel waren die in regelmäßigen Abständen errichteten hölzernen Forts durch einen Erdwall miteinander verbunden. Hinter diesem Wall hatte sich Moritz mit einem Heer von 15 000 Mann aufgestellt. Spinola konnte zwar Groenlo und Lochem einnehmen, aber die IJssellinie blieb unberührt. Obwohl der Hauptangriff misslang, blieben die von Spinola eroberten Gebiete in Gelderland und Overijssel zwanzig Jahre lang unter herzoglicher Regierung und damit auch unter dem Einfluss der katholischen Restauration (dazu mehr in Kapitel 7). Sie wurden zu katholischen Enklaven in einer ansonsten protestantischen Umgebung.[244]

Von Wassergeusen zur Weltmacht

Genauso wie die Landmacht in zwei Dezennien aus regulären und ungeordneten Truppen entstanden ist, war dies auch bei der Seemacht der Fall. Das führende Gewest Holland hatte auf diesem Gebiet Erfahrung aus der burgundisch-habsburgischen Vergangenheit. Der Oberbefehl über die burgundisch-habsburgische Flotte wurde dem Admiral zur See übertragen. Holland wollte ihn jedoch nur anerkennen, wenn der Statthalter von Holland-Seeland dieses Amt bekleidete und Holland und Seeland sicher sein konnten, dass ihre Interessen vertreten würden. Dann würde man gemeinsam kämpfen.[245] Dieser Statthalter war seit 1559 der Prinz von Oranien, der auf diese Weise Erfahrungen zur See sammeln konnte. Wir sahen bereits, dass er die Kaperbriefe und die »Bestallungsbriefe zum Krieg«, die er unter dem persönlichen Titel als Prinz von Oranien ausgestellt hatte, eingezogen hatte, sobald er wieder zurückgekehrt war und die Funktion des Statthalters von Holland bekleidete. Als sein Sohn Moritz ihm als Statthalter in Holland folgte, trat er auch als Generaladmiral der Union an. Das war die Geburtsstunde der Republikflotte. Sowohl Wilhelm von Oranien als auch Moritz mussten als Friedensstifter fungieren, wenn sich Konflikte ergaben. Die ergaben sich vor allem zwischen Holland und Seeland. Wie zu Land gab es auch zur See gegensätzliche Interessen.[246] Die in der Republik dezentralisierte Organisation der Marine in fünf Admiralitäten hatte in der Praxis für die einzelnen Admiralitäten mehr Vor- als Nachteile. Eine zentrale Erhebung der Konvoi- und Lizenzgelder – Abgabe auf den Handel mit dem Feind – hätte nie so viel abgeworfen, wenn sie von den fünf Admiralitäten einzeln organisiert worden wäre. Die Bestimmung, dass überschüssiges Geld einer Admiralität an die zentrale Obrigkeit abgeführt werden sollte, bestand nur auf dem Papier. Durch kreative Buchhaltung schaffte es jede Admiralität, einen positiven Saldo zu vermeiden.[247]

Im Jahr 1587 nahm auch die Marine der Königlichen Niederlande Gestalt an, indem sie ihre einzige Admiralität in Dünkirchen etablierte. Im Prinzip war die Situation dort einfacher, weil es weniger Hafenstädte gab und der Wettbewerb untereinander geringer war. Auch wenn der Kampf auf See heftig wurde, hatten es die Dünkirchener gewissermaßen leichter, weil sie sich aufs Kapern »spezialisierten« und nicht auf militärische Ziele aus waren. Ihnen kam es nur darauf an, Beute zu machen, und das gelang ihnen ausgezeichnet.

Die zehn Jahre zur See sollten ebenso erfolgreich werden wie die zu Lande, bis die Republik auch zur See an ihre Grenzen stieß. Die Siege auf der Zuidersee (11. Oktober 1573) und auf den seeländischen Gewässern (27. Januar 1574) wurden schon genannt. Als nach dem Sieg bei Mook (14. April 1574) die meuternden spanischen Soldaten auch in Antwerpen wüteten, ließ Requesens die damals im Bau befindliche königliche Flotte die Schelde hinauffahren, um sie nicht in die Hände der Meuterer fallen zu lassen. Die Seeländer, die immer scharf aufpassten, wenn es etwas zu holen gab, waren in kürzester Zeit zur Stelle, um das Geschwader zu versenken. Jeder Ansatz zum Flottenbau im Binnenhafen, zu dem die Seeländer Antwerpen gemacht hatten, geschah unter ihren Augen und war dadurch zum Scheitern verurteilt. So wundert es nicht, dass die Zentralregierung in Brüssel die Admiralität nach Dünkirchen verlegte.

Ebenso wie die Armee der Republik die Kämpfe im feindlichen Gebiet austrug, entschied man auch, dass für die Flotte der Angriff die beste Verteidigung sei. Sie suchte die Konfrontation mit dem Feind an der spanischen Küste, zu Beginn noch gemeinsam mit den Engländern. Der erste große Erfolg war der Angriff auf Cádiz, wo dem Vernehmen nach eine neue Armada gebaut werden sollte. Die englisch-holländische Flotte begnügte sich nicht mit der Zerstörung der spanischen Flotte (21. Juni 1596), sondern nahm auch noch die Stadt ein, in der sie bis zum 5. Juli große Zerstörungen anrichtete.[248] Drei Jahre später wagten die gemeinsamen Admiralitäten der Republik aus eigener Kraft, also ohne die Engländer, eine Expedition nach Spanien. Der Auftrag, den Admiral Pieter van der Does als Befehlshaber einer großen Flotte von 73 Schiffen bekommen hatte, war allerdings unrealistisch: die spanische Flotte zerstören, die Silberflotte überwältigen, den Städten an der spanischen Küste den größtmöglichen Schaden zufügen und möglichst auch noch die Insel São Tomé und die Kanarischen Inseln belagern. Zu einer Konfrontation mit der spanischen Flotte oder der Silberflotte kam es gar nicht erst. Desto habgieriger wurden die Kanarischen Inseln und São Tomé geplündert. Bis heute hält das dortige Museum den Namen des Schrecken verbreitenden Pieter van der Does wach.[249] Nach dem Tod Königin Elisabeths (1603) änderte sich die Situation grundlegend. Zum einen waren die Niederlande jetzt auf sich selbst gestellt, zum anderen ergriffen die Engländer Partei für Spanien. Unter ihrer damals neutralen Flagge verschifften sie spanische Soldaten in die Königlichen Niederlande.[250] Der letzte große Einsatz der niederländischen Flotte vor dem Abschluss des zwölfjährigen Waffenstillstands (des *Twaalfjarig Bestand*) war die Seeschlacht bei Gibraltar unter dem Kommando von Jacob van Heemskerck. Es war, als würde an einem einzigen Nachmittag aller Hass, aufgestaut in vierzig Jahren, in einer nie gesehenen Gewalttätigkeit von Seiten der Republik aufbrechen. Die spanischen Schiffe waren größer als die niederländischen, weshalb jedes von ihnen von zwei niederländischen Schiffen angegriffen und nach althergebrachter Art geentert wurde. Die meisten spanischen Schiffe gingen verloren, dagegen kein einziges niederländisches. Viertausend Spanier fielen, während sich die Verluste der Niederländer auf hundert Mann beschränkten, darunter allerdings auch der Befehlshaber van Heemskerck. Als erster Befehlshaber überhaupt bekam er ein Staatsbegräbnis und ein – wenn auch bescheidenes – Denkmal.[251]

Nicht nur die Kriegsflotte, sondern auch die Handelsflotte steckte sich weitere Ziele. Nach der ersten erfolgreichen Fahrt zu den ostindischen Inseln entstand ein regelrechter Konkurrenzkampf zwischen den neu gegründeten Handelsfirmen, die ausnahmslos den größtmöglichen Profit mit indischen Produkten machen wollten. Durch diese starke Konkurrenz kam es zu drastischen Preissenkungen. Auch hier wurde jetzt die ordnende Hand Oldenbarnevelts unverkennbar. Er erreichte es, dass sich 1602 alle Kompanien zu einer einzigen zusammenschlossen, der Vereinigten Ostindischen Compagnie (VOC). Dadurch entstand die weltweit erste Aktiengesellschaft. Nach dem bewährten Vorbild der Staatsstruktur und der Admiralitäten bekam die VOC eine dezentralisierte Verwaltung, allerdings nicht mit Admiralitäten, sondern mit sogenannten Kammern in den wirtschaftlich florierenden Handelsstädten Amsterdam, Rotterdam, Middelburg, Hoorn und Enkhuizen. Die Welt war gleichsam zum Greifen nah.

Adriaen van de Venne, 1614: *Die Seelenfischerei.* Die Führer der Nieder-Landen, jeder auf seinem eigenen Ufer, doch verbunden durch den Regenbogen. Links die Republik mit Moritz und Wilhelm Ludwig und Predigern; rechts die Erzherzöge mit katholischen Geistlichen.

7 Der Zwölfjährige Waffenstillstand

Zwietracht im Norden – Restauration im Süden ▶ 1609–1621

Der erste Schritt: eine Waffenruhe

Die Geschichte des Waffenstillstands macht deutlich, wie heikel ein Vertrag mit den aufständischen Gewesten für Spanien war.[252] Allein schon die Aufnahme offizieller Gespräche konnte einen Gesichtsverlust bedeuten, die Ehre oder *reputación*, wie die Spanier sagten, infrage stellen und dem Eingeständnis gleichkommen, dass man nicht in der Lage war, den Konflikt mit politischen oder militärischen Mitteln zu lösen. So gut die Niederländische Republik auch dastehen mochte, auch sie kostete der Krieg eine Menge Geld. Obwohl die Republik von zwei neuen calvinistischen Bündnispartnern im Reich, der Pfalz und Brandenburg, ab 1605 eine jährliche Finanzspritze erhielt, wäre es verheerend gewesen, den Krieg im gleichen Stil weiterzuführen. In Spanien und den Königlichen Niederlanden wie auch in der Republik setzte sich die Erkenntnis durch, dass sich der Krieg nicht endlos fortsetzen ließ. Von einem grundsätzlichen Friedenswillen in Spanien konnte allerdings nicht die Rede sein. Der König und seine Berater erhofften sich von einem Friedensschluss oder Waffenstillstand, dass sich die Bewohner der Republik dem Handel und Gewerbe zuwandten und Spanien damit die Möglichkeit gaben, sein militärisches Potenzial wiederaufzubauen, um anschließend mit frischen Kräften umso härter zuschlagen zu können.[253] Genau daran hatte auch schon manch einer in der Republik gedacht, allen voran Prinz Moritz, Oldenbarnevelt und die Geistlichkeit.[254]

Die Gesprächsangebote haben eine lange, zehnjährige Vorgeschichte. Einen ersten Anfang stellte die bewusste, wenn auch behutsame Friedenspolitik der Erzherzöge dar. Unmittelbar nach seinem Amtsantritt 1598 lotete Erzherzog Albert Königin Elisabeths Bereitschaft zu Friedensverhandlungen aus.[255] Als er anschließend auf neutralem Boden im französischen Boulogne Gespräche mit den Engländern aufnahm, konnte er das nicht eigenmächtig tun. Der spanische König stellte eine Reihe von Forderungen, die von einem ausgeprägten

Hochmut zeugten. Er verlangte die öffentliche Ausübung des katholischen Glaubens in England und die Übergabe jener Orte an Spanien, die Elisabeth in der Republik als Pfand hatte: Den Briel, Vlissingen und die Festung Rammekens. Die Engländer empfanden diese Bedingungen als unerhört, und so kam es erstmal zu keinem Friedensschluss zwischen den beiden Kronen. Der erfolgte erst 1604, ein Jahr nach dem Tod der englischen Monarchin. Damit war die Republik allem Anschein nach ihrem Schicksal überlassen. Kein Wunder, dass Oldenbarnevelt den Blick gen Osten richtete und ihm die Unterstützung durch die Pfalz und Brandenburg gerade recht kam.

Nach vierzig Jahren Krieg hatten die Spanier den Aufständischen und dem aufständischen Gebiet noch immer keinen eigenen Namen gegeben – außer Rebellen und Ketzer *(rebeldes, herejes)*. Mit dem spanischen Wort *Flamencos* (Flamen) wurden zwar die Bewohner aller Nieder-Lande bezeichnet, aber in der Zeit des Aufstands meinte dieser Begriff in erster Linie die Einwohner der gehorsamen, nicht der rebellischen Niederlande. Gleichzeitig bürgern sich auch die Namen »holandeses« und »Holanda« zur Bezeichnung der Republik und ihrer Einwohner ein.[256] In einem der Empfehlungsschreiben an König Philipp III. war noch zu lesen, dass Spanien drei Kriege führte: mit den Franzosen, mit den Engländern und mit den Rebellen.[257] Wegen der seeländischen und südholländischen Inseln und der zahlreichen Wasserläufe und Binnenseen in Holland findet sich in den Quellen häufig der Ausdruck *las Islas*, die Inseln, als Bezeichnung für die Republik.[258]

Der lachende Dritte in diesem Konflikt war der französische König Heinrich IV. Er erinnerte sich daran, dass die aufständischen Gewesten irgendwann Franz von Anjou und seinem Vorgänger, Heinrich III., die Landeshoheit angeboten hatten. Die hatten seinerzeit dankend abgelehnt, aus Angst, einen Krieg mit Spanien zu riskieren. Diese Bedenken teilte Heinrich IV. nicht. Er forderte die Geweste auf, ihm jetzt die Oberhoheit zu übertragen, die er dann freundlicherweise an Prinz Moritz delegieren würde, der sich mit diesem Gedanken durchaus anfreunden konnte. Oldenbarnevelt reagierte jedoch vorsichtiger auf diesen Vorschlag. Die Franzosen ins Land zu holen war das eine, sie wieder loszuwerden das andere.[259] Nun wollte König Heinrich wissen, wie und mit welchen Mitteln die Republik den Krieg fortzusetzen gedenke. Das war eigentlich der Eröffnungszug eines Spiels, in dem die beiden großen Monarchien Frankreich und England, unter dem aufmerksamen Blick der drei kleineren Monarchien Dänemark,

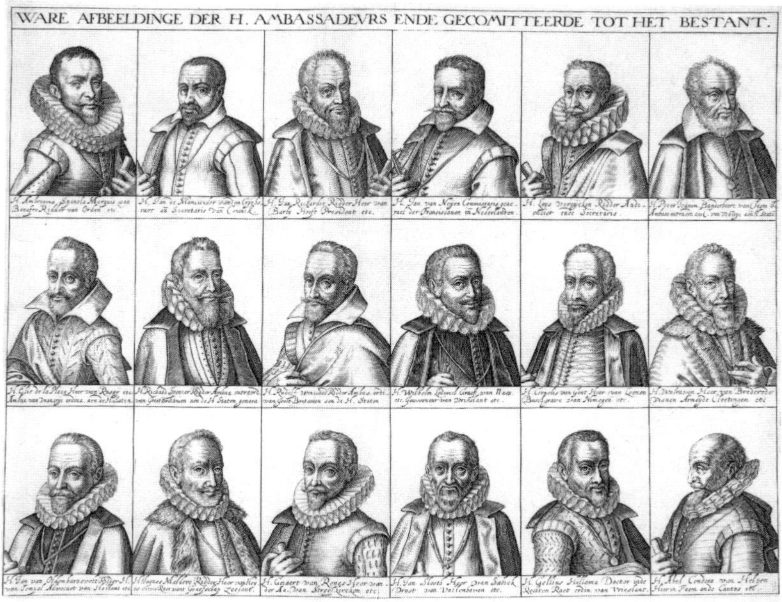

Die Teilnehmer an den Gesprächen zwischen der Republik und den Königlichen Niederlanden. Die streitenden Parteien werden durch die französischen und englischen Gesandten voneinander getrennt.

Brandenburg und Pfalz, die Republik an die Hand nahmen, um die Verhandlungen mit Spanien zu einem guten Ende zu bringen. Auch wenn die Republik politisch, militärisch und wirtschaftlich aus eigener Kraft viel geschafft hatte – ohne die Unterstützung vor allem Englands und Frankreichs stünde sie auf verlorenem Posten. Die Darstellung der Gesandten zwischen den verhandelnden Parteien macht dies sehr deutlich: Auf der Abbildung oben links zunächst die Vertreter der spanischen Krone, dann die Gesandten Frankreichs und Englands, gefolgt von den Vertretern der Republik.

Schon seit Beginn des 17. Jahrhunderts wurde im Norden wie im Süden der Wunsch nach Verhandlungen, nach Gesprächen laut. 1606 hatten einige Privatpersonen aus dem Süden und Norden, Adlige wie Kaufleute, begonnen, die Möglichkeiten für einen Vergleich zu erkunden. Damit war für Pater Jan Neyen, Generalkommissar der Minderbrüder von den Franziskanern, der Weg von Brüssel nach Den Haag frei. Unter strengster Geheimhaltung im Binnenhof untergebracht, führte er im Namen der Erzherzöge Gespräche mit Moritz und Oldenbarnevelt.[260] Nach Madrid schickten die Erzherzöge ihre bewährte rechte Hand, ihren Oberbefehlshaber Ambrogio Spinola. Die Ergebnisse waren so ermutigend, dass zunächst eine Waffenruhe vereinbart wurde. Der offizielle Waffenstillstand, der damals vorbereitet werden konnte, musste allerdings dem Wunsch der Republik Rechnung tragen, die sieben Geweste als freie, selbständige Staaten anzuerkennen. Mit dem Begriff »Souveränität« tat sich der Süden noch ein wenig schwer. Aber als Pater Neyen den Erzherzögen vorschlug, die sieben Geweste *liber ende vrij te laeten* (ihnen also die »Libertät und Freiheit« zu lassen), war das eine für die Republik akzeptable Formulierung. Am 12. April 1607 stimmte sie einer Waffenruhe zu, die am 4. Mai in Kraft treten sollte. Oldenbarnevelt forderte allerdings nicht nur das Einverständnis der Erzherzöge, sondern auch das des Königs. Dieser gab erst am 25. Oktober seine Zustimmung, nachdem er von Spinola damit unter Druck gesetzt worden war, dass er andernfalls monatlich dreihunderttausend Dukaten zahlen müsse, um die militärischen Verpflichtungen zu erfüllen. Das Geld aber war nicht da. Außerdem hatte die Nachricht, dass die Holländer 1603 die Portugiesen aus Ambon vertrieben und die Molukken unter ihre Herrschaft gebracht hatten, Madrid nachdenken lassen.[261] Im Grunde waren der König und seine Minister einem Waffenstillstand nicht abgeneigt; sie wollten die iberischen Märkte für die Rebellen öffnen und hofften, sie dadurch davon abzuhalten, sich auf den Weg in die Kolonien zu machen. Und um sein katholisches Gewissen abermals zu beruhigen, hatte der König unter Umgehung aller Bestimmungen zusätzlich gefordert, den Katholiken in der Republik Glaubensfreiheit zu gewähren. Moritz und Oldenbarnevelt hatten nicht die Absicht, dies zu akzeptieren. Für sie fiel die Glaubensfrage unter die Oberhoheit des Staates, und da dessen Souveränität anerkannt werden sollte, war eine zukünftige Entscheidung in Sachen Glaubensfreiheit dem untergeordnet.[262] Es war eine Spitzfindigkeit, aber die Praxis zwang zu einem Kompromiss. Der Vernunft gehorchend, ermächtigte Philipp III. Albert und Isabella am 10. Januar 1608, auch in seinem Namen über einen Frieden oder Waffenstillstand zu verhandeln.

Eine europäische Konferenz

Es wurde eine wahrhaft europäische Konferenz, die am 1. Februar 1608 im Binnenhof von Den Haag zum ersten Mal tagte. An einem langen Tisch saßen sich die Vertreter des Nordens und des Südens gegenüber, die direkt miteinander verhandelten. Die Delegation des Nordens wurde von Oldenbarnevelt, die des Südens von Spinola angeführt. In demselben Saal, an einem anderen Tisch, hatten neben dem Vertreter des französischen Königs in Person seines Botschafters Pierre Jeannin auch die Gesandten der Könige von England und Dänemark sowie neun deutscher Staaten Platz genommen. Sie nahmen an der Konferenz als Beobachter oder Berater teil. Falls sich unüberbrückbare Differenzen auftaten, konnten sie als Ratgeber die jeweiligen Verhandlungspartner in Einzelgesprächen beiseite nehmen. Natürlich hoffte jeder für sich, den Verlauf dieser Konferenz in seine Richtung lenken zu können. Denn in einer Sache waren sich die ausländischen Delegationen einig: Sie fanden es höchst ungewöhnlich, dass es hier im Grunde darum ging, die Unabhängigkeit einer Republik anzuerkennen. Und nicht etwa in Gestalt einer Monokratie, wie beispielsweise in Venedig, sondern als eine Union aus sieben kleinen Republiken. Natürlich fragte man sich, was das für die Zukunft des eigenen Landes bedeuten könnte.

Ein heißes Eisen war der freie Seeweg nach »Ostindien«, in die Kolonien. Der spanische König bestand auf dem Monopol für Spanier und Portugiesen, unter denen der Papst einst die Welt aufgeteilt hatte.[263] Um die Gespräche nicht sofort zu torpedieren, verschob man die angestrebte Einigung auf die Zeit nach dem Friedensschluss. Ein weiterer strittiger Punkt war die Forderung des spanischen Königs, den Katholiken in der Republik Glaubensfreiheit zu garantieren.[264] Das lehnte die protestantische Führungselite der Republik ab. Zwar hatte sich der größte Teil der katholischen Bevölkerung in der Republik von der spanischen Regierung abgewandt, aber eine vollkommene Glaubensfreiheit würde möglicherweise dazu führen, dass sich ein anderer Teil der Katholiken wieder auf die Seite Spaniens schlug. Das könnte ein Sicherheitsrisiko für den Staat bedeuten. Dass die Katholiken und andere Nicht-Calvinisten, wie Mennoniten und Lutheraner, Gewissensfreiheit genossen, war bereits Realität. Aber dies fiel, wie gesagt, nach Meinung der Republik unter die Oberhoheit des Landes. Der Staat besaß die höchste Autorität und hatte auch in Fragen des kirchlichen Lebens nach seinem Gutdünken zu entscheiden. Im Hinblick auf diese Frage besagten Unabhängigkeit und Souveränität für Oldenbarnevelt dasselbe. Aber es gab auch andere Sichtweisen. So gönnte Heinrich IV. der Republik zwar durchaus ihre Unabhängigkeit, wollte aber andererseits auch ihr Landesfürst sein. Bei einer Fortsetzung des Krieges stellte er mehr Unterstützung in

Aussicht, bei einem Friedensschluss weniger.[265] Gerade wegen dieses etwas aufdringlichen Freundes musste Oldenbarnevelt subtil vorgehen, und Pater Neyen reiste wieder einmal nach Spanien, um den spanischen König zu informieren. In der Zwischenzeit nutzte er die Anwesenheit der Delegationen in Den Haag, um am 6. Juli 1608 ein Verteidigungsbündnis mit England zu schließen, wie er das bereits im Januar 1608 mit Frankreich getan hatte.[266] Da Philipp jedoch weiterhin auf Glaubensfreiheit für die Katholiken beharrte, brachen die Vertreter der Stände die Verhandlungen am 22. August 1608 ab.

Nun zeichneten sich die Vorteile des Umstandes ab, dass nicht nur zwei, sondern mehr Parteien am Verhandlungstisch saßen. Nach Gesprächen, die Pierre Jeannin, ein erfahrener Diplomat, mit seinen ausländischen Kollegen geführt hatte, unterbreitete er am 27. August den Vorschlag, statt eines Friedensabkommens einen Zwölfjährigen Waffenstillstand zu vereinbaren. Dann wogen die Begriffe weniger schwer, und die königlichen Bedenken auf spanischer Seite konnten berücksichtigt werden. Der Franzose ließ Worte wie Souveränität und Glaubensfreiheit wegfallen, sodass daran niemand Anstoß nehmen konnte. Man verhandelte mit den Sieben Provinzen »wie mit unabhängigen Staaten, auf die weder der spanische König noch die Erzherzöge irgendwelche Ansprüche erheben konnten«.[267] Sollte Spanien diese Vereinbarung allerdings ablehnen, so würden, wie Jeannin jetzt drohte, die Kriegshandlungen wieder aufgenommen werden, und zwar am 1. März 1609 – wobei die Republik dann von den Fürsten unterstützt werden würde, deren Gesandte auf der Konferenz anwesend waren.

Dieser neue, unvorhergesehene Vorschlag (Waffenstillstand statt Frieden) musste zunächst zu Hause besprochen werden, und so kehrten einige der Teilnehmer in ihre Heimatländer zurück. Am 11. Januar 1609 erklärten sich die Generalstände der Republik mit den Vorschlägen Jeannins einverstanden. Die Provinzen wurden als frei anerkannt, die Religionsfrage fiel unter die Oberhoheit der Provinzen, und der Seeweg nach Ostindien wurde freigegeben.[268] Um den spanischen König auch so weit zu bringen, schickte Erzherzog Albert seinen Beichtvater auf die Reise – ein in der Regel probates Mittel, wenn moralische Bedenken eine Rolle spielten. Am 25. Januar 1609 lenkte auch der König ein, was am 8. Februar 1609 in Brüssel bekannt wurde. Nun konnten die Einzelheiten geklärt werden. Dabei geriet man sich erneut in die Haare, zum Beispiel als es um eine passende Bezeichnung für die Generalstände in Den Haag ging. Und zu allem

Überfluss musste eine Titulierung gefunden werden, die auch von der Brüsseler Regierung akzeptiert wurde, die wiederum ihre eigenen Generalstände partout nicht zusammenrufen wollte. »Die hochmächtigen Herren Generalstände« oder »Ihro Hochmächtigen« – so sollte der Titel lauten.[269]

Alle Beteiligten trafen sich am 10. Februar wieder in Antwerpen, um die Gespräche fortzusetzen. Die Generalstände der Republik, der Staatsrat und die Staaten von Holland zogen am 9. März 1609 vorübergehend von Den Haag in den Markiezenhof in Bergen op Zoom, um bei möglichen Fragen direkt ansprechbar zu sein. Jedem war klar, dass hier Geschichte geschrieben würde. Die vermittelnden Gesandten, allen voran Jeannin, hatten die Tagesordnung gut vorbereitet. Am 9. April einigte man sich auf die wesentlichen Punkte, anschließend fand die Unterzeichnung statt. Die Vermittler unterschrieben als Erste. Danach setzten die Vertreter der Erzherzöge ihre Unterschrift in eine linke, die Vertreter der Republik in eine rechte Spalte. Letztere unterzeichneten nicht mehr nur im Namen ihres eigenen Gewests, sondern im Namen der gesamten Generalstände. Noch einmal erfolgte eine Rückkopplung mit den Auftraggebern, wozu die Vertreter nach Brüssel und Bergen op Zoom reisten. Am 14. April waren alle Punkte und Kommata gesetzt und die Texte ratifiziert. Abschließend wurde der Wortlaut des ausgehandelten Waffenstillstands offiziell von einer Bretterbühne vor dem Antwerpener Rathaus verkündet.[270] Der spanische König bekam drei Monate Zeit für seine Ratifizierung und schob diese bis zum letzten Moment (7. Juli) hinaus, aber seine Geldnöte ließen ihm keine andere Wahl. Er vertraute darauf, die Republik nach zwölf Jahren doch noch zu unterwerfen.

Endlich anerkannt

Der erste Artikel war ein Triumph für die Republik. Die Erzherzöge erkannten – auch im Namen des spanischen Königs – die Vereinigten Provinzen als freie Geweste, Provinzen und Staaten an, auf die sie keinerlei Ansprüche erhoben.[271] Danach erfolgte die praktische Ausarbeitung. Der Waffenstillstand sollte für einen Zeitraum von zwölf Jahren überall gültig sein. Das Abkommen garantierte den freien Verkehr von Gütern und Personen und untersagte Beschlagnahmungen als wirtschaftspolitische Maßnahme. Kein Wort über die Katholiken in der Republik, kein Wort über die VOC, die Vereinigte Ostindische Compagnie, kein Wort über die Schelde, die auch weiterhin abgesperrt blieb. Im Grunde mussten sich die Erzherzöge und der König mit der Situation abfinden, wie sie faktisch auf militärischem, religiösem und wirtschaftlichem Gebiet bereits bestand.

Diese Anerkennung durch den spanischen König bedeutete einen erheblichen Gesichtsverlust für die spanische Krone. Nicht nur die anderen europäischen Staaten erkannten ab 1609 die Republik an, sondern auch Staaten in Nordafrika und im Nahen Osten. Zu den schon seit Jahren anwesenden Botschaftern aus England und Frankreich kamen jetzt auch Gesandte aus anderen Ländern, während die Republik ihre offiziellen Vertreter dorthin schickte. So nahm sie unter anderem Beziehungen zu Marokko auf. 1614 sollte Cornelis Haga seinen Dienst als Botschafter der Republik in Istanbul antreten. Dabei löste der Waffenstillstand bei den Bewohnern der Republik keinen Freudentaumel aus. Es gab zwar offizielle Feiern, aber gerade weil die Anerkennung der Republik »nur« die Bestätigung einer schon seit Jahren bestehenden Situation war, kam es nicht zu Begeisterungsstürmen. In den Verhandlungen über das Für und Wider hatte sich Oldenbarnevelt als der Klügste erwiesen. Die einzige Konzession, die der Advokat gemacht hatte, bestand in dem Verzicht auf die Gründung einer Westindischen Compagnie als Gegenstück zur Ostindischen Compagnie. Diese sollte erst 1621, nach dem erneuten Aufflammen des Krieges, ins Leben gerufen werden.[272]

Der Waffenstillstand drohte noch in Gefahr zu geraten, als 1609 der Herzog von Jülich, Berg und Kleve starb. Zwei deutsche lutherische Fürsten stritten um das Erbe. Der eine trat zum Katholizismus über, der andere entschied sich für den Calvinismus, beide, um sich die Unterstützung einer der großen Machtblöcke zu sichern.[273] Die Republik konnte in dieser Frage – so dicht vor ihrer Haustür, an der östlichen Grenze – nicht neutral bleiben und kam dem protestantischen Kandidaten zu Hilfe, während Spinola für die katholische Seite Partei ergriff. Aber man musste militärisch behutsam vorgehen, die Einmischung in den Konflikt durfte nicht auf Kosten des Waffenstillstands gehen. Obwohl dies Moritz weniger Sorgen machte als Oldenbarnevelt, haben sie in der Jülich-Kleve-Krise von 1609 bis 1614 an einem Strang gezogen. Ein positiver Nebeneffekt dieses militärischen Eingreifens war, dass zumindest ein Teil der Truppen nicht nur unter Waffen stand, sondern auch in Bewegung blieb. Von 1611 bis 1615 vermittelte die Republik außerdem in Ostfriesland, wo Graf Enno und die Stadt Emden ständig miteinander im Clinch lagen. Als Dänemark unter König Christian IV. die Zollgebühren im Öresund erhöhte, schloss die Republik im April 1614 ein Verteidigungsbündnis mit Schweden und im Juni 1616 mit den Hansestädten. Noch sagte man nicht, die Schlüssel zum Öresund lägen in Amsterdam,[274] aber die Republik hatte sich im Kampf gegen Spanien gestählt, und diese Erfahrung zahlte sich nun während des Waffenstillstands aus.

1610 wurde die Republik durch den Meuchelmord an Heinrich IV. aufgeschreckt, der den Protestanten in seinem Reich eine relative Freiheit zugestanden hatte. Andererseits war seine aufdringliche Freundschaft für die Republik so störend geworden, dass Oldenbarnevelt seinen Tod wohl nicht nur als Verlust empfunden haben wird. Der neue König, Ludwig XIII., war minderjährig, sodass seine Mutter an seiner Stelle regierte. Frankreich spielte auf der politischen Bühne Europas in dieser Zeit keine aktive Rolle, wodurch Spanien im europäischen Gleichgewicht wieder an Bedeutung gewann.[275]

Genesung von Körper und Geist

Sowohl für die Republik als auch für die Königlichen Niederlande brachte der Waffenstillstand die bitter notwendige Ruhe. Der Leo Belgicus, die Karte der Niederlande in Gestalt eines Löwen, wurde in diesen Jahren nicht aufrecht stehend oder gehend, sondern in *sitzender* Position dargestellt. Ganze Generationen von Historikern haben sich an den ruhmreichen Siegesserien von Parma und Spinola auf der einen und von Moritz, Wilhelm Ludwig und Friedrich Heinrich auf der anderen Seite ergötzt – und tun es, nicht ganz zu Unrecht, noch heute. Als wäre die Landkarte der Niederlande ein Brettspiel, das man mit fröhlich bunten Fähnchen bestückt. Doch das vergossene Blut wird dabei vergessen. In den letzten Jahrzehnten dagegen hat man sich vor allem mit der Kehrseite der Medaille beschäftigt, dem Leid und Elend der Landbevölkerung. Sie wurde in den Kriegsgebieten bis aufs Blut ausgesaugt und gedemütigt, wenn nicht gar vergewaltigt, gefoltert und getötet. Neuere Studien über Flandern, West-Brabant, die Meierei von 's-Hertogenbosch und die Bauernschanzen in den beiden Limburger Provinzen befassen sich ausführlich mit dem Schicksal der Landbevölkerung, die für gewöhnlich Opfer beider Seiten war.[276] Dieses Elend fand nun zumindest für zwölf Jahre ein Ende.

Mit dem Waffenstillstand standen die iberischen Königreiche den holländischen Handelsschiffen wieder offen. Unverzüglich schlüpften die Holländer wieder in ihre Rolle als die Frachtschiffer Europas. Ihre schmucklosen und funktionalen Frachtschiffe waren für den

Der *Leo Belgicus*, dargestellt als »sitzender« Löwe.

Transport von Schüttgut, wie beispielsweise spanische Wolle, nach Norden ausgelegt. Sie brachten Getreide aus dem Ostseeraum nach Spanien und Portugal und kamen mit Salz und Silber zurück.

Schon bald waren sie wieder unverzichtbar, wenn es darum ging, Südfrüchte und Salz von der spanischen Ostküste nach Italien und wieder zurück zu bringen. Über die Küstenstädte Dünkirchen und Oostende lebte auch der Handel in Flandern und Brabant wieder auf. Dass Antwerpen seine führende Stellung nicht zurückerobern konnte, da der Stadt der direkte Zugang zum Meer verwehrt wurde, war und blieb ein Wermutstropfen. 1612 und 1613 versuchte man mit der Provinz Seeland zu verhandeln, weil eine Wiederbelebung des Antwerpener Handels auch im Interesse der seeländischen Städte gewesen wäre. Vlissingen zeigte durchaus Entgegenkommen, aber das mächtige Middelburg lehnte alle Vorschläge strikt ab. Seeland hatte bei Oldenbarnevelt und den anderen Gewesten erreicht, dass die Schelde im Tausch für die Zustimmung Seelands zum Waffenstillstand abgesperrt blieb.[277]

Auf dem Gebiet der Manufaktur waren die Folgen unterschiedlich. Durch den wachsenden Handelsverkehr nahmen viele Warenströme einen anderen Weg. Die preiswerten Textilprodukte aus den Königlichen Niederlanden waren sowohl für die einheimische spanische Textilwirtschaft wie auch für die der Republik eine gefürchtete Konkurrenz. Während die vom Handel abhängigen Hafenstädte einen Aufschwung verzeichnen konnten, mussten die im Landesinneren gelegenen Städte (Leiden, Delft, Haarlem, Utrecht) ein Schrumpfen ihrer Wirtschaft hinnehmen. Der Acker- und Gartenbau war wie die Viehzucht in den vom Krieg betroffenen Grenzgebieten fast zum Erliegen gekommen. Aber wo dies nicht der Fall war, hatten sie sich zu innovativen Versuchsfeldern entwickelt. Sowohl in der Republik als auch in den Königlichen Niederlanden zeichnete sich der Agrarsektor durch eine beeindruckende Diversität an Gewächsen und so hohe Erträge aus, dass man sogar von einer Agrarrevolution sprechen konnte. Hohe Erträge hätten niedrigere Preise nach sich ziehen können. Zu einer Verbilligung kam es jedoch nicht, weil in ganz Europa eine große Nachfrage nach Getreide bestand, insbesondere im Ostseeraum.[278] Da die Republik für ihren eigenen Bedarf genügend Getreide importierte, konnte sie sich auf Gartenbau und Viehzucht konzentrieren. Um die Produktion zu steigern, wurden weite Gebiete trockengelegt, an erster Stelle die großen Binnenseen in Holland. So gehört das 1612 eingepolderte Beemster heute zum Weltkulturerbe der UNESCO. Im Norden und Süden sollte es allerdings noch Jahre dauern, bis alle Wirtschaftszweige wieder das gleiche Niveau wie vor dem Aufstand erreicht hatten. Von Nachteil war auch, dass in beiden Landesteilen die Steuerlast groß blieb, was zum Teil der hohen Verschuldung zuzuschreiben war. Und weil der Krieg nur befristet ausgesetzt war, blieben auch die Militärbudgets nach wie vor beträchtlich, auch wenn man die Ausgaben um die Hälfte gekürzt hatte.

Parallel zur Erholung der Wirtschaft verbesserte sich nun auch die Seelsorge bei Katholiken wie bei Protestanten. Denn »was hülfe es dem Menschen, so er die ganze Welt gewönne und nähme doch Schaden an seiner Seele?«[279] Sowohl im Norden als auch im Süden wird laut geklagt, dass der Weinberg des Herrn groß ist, aber die Arbeiter fehlen. Zu beiden Seiten der Grenze musste an vielen Orten die kirchliche Arbeit von Grund auf wiederaufgenommen werden. Bei der Gegenreformation im Süden denkt man vor allem an eine allseits triumphierende Kirche, an Rubens, an die Carolus-Borromeus-Kirche in Antwerpen und an den Wallfahrtsort Scherpenheuvel.[280] Das war jedoch erst das Endergebnis eines langen Weges, den die Kirche dort zu gehen hatte. Auch im Süden musste die kirchliche Arbeit vielerorts wieder bei Null beginnen. Kein anderes Leben spiegelt das so deutlich wider wie das von Matthias Hovius, der von 1595 bis 1620 Erzbischof von Mechelen war.[281] Ein größerer Gegensatz zu Kardinal Granvelle, dem Renaissance-Kirchenfürsten, der sich lieber der Außenpolitik widmete und bei Hofe aufhielt als in seiner Diözese, ist nicht denkbar. Hovius ging es originär um die Seelsorge. Er stammte aus sehr einfachen Verhältnissen, für Philipp II. ein Grund, seine Ernennung zunächst abzulehnen. Er hätte es vorgezogen, jemanden von Adel in diesem Amt zu sehen. Aber Hovius war der richtige Mann am richtigen Ort zur richtigen Zeit. Mit seinem Beharrungsvermögen und seiner stetigen, geduldigen Arbeit hat er dem kirchlichen Leben in den Königlichen Niederlanden Inhalt und Form gegeben. Dazu gehörten: die Ausbildung neuer Priester; die Aufsicht über amtierende Pfarrer und Klosterorden; die Registrierung von Täuflingen und der Religionsunterricht für Kinder; die Schaffung einer wirtschaftlichen Grundlage für die Klöster und Parochialkirchen; das Bemühen, diejenigen zurückzuholen, die sich der Kirche entfremdet hatten, sei es aus Gleichgültigkeit, sei es, weil sie sich vom Protestantismus angezogen fühlten; das Bestreben, die Gläubigen an die Kirche zu binden, neben dem Besuch der Messe auch durch die Gründung von Bruderschaften, die Betonung wichtiger katholischer Dogmen und den damit verbundenen Festen wie beispielsweise Fronleichnam.

Gab Hovius als Oberhaupt der Kirchenprovinz Mechelen dem religiösen Leben Struktur und Richtung, so taten Albert und Isabella das als weltliche Herrscher. Sie nahmen an zahlreichen Gottesdiensten teil und gingen persönlich Prozessionen und Wallfahrten voran. Sie brachten alte Wallfahrtsorte wieder zu Ehren und ließen neue errichten. Kirchen und Klöstern schenkten sie religiöse Kunstwerke und kümmerten sich um das geistlich-religiöse Erbe.[282] So ging Albert auf den Vorschlag ein, die sterblichen Überreste von Märtyrern und Heiligen, die in der Republik begraben waren, in die Königlichen Niederlande zu bringen, wo ihnen mehr Ehrfurcht entgegengebracht würde. Dazu gehörten auch die Märtyrer von Gorkum, die nach ihrem Tod außerhalb von Den Briel beigesetzt worden waren (siehe S. 84). Unter strengster Geheimhaltung wurden 1615 die Gebeine der Geistlichen ausgegraben und anschließend nach Brüssel gebracht, wo ihr Reliquienschrein in der St. Nicolaaskerk zu sehen ist.[283] Durch ihr Vorbild haben die Erzherzöge zum Wiedererstarken der römisch-katholischen Kirche in den Königlichen Niederlanden beigetragen und damit auch das Zusammengehörigkeitsgefühl innerhalb der Königlichen Niederlande gestärkt.

Zur Zeit des zwölfjährigen Waffenstillstands war ein Drittel der Bevölkerung in der Republik katholisch, während die Bevölkerung in den eroberten Gebieten nahezu ausschließlich aus Katholiken bestand. Für die Katholiken bedeutete der Waffenstillstand die Möglichkeit, die Grenze zu überqueren und in den Königlichen Niederlanden oder im Reich Wallfahrtsorte zu besuchen. Das Sakrament der Firmung, das nur von Bischöfen gespendet werden kann und so manchem Kind in der Republik vorenthalten wurde, konnte jetzt nach einer langen Reise in den Süden empfangen werden. Aufstand und Reformation hatten die bischöfliche Vormachtstellung in der Republik beendet. Die Seelsorge lag nun in Händen der sogenannten »Hollandse Zending«, die Geistliche in Dörfer und Städte schickte. Wo die öffentliche Feier der katholischen Messe in der Republik verboten blieb, suchten katholische Gläubige nach Möglichkeiten, in Scheunen oder Privathäusern die Messe zu feiern. Auf diese Weise entstanden an vielen Orten Haus- oder Scheunenkirchen, die natürlich nicht unbemerkt blieben, aber geduldet wurden – oft allerdings nur gegen Zahlung von Bestechungsgeldern. Insbesondere in Holland sind zahlreiche Priesterbibliotheken erhalten geblieben, in denen Bücher aus dem 16. bis 18. Jahrhundert stehen, die unter den Geistlichen verkauft wurden – zum eigenen theologischen Studium und zur gottesfürchtigen Erbauung.[284] Katholische Frauen, die sich für ihre Glaubensgemeinschaft einsetzen wollten, konnten sich in der Republik nicht mehr für das Klosterleben entscheiden. Wo die Glaubensgemeinschaft jedoch groß genug war, bildeten sie Wohngemeinschaften unter der Leitung einer Hausmutter, in denen sie gemeinsam ihren Glauben lebten und sich bei der Unterstützung bedürftiger, kranker und alter Menschen sozial betätigten.[285]

Ein Konflikt spaltet die reformierte Kirche

In der Zeit des Waffenstillstands war ein Drittel der Bevölkerung der Republik reformiert, ein ebenso großer Teil katholisch. In der reformierten Kirche wurde allerdings wie gesagt ein gradueller Unterschied zwischen Mitgliedern und »Sympathisanten« gemacht. Wer sich als reformiert betrachtete, war in der Regel in der reformierten Kirche getauft worden. Die Anzahl derjenigen, die im Erwachsenenalter ein Glaubensbekenntnis ablegten, war schon geringer. Das vollwertige Mitglied nahm auch am Abendmahl teil, wenn seine religiöse Überzeugung und sein Lebenswandel nichts zu wünschen übrig ließen. Der Sympathisant hingegen kam nur zu den Gottesdiensten in die Kirche, er wollte sich nicht den Verpflichtungen unterwerfen, die eine offizielle Mitgliedschaft mit sich brachte, zum Beispiel die Unterwerfung unter die Kirchenzucht. Vielleicht vergleichbar zu heute, wo man Mitglied einer politischen Partei ist oder ihr nur bei Wahlen seine Stimme gibt, ohne ihr beitreten zu wollen. Unter den Mitgliedern konnte es natürlich auch zu Meinungsverschiedenheiten kommen. Es ging schließlich um einen Organisationsprozess in einer noch jungen Kirche. Was die Lehre nun genau beinhaltete, was die Kirche konnte und wie sie sich gegenüber dem Staat verhielt, war zu keiner Zeit festgeschrieben worden. Das musste sich erst jetzt herausbilden, in einem Prozess, der alles andere als konfliktfrei verlief.

Ein solcher Konflikt tat sich auch während des Waffenstillstands auf. Begründet war er in zwei gegensätzlichen Lehrmeinungen zu einer der heikelsten Fragen in dieser Zeit: Was genau geschieht nach dem Tod? Kann der Mensch Einfluss darauf nehmen?[286] Verkörpert wurde dieser Streit durch zwei Theologen der Universität Leiden, Franciscus Gomarus und Jacobus Arminius. Gomarus vertrat die stringente Auffassung, die Allmacht Gottes sei so groß, dass der Mensch nicht beeinflussen könne, ob er nun auserwählt sei oder nicht.[287] Welcher Mensch auserwählt oder prädestiniert sei, stünde von Anfang an für Gott den Herrn fest. Jacobus Arminius wollte die Allmacht Gottes keineswegs in Zweifel ziehen, meinte jedoch, der Mensch könne frei entscheiden, die Gnade Gottes auch abzuweisen.[288] Nach Ansicht von Gomarus schmälerte eine solche Auffassung die Allmacht Gottes. Er warf Arminius vor, sich in die katholische Richtung zu bewegen, vertritt die katholische Kirche doch den Standpunkt, der Mensch könne durch gute Werke zu seinem Seelenheil beitragen. So weit wollte Arminius jedoch gar nicht gehen, er wollte nur die Möglichkeit in Betracht ziehen, dass der Mensch sein eigenes Schicksal beeinflussen kann. 1604 kam es zu einem theologischen Disput zwischen diesen beiden Theologen, der sich über zehn Tage erstreckte und zu einem erbitterten Wortgefecht entwickelte. Der an Tuberkulose erkrankte Arminius wurde von den Auseinandersetzungen nervlich und körperlich offenbar zu stark gefordert; er starb 1609. Aber die Diskussion hatte sich schon auf die Kanzeln verlagert. Die Vertreter einer strengen Auslegung der Lehre, die »Genauen« – und das waren viele –, scharten sich hinter Gomarus. Sie wurden Gomaristen genannt. Die Gemäßigteren, die »Toleranten« – weitaus weniger –, stellten sich auf die Seite von Arminius und wurden nach ihm als Arminianer bezeichnet. Es wäre ein Anachronismus, zu fragen: Worüber regte man sich so auf? Für die Staaten von Holland war dieser Streit gleichwohl eine Lappalie. Aber war das nicht auch ein Beweis ihres Unverständnisses? Nach Ansicht der Gomaristen hatte der Staat eben nicht das Recht, die Lehre der Kirche zu bestimmen.

Man muss diesen Streit auch vor dem Hintergrund des Krieges gegen Spanien sehen, in dem die Reformierten, die der Lehre Calvins anhingen, ihren Glauben als den einzig wahren betrachteten und den katholischen als »päpstlichen Aberglauben« verwarfen. Wie schon in der Einleitung zu diesem Buch dargelegt, konnten für die meisten Gläubigen in der frühmodernen Zeit keine absoluten Wahrheiten nebeneinander existieren. Wenn der Calvinismus der einzig wahre Glauben ist, kann es innerhalb dieser einzig wahren Religion auch keine unterschiedlichen Auffassungen geben. Und der Krieg zu Land, zu Wasser und in der Presse hatte viele innerhalb der reformierten Kirche zu einer strikten Anwendung ihrer Glaubenslehre gebracht. Eine abweichende Meinung ungehindert wuchern zu lassen war so, als ließe man eine Krankheit in einen Körper eindringen. Dieser Strömung freien Lauf zu lassen war gleichbedeutend mit mangelnder Nächstenliebe.

In der Diskussion über Krieg oder Frieden mit den papsttreuen Spaniern waren grob gesagt die Wortführer der Gomaristen für eine Fortsetzung des Krieges, während die Arminianer sich eher für Frieden oder einen Waffenstillstand aussprachen. Die einfachen Gläubigen – Bäckerinnen, Schuster oder Schmiede – entschieden sich für den geraden Weg und waren Gomaristen – und die waren im ganzen Land weitaus in der Mehrheit. Der Glaube, der mehr Raum für Differenzierungen bot, hatte mehr Anhänger unter den studierten Mitgliedern der Kirche. Und die sind immer in der Minderheit. Wer soll nun entscheiden, wer Recht hat? Einen reformierten Papst gab es nun einmal nicht. Ein Beschluss könnte nur auf einer Kirchenversammlung gefasst werden, auf der alle Gläubigen vertreten wären, das heißt auf einer nationalen Synode. Aber wer beruft die ein? Die Kirchgänger selbst oder ist das die Aufgabe des Staates?

Der Konflikt – eine Zerreißprobe für den Staat

Oldenbarnevelt und Moritz hatten in den Vorgesprächen zum Waffenstillstand den Wunsch des spanischen Königs abgelehnt, den Katholiken Glaubensfreiheit zu gewähren. Beide vertraten den Standpunkt,

Johan van Oldenbarnevelt im Alter von siebzig Jahren. Kopie eines unbekannten Künstlers nach einem Porträt von Michiel van Mierevelt.

dass die kirchliche Organisation der staatlichen untergeordnet bleiben müsse.[289] Betrachtet man nun die Anhänger beider Strömungen in den einzelnen Stadtverwaltungen, die letztendlich in der Republik das Sagen hatten, waren die Arminianer in Holland und Utrecht in der Mehrheit und in allen anderen Provinzen zahlenmäßig deutlich unterlegen. In zunehmendem Maße waren sie der Kritik, den Beleidigungen und Beschimpfungen der Gomaristen ausgesetzt. Gewalttätige Anhänger gingen so weit, das Wort Gottes mit Pflastersteinen zu verkünden.[290] Dadurch waren die Arminianer so in die Enge getrieben, dass sie 1610 bei den holländischen Ständen eine Bittschrift einreichten, eine sogenannte Remonstration, in der sie um Schutz baten. Daher rührt die Bezeichnung Remonstranten. Die Gomaristen reagierten darauf 1611 mit einer Kontraremonstration.[291] Folglich wurden ihre Parteigänger fortan die Kontraremonstranten genannt. Die holländischen Stände glaubten 1614 verbieten zu können, dass von den Kanzeln herab weiterhin über die Glaubensfrage verhandelt wurde. Aber da hatten sie die Rechnung ohne die fanatischen Pfarrer gemacht, die nicht aufhörten, gegen die Arminianer zu wettern. Die Standpunkte verhärteten sich, die *Hardliner* begannen, als »Kirchen unter dem Kreuz« in Scheunenkirchen ihre eigenen Gottesdienste abzuhalten.

Eine gespaltene Kirche und ein gespaltenes Haus konnten bei einer eventuellen Wiederaufnahme des Krieges gegen Spanien natürlich zu einer großen Gefahr werden. Es wäre nicht hinnehmbar, wenn die Provinzen Holland und Utrecht neben den fünf anderen Provinzen eine abweichende Meinung vertreten und vielleicht sogar eine eigene Streitmacht aufstellen würden. Das konnte Moritz als Mann der Union nicht akzeptieren. Sein Standpunkt war politisch-militärisch begründet.[292] Nachdem die Kontraremonstranten in Den Haag eine Kirche besetzt hatten – die Klosterkirche, die nicht mehr als Gotteshaus, sondern als Kanonengießerei (!) genutzt wurde –, nahm Moritz dort am 23. Juli 1617, einem Sonntag, mit seinem Gefolge demonstrativ an einem Gottesdienst teil. Friedrich Heinrich und seine Mutter, Louise de Coligny, besuchten nach wie vor die Kirche des Remonstrantenpredigers Uyttenbogaert. Oldenbarnevelt hielt an seiner Interpretation der Union von Utrecht fest, dass jedes Gewest in religiösen Fragen selbst bestimmen konnte. Folglich ließ er am 4. August 1617 die holländischen Stände die sogenannte »Scharfe Resolution« verfassen und annehmen:[293] Städte, deren Verwaltungen unter der Aggression von Kontraremonstranten zu leiden hatten, durften ab jetzt bewaffnete Söldner, die sogenannten »waardgelder«, anstellen, um im Notfall die Ordnung aufrechtzuerhalten. Sie mussten einen Treueeid auf die holländischen Stände ablegen, nicht auf die Union. In der Schlussbestimmung des Dokuments sicherten die Stände Moritz noch einmal ihre Verbundenheit mit dem Haus Oranien zu, aber ihr Spiel war sehr gewagt.

Prinz Moritz. Kopie eines unbekannten Künstlers nach einem Porträt von Michiel van Mierevelt um 1621.

Die Zerrissenheit der reformierten Kirche rief große Verwunderung in den benachbarten Ländern hervor, nicht zuletzt auch in den Königlichen Niederlanden. Die Republik hatte vierzig Jahre für die Freiheit von Kirche und Staat gekämpft, und jetzt diese Zwietracht innerhalb der reformierten Kirche! Moritz, der gern Schach spielte, ging auch auf dem politischen Schachbrett systematisch vor. Zunächst beschlossen die Generalstände mit vier Stimmen gegen drei, eine nationale Synode einzuberufen.[294] Anschließend reiste der Prinz durch das ganze Land, um dort, wo es nottat, die remonstranten Magistrate aus den Verwaltungen der Städte und / oder Geweste zu entfernen. Die »waardgelder« in Holland und Utrecht wurden von den Generalständen entlassen, wobei Moritz im Juli 1618 selbst nach Utrecht reiste, um die praktische Umsetzung zu beaufsichtigen. Damit waren die Dissidenten, Oldenbarnevelt und seine Mitstreiter, derart isoliert, dass Moritz sie am 23. August 1618 kraft einer außerordentlichen Vollmacht verhaften ließ.

Hätte es in der Republik einen Obersten Gerichtshof gegeben, hätten Oldenbarnevelt und die Seinen noch eine Chance gehabt. Aber das Fehlen einer solchen Instanz war nun gerade einer der Mängel des niederländischen Staatssystems. Ein solcher Oberster Gerichtshof hätte die Beschlüsse der letzten Jahre mit den Bestimmungen der Union von Utrecht abgleichen können. Souveränität für jedes Gewest, das schon, aber nicht bei der Landesverteidigung und in der Außenpolitik. Ein Oberster Gerichthof hätte die Verfügungen Oldenbarnevelts noch gegen seine Verdienste um das Land abwägen können, wenn kluge Köpfe wie Wilhelm Ludwig von Nassau einem solchen Gericht angehört hätten. Wilhelm Ludwig war ein überzeugter Kontraremonstrant, doch mit der Verhaftung Oldenbarnevelts war für ihn das Maß voll. Er schrieb Moritz einen eindringlichen Brief, in dem er darauf drängte, das Leben des Landesadvokaten zu schonen.[295] Aber für so kluge Leute war in dem willkürlich besetzten Gericht, das für seine Verurteilung einberufen wurde, kein Platz. Unter den 24 Richtern gab es zahlreiche persönliche Feinde Oldenbarnevelts. Wiederholt hatte man sein Entlassungsgesuch abgelehnt. Jetzt war der Hass so groß geworden, dass jedes Maß verloren war. Man forderte seinen Tod. Oldenbarnevelt betrachtete sich selbst als nicht schuldig im Sinne der Anklage. Und ein Unschuldiger verlangt keine Gnade. Er gab nicht nach. Und Moritz ebenso wenig. Oldenbarnevelts Kopf fiel unter dem Richtschwert am Tag des Herrn, am Sonntag, den 13. Juni 1619. Wo sein Kopf und sein Leichnam geblieben sind? Wir wissen es nicht.[296]

Einige Jahre später, als der Krieg wieder aufgeflammt war, klagte Moritz: »Als der alte Hundsfott noch lebte, gab es Rat und Geld. Jetzt gibt es beides nicht.«

8 Der lange Weg vom Waffenstillstand zum Frieden

Der Norden triumphiert – der Süden zwischen Hammer und Amboss ▸ 1621–1648

Allgemeine Charakterisierung dieser Zeit

Eine abgerundete Sache, so könnte es scheinen: Friedrich Heinrich erobert in der zweiten Hälfte des Achtzigjährigen Krieges – auf Kosten eines auseinanderfallenden Spaniens – mühelos Den Bosch, Maastricht und Breda. Triumphierende Niederlande bekommen die Grenzen, die sie heute noch haben. Eine schnell erzählte Geschichte. Doch so einfach war es nicht. Auf beiden Seiten wurden die Kriege mit enormem Einsatz zu sehr hohen Kosten geführt. Erneut flammten heftige Kämpfe zu Wasser und zu Lande in den Niederlanden, in Europa und den neuen Erdteilen auf.

Interessant ist nun die Frage, wo Parallelen und wo Ähnlichkeiten zwischen der ersten und der zweiten Hälfte des Achtzigjährigen Krieges festzustellen sind. Mit einer großen Anzahl verschiedener Lager wechselte in der Phase des Aufstands häufig der Charakter des Krieges. Nach 1588 bekam der Kampf zwischen der Republik und den Königlichen Niederlanden schon mehr die Merkmale eines »gewöhnlichen« Krieges. Dieser Krieg wurde nach dem Waffenstillstand ab 1621 mit wieder neuen Belagerungen fortgesetzt, allerdings nur selten mit einer Feldschlacht. Beide Länder waren im Besitz einer ganzen Reihe befestigter Städte und Festungen, deren Versorgung von Bevölkerung und Garnisonen immense Geldsummen verschlang. Anders als in den Jahren des Aufstands verhielten sich die Armeen disziplinierter, man führte den Krieg auf eine, wenn man so will, »anständige« Art, indem man, von Ausnahmen einmal abgesehen, die Stadt- und Landbevölkerung verschonte. Beide Seiten betrachteten einander als ebenbürtige Gegner und respektierten im Allgemeinen die damaligen Regeln der Kriegsführung. Sauber und anständig ist ein Krieg jedoch nie. Viel stärker als vor dem Waffenstillstand hatte der Krieg jetzt einen vorwiegend wirtschaftlichen Charakter mit gegenseitigen Embargos und Blockaden. Infolge des Durchbruchs der Holländer in Ostindien

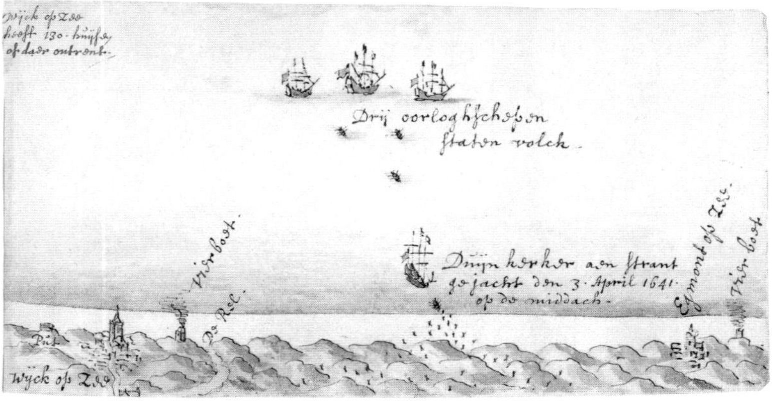

Die flämische königliche Flotte und Dünkirchener Seeräuber waren in diesem gesamten Zeitraum eine Plage für die Republik und verursachten immensen Schaden. Hier haben Schiffe der Republik einen Freibeuter an die holländische Küste zwischen Wijk aan Zee und Castricum getrieben. Die Seeleute suchen sich an Land in Sicherheit zu bringen.

bekam das Kräftemessen ab 1598 auch einen globalen Charakter. Die Kämpfe außerhalb Europas wirkten sich direkt auf das politische und militärische Handeln aus.

Wie schon in der ersten Hälfte des Achtzigjährigen Krieges kam den Entwicklungen im übrigen Europa auch danach große Bedeutung für den Verlauf des Krieges zu. Die Zeit, in der Spanien seine Armada losschickte (siehe S. 144–145) und Philipp in die inneren Angelegenheiten Frankreichs eingriff (siehe S. 146), hatte die Republik genutzt, um ihre eigene Position zu konsolidieren. Auch der Dreißigjährige Krieg (1618–1648) sowie eine Nachfolgekrise in Mantua (1627–1631), ein neuer spanisch-französischer Krieg (ab 1635), die Loslösung Portugals (1640–1644) und ein Aufstand in Katalonien (1640–1644) boten dazu Gelegenheit, da jetzt der militärische Druck auf die Republik nachließ. Eine wesentliche Änderung hatte sich auf maritimem Gebiet ergeben. Während der Jahre des Aufstands hatten Alba und Requesens das Fehlen einer Flotte beklagt. Daraus hatte man in Madrid und Brüssel gelernt. Während des Waffenstillstands begann man in Dünkirchen und Oostende mit dem Bau von Kriegs- und Kaperschiffen. Erstere bildeten die Königliche Flotte oder Armada, die anderen fuhren unter der Flagge privater Eigentümer – auch von Niederländern aus dem Norden. Gemeinsam sollten sie der republikanischen Schifffahrt noch beträchtlichen Schaden zufügen.

Schließlich hatte sich auch eine unterschiedliche Mentalität in den beiden niederländischen Staaten entwickelt. Im Norden lebte das Bewusstsein, ein neuer Staat zu sein und das auch zu bleiben; im Süden wuchs ein eigenes Nationalbewusstsein, in Treue zu Kirche und Dynastie.

Vergeblicher Versuch zur Verlängerung des Waffenstillstands

Gegen Ende des Waffenstillstands begannen beide Parteien sich zu fragen, wie es nun weitergehen sollte. Den Waffenstillstand um ein paar Jahre verlängern und ihn am besten in einen Frieden umwandeln? Oder wieder Krieg führen? Auf beiden Seiten gab es interne Differenzen. Die Fortsetzung des Waffenstillstands hatte Vorteile, aber eine Fortsetzung des Kampfes ebenfalls. In jedem Fall begannen die Gespräche zwischen Brüssel und Den Haag schon vor Ablauf des Waffenstillstands. Der Vorteil war jetzt, dass man die Bedingungen, oder besser deren Fehlen, im Abkommen von 1609 als Ausgangsbasis nehmen konnte. Im ganzen Zeitraum zwischen 1609 und 1648 wurden Gespräche zwischen Brüssel (mit Madrid im Hintergrund) und Den Haag geführt, also nicht nur im letzten Jahr des Waffenstillstands und im Vorfeld des Friedens von Münster. Jedes Mal, wenn es zu einer Krise kam oder wenn die eine Seite einen entscheidenden Vorteil gegenüber der anderen errungen hatte, war das der Anlass, wieder Gespräche anzuknüpfen. Dabei bemühte sich jede Partei um eine starke Verhandlungsposition. In Spanien gab man sich nicht mehr der Illusion hin, die Republik erobern zu können. Der Ärger war groß, dass der Waffenstillstand der Republik so viel Wohlstand und so viele neue Besitzungen in Asien beschert hatte, während das eigene Land nur Prestigeverlust erlitten hatte und untätig geblieben war. Dabei spielte eine große Rolle, dass 1618 im Reich ein Krieg begann, der dreißig Jahre dauern sollte: ein Kampf zwischen dem katholischen Kaiser mit seinen Verbündeten und den protestantischen Kurfürsten mit ihren ausländischen Alliierten. Nun wäre es durchaus sinnvoll gewesen, wenn sich beide Zweige des Hauses Habsburg zusammengetan und die Republik in ihre Schranken gewiesen hätten.

König Philipp III. erbat Erzherzog Alberts Meinung zur Option einer möglichen Fortsetzung des Waffenstillstands oder aber der Wiederaufnahme des Krieges. Diese Aufforderung wird eine Formsache gewesen sein, weil ein Diktat aus Madrid durchweg näherlag. Albert

Ambrogio Spinola, zuverlässiger Unterstützer der Erzherzöge.

knüpfte an die früheren Forderungen der spanischen Krone an: freie Religionsausübung der Katholiken in der Republik und Rückzug der Republik aus den außereuropäischen Gebieten. Er fügte hinzu: Wiedereröffnung der Schelde.[297] Der König gab Albert zu verstehen, er dürfe nicht selbst die Initiative zu Verhandlungen ergreifen. Sollte es ihm jedoch vorgeschlagen werden, dürfe er einer Verlängerung des Waffenstillstands zustimmen – vorausgesetzt, dass die Stände die drei genannten Bedingungen akzeptierten. Moritz seinerseits ließ durchblicken, dass der Republik an einer Fortsetzung des Waffenstillstands gelegen sei. Er selbst hatte sich 1609 zwar als entschlossener Gegner gezeigt, doch war er nun als Führer der Republik in einer stärkeren Position. Außerdem war die Situation im Reich wegen des Krieges dort so bedrohlich, dass die Republik nach wie vor eine starke Armee brauchte. Die ländlichen Gebiete wollten Frieden, doch Holland und Seeland waren aus wirtschaftlichen und militärischen Gründen für eine Wiederaufnahme des Krieges. Dennoch wäre Moritz bereit gewesen, sein Gewicht zugunsten des Waffenstillstands in die Waagschale zu werfen und ihn auf der Grundlage der Vereinbarungen von 1609 fortzusetzen. Die Initiative dazu aber sollte von der anderen Seite kommen. Dazu wollte sich Brüssel jedoch nicht verleiten lassen. Somit kamen von dort nicht die Vorschläge, wie die Republik sie erwartete.

Als der Waffenstillstand am 9. April 1621 ablief, steckte man noch mitten in den Gesprächen über eine Verlängerung. Vorläufig also wurde der militärische Kampf nicht wieder aufgenommen. Im Gegensatz zum Wirtschaftskrieg, der jetzt von beiden Seiten vehement geführt wurde. Der spanische König ordnete die sofortige Schließung der Häfen auf der iberischen Halbinsel für Schiffe an, die unter niederländischer Flagge fuhren oder in der Republik gebaut waren, sowie für Güter aus der Republik, auch wenn diese an Bord von Schiffen neutraler Länder befördert wurden. Die Kontrolle darüber war so perfekt organisiert, dass nur wenige solcher Güter ihren Weg durch dieses feinmaschige Netz fanden. Das wirkte sich natürlich vorteilhaft auf die Frachtschiffe unter anderem Englands und der Hansestädte aus, die kräftig nachhalfen, indem sie die Hafenautoritäten auf eventuell verdeckte niederländische Fracht auf anderen Schiffen aufmerksam machten. Die Republik ihrerseits behinderte die Hafenstädte Flanderns durch eine Blockadeflotte, die dort jedes Jahr vom 1. März bis in den Oktober lag. Die Republik führte Zölle auf den Export von Waren in feindliches Gebiet ein und behinderte den Import von Gütern aus

Flandern und Brabant, um damit die eigene Wirtschaft anzukurbeln. Und durch eine ausgeklügelte Regulierung des Flusshandels verhinderte sie die Bevorratung der feindlichen Armee.[298]

Der Tod von Erzherzog Albert am 21. Juli 1621 war ein empfindlicher Verlust für die Königlichen Niederlande. Er hatte alles nur Mögliche getan, um das Wohlergehen des ihm anvertrauten Landes zu gewährleisten. Mit den Mitteln, die ihm zur Verfügung standen, hatte er sich stets als Verteidiger des Friedens bewiesen. Isabella sollte von nun an das Amt der Generalstatthalterin im Namen des spanischen Königs übernehmen, und in dieser Funktion setzte sie Alberts Linie fort.

Zur See wurde der Krieg wieder aufgenommen, als Don Fadrique de Toledo im August 1621 einen niederländischen Konvoi in der Straße von Gibraltar überfiel. Noch im selben Monat trafen ebenfalls beide Armeen aufeinander, wobei es jedoch nur zu ein paar Scharmützeln kam. Allerdings nahm Spinola nach einer Belagerung von fünf Monaten die Stadt Jülich ein, was aber für die Republikaner keinen nennenswerten Verlust bedeutete. 1622 ließ Spinola Bergen op Zoom einkesseln, versäumte jedoch, Lücken zu schließen. Sofort rückte Verstärkung aus Breda und Seeland in die Stadt ein, sodass sie eine Belagerung lange durchhalten konnte. Spinolas Soldaten wurden von der Stadt aus unter heftigen Beschuss genommen, wobei es viele Verwundete gab. Ebenso wie Parma es 1586 nicht geschafft hatte, Bergen op Zoom zu erobern, scheiterte jetzt auch Spinola. Der Spanier hatte die Hälfte seiner 18 000 Männer verloren. Sie waren gefallen oder desertiert.[299] Die Kriegskasse dieses Jahres war damit leer. In Madrid entschied man sich deshalb zu einem defensiven Landkrieg in den Königlichen Niederlanden, neben einem aktiven Seekrieg.

Zwei Wunderjahre für Spanien

Spinolas Niederlage mochte eine Schlappe für die Königlichen in den Niederlanden sein, für Spanien selbst war 1622 ein *annus mirabilis*, ein Jahr der Wunder, wurden doch vier Spanier vom Papst heiliggesprochen. Die Heiligen waren Ignatius von Loyola, der Gründer des Jesuitenordens, Franciscus Xaverius, der an der Christianisierung Chinas mitgewirkt hat, Isidor von Madrid, der Schutzheilige der Stadt, und schließlich Teresa von Avila, die Mystikerin, die den besonderen Schutz des Hauses Alba genoss.[300] Ein Jahr zuvor war Philipp IV. im Alter von sechzehn Jahren seinem Vater, Philipp III. auf dem

Jesus hört die Heilige Teresa von Avila an, die ihn anfleht, Bernardino de Mendoza, einen spanischen Diplomaten und Geschichtsschreiber, aus dem Fegefeuer zu erlösen.

Thron gefolgt. Die eigentliche Politik lag in den Händen seines ersten Ministers, Graf von Olivares. Bevor Philipp IV. König wurde, hatte Olivares die Leitung des Hofstaats unter sich gehabt und sich bereits ins Zentrum der Macht manövriert, die er dreißig Jahre lang ausüben würde. Beide hielten entschlossen an der Vorstellung von Spanien als führender Weltmacht und als Hüter der Weltkirche fest. Philipp IV., ein eher zartbesaiteter, kunstliebender Fürst, setzte jedoch nicht die rigide Politik Philipps II. fort. So unterstützte er einen Aufstand von Hugenotten in Südfrankreich. Er erließ Gesetze gegen die Anwendung der sogenannten Blutgesetze, durch die zum Christentum konvertierte Juden in vielen Bereichen diskriminiert wurden. Er selbst verhandelte mit jüdischen Bankiers aus Oran und erlaubte portugiesisch-jüdischen Händlern die Teilnahme am Ostindienhandel.[301] König und Minister hatten die strukturellen Probleme des spanischen Reichs im Blick und stellten mit der ganzen dazugehörigen Propaganda einen Regenerationsplan auf. Ehrgeizig setzten die beiden alles daran, die Schande der Friedenspolitik ihrer Vorgänger Philipp III. und seines Beraters Lerma wieder auszulöschen.[302]

Als sich die Spanier bei einer erneuten Gesprächsrunde in einer starken Position sahen, stellten sie sogar die Bedingung, in jeder niederländischen Stadt müsse zumindest eine katholische Kirche gebaut werden.[303] Die Habsburger Waffen zumindest sollten in den kommenden Jahren Erfolge haben. Am 6. August 1623 besiegten die Kaiserlichen unter Tilly die Armee von Christian von Braunschweig bei Stadtlohn, einen Steinwurf entfernt von der Gelderner Grenze. Gelderland und Overijssel hielten den Atem an, doch der Kampf blieb auf der Ostseite der Grenze. Spinola unternahm in dem Jahr nichts Nennenswertes und hielt sich damit an den defensiven Krieg, was ihm allerdings den Vorwurf einbrachte, er würde sich wohl nicht mehr trauen.[304]

Courage zeigte er ein Jahr später doch noch, als er am 28. August 1624 seinen Ratgebern zum Trotz Breda belagerte.[305] Die Stadt war mit Befestigungsanlagen und einer großen Garnison sehr gut vorbereitet. Von außen riegelte die Republik Spinolas Armee weitgehend von der Versorgung mit Proviant ab. Die Reaktionen in Madrid waren ebenso negativ wie bei Spinolas Aktion gegen Bergen op Zoom. Die Einnahme der Stadt würde aufgrund ihrer Lage gar keinen Nutzen bringen, da sie keinen Zugang zum Zentrum der Republik bot. Wieder würde Spinola die Hälfte seines Geldes, seiner Güter und seiner Mannschaften verlieren. Und so geschah es auch. Die Belagerung dauerte den ganzen Winter über. Am 23. April 1625 starb Prinz Moritz, der nichts mehr für die Befreiung der Stadt hatte tun können. Sein jüngerer Halbbruder Friedrich Heinrich wurde sein Nachfolger und machte sich am 27. Mai auf, um die Lage rund um Breda zu kontrollieren. Die Stadt war nicht mehr zu retten, der Befehlshaber der Stadt, Justinus von Nassau, übergab die Stadt unter ehrenvollen Bedingungen. Die Belagerten waren, so zeigte sich jetzt, viel gesünder als die Belagerer, denen es an allem fehlte. Viele Einwohner Bredas, auch Katholiken, verließen die Stadt nach der Kapitulation und siedelten sich im benachbarten Geertruidenberg an.[306] Isabella ließ sich in Breda als Generalstatthalterin huldigen, und natürlich erschien ein auch ins Englische, Spanische und Französische übersetztes prächtiges Buch, worin die Stadt und die Eroberung gepriesen wurden.[307] Spanien feierte den Sieg als einen der größten des 17. Jahrhunderts. Das Jahr 1625 war ein zweites *annus mirabilis*. Philipp IV. hieß von nun an Felipe el Grande. 1635 malte Diego Velázquez, der spanische Hofmaler, die Übergabe Bredas für einen der Paläste des Königs in Madrid.[308]

Auf maritimem Gebiet hatte die Republik keine Langzeitstrategie und musste sich darauf beschränken, den Fischerei- und Handelsschiffen Geleitschutz zu geben. Die wichtigsten waren die Hunderte von Heringsbüsen aus Seeland sowie Süd- und Nordholland.[309] Danach folgten die Kauffahrer auf dem Mittelmeer, der Ostsee, Archangelsk und den ostindischen Inseln. Die königlichen Schiffe in den Häfen von Oostende und Dünkirchen wurden zwar von Anfang März bis Ende Oktober am Auslaufen gehindert, doch eine lückenlose Blockade war das nie. Schon 1622 versenkten die Dünkirchener Dutzende Heringsbüsen; deren Mannschaften landeten im flämischen Binnenland im Gefängnis. Von dort konnten ihre Mitbürger oder Dorfnachbarn in der Republik sie freikaufen.

Dagegen vergrößerte die Ostindische Compagnie in Asien Schritt für Schritt ihr Gebiet. Sie war dabei so effektiv, dass Philipps portugiesischer Rat empfahl, ein Übereinkommen zu schließen, weil der Krieg von Tag zu Tag aussichtsloser wurde.[310] Im fernen Brasilien schien es zunächst, als würden die Holländer 1624 mit der Einnahme von Salvador de Bahia an der Allerheiligenbucht einen Erfolg verbuchen. Aufgrund der geografischen Lage erreichte die Nachricht von der überraschenden Einnahme der Stadt Spanien aber eher als die Republik. Eine spanische Armada, die unter dem Kommando von Don Fadrique de Toledo die Stadt befreien sollte, war daher schneller vor Ort als die niederländische Hilfsflotte. Die Garnison, auf der Landseite von Portugiesen eingeschlossen, erkannte rasch die Sinnlosigkeit eines Widerstands und kapitulierte. Die Spanier bekamen Salvador wieder und behielten es. Auch dieser Kampf wurde auf einem Gemälde für den neuen Palast des Königs, den »Buen Retiro« in Madrid, verewigt.[311]

Eroberungen der Republik

Breda blieb für geraume Zeit die letzte spanische Eroberung im Norden. Wie wichtig der Besitz der Niederlande für Spanien auch sein

Die Wiedereroberung von Bahia. Der Sieg Fadriques de Toledo über die Holländer im Jahr 1625. Ein gewitzter Drucker, vermutlich aus den Königlichen Niederlanden, brachte die Geschichte auf Niederländisch und Französisch auf den Markt. Er besaß jedoch keine Karte von Bahia, nahm stattdessen eine Karte von der Eroberung von Sluis aus dem Jahr 1604 und »bearbeitete« diese so, dass man sie für eine Karte von Bahia halten sollte.

mochte, noch wichtiger war die spanische Vorherrschaft in Italien. Und die war durch eine Nachfolgekrise in Mantua im Jahre 1627 und in den darauffolgenden Jahren gefährdet. Spinola bekam den Oberbefehl. Das war ein empfindlicher Verlust für die königliche Armee, weil in den Niederlanden kein gleichwertiger Stellvertreter bereitstand, der ihn als Anführer der verschiedenen internationalen Mannschaften, aus denen die Armee bestand, hätte ersetzen können. Ganze Regimenter wurden jetzt aus den Niederlanden nach Italien dirigiert, sodass Brüssel sich auf eine defensive Politik beschränken musste. 1629, nach dem Fall von Den Bosch, wurde Spinola von Philipp IV. und Isabella bedrängt, in die Niederlande zurückzukehren. Aber weder Befehle noch Schmeichelei halfen, denn Spinola hatte das Vertrauen in ihre finanzielle Unterstützung verloren und war nicht länger gewillt, den Krieg aus eigener Tasche zu zahlen. Er starb am 25. September 1630 in Montferrat.[312]

Der neue Statthalter der Republik konnte sich jetzt also beweisen. Wie schon Moritz war auch Friedrich Heinrich ein Mann des Militärs, der sich in gutem Einvernehmen mit seinen Vettern, den Statthaltern von Friesland-Groningen, für einen Angriffskrieg entschied. Anders als im Süden wurden die Angriffsziele von den Generalstaaten bestimmt, woran die Statthalter sich hielten. Im Gegensatz zu Moritz war Friedrich Heinrich politisch höchst aktiv und versuchte die Beschlüsse in Städten, Fürstentümern und Allgemeinen Ständen durch Vertrauenspersonen zu beeinflussen. 1625 war er nicht nur Nachfolger von Moritz geworden, sondern hatte auch die Deutsche Amalia zu Solms-Braunfels geheiratet. 1626 wurde ihr Sohn Wilhelm geboren, der spätere Statthalter Wilhelm II. Es folgten noch vier Töchter, die alle ihrem Stand entsprechend (oder sogar darüber) einen fürstlichen Ehemann finden sollten. So gab es wie zu Zeiten Wilhelms von Oranien wieder eine Dynastie in Holland. Außerdem setzte Friedrich Heinrich sich aktiv in der Außenpolitik ein. Bei Verhandlungen mit Spanien missbilligte er zwar die Einmischung Englands und Frankreichs, wollte sich jedoch die freundschaftlichen Beziehungen zu beiden Ländern erhalten. Es war ein Erfolg für seine dynastischen Ambitionen und für die Aufwertung des Hauses Oranien in Europa, als sein Sohn Wilhelm im Alter von 15 Jahren mit einer Tochter des englischen Königs verheiratet wurde. Das war durchaus über seinem Stand. Eine gute Beziehung zu Frankreich brauchte er wiederum wegen seines Kampfes gegen Spanien. Deshalb hielt er es für richtig, dass die Republik und er selbst Frankreich 1627 bei der Isolierung und

Bereits 1628, als Friedrich Heinrich seine größten Eroberungen noch vor sich hatte, wurde er mit diesem Bild verherrlicht. Die Freiheit wird gebracht, Handel und Gewerbe, Landbau und Viehzucht, Kunst und Wissenschaft blühen auf.

Eroberung der protestantischen Hafenstadt La Rochelle unterstützten. Im Gegenzug erhielt die Republik jährlich beträchtliche französische Subventionen, der Prinz bekam den schönen Titel: *Son Altesse,* Seine Hoheit.

Im eigenen Land ragten Oldenzaal in Overijssel und Groenlo als Fremdkörper ins Gelderner Grenzgebiet. Oldenzaal fiel 1626 dank der Belagerung von Ernst Casimir, Statthalter von Friesland und Groningen, der Republik zu. Im Jahr 1627 war Groenlo an der Reihe. Das war nicht ohne Risiko. Groenlo lag ziemlich weit entfernt von den großen Flüssen, sodass die Zufuhr von Munition und Proviant ungesichert war. Am 20. Juli begann der Prinz mit der Belagerung der Stadt. Nach den üblichen Regeln der Kriegskunst ließ er seine Armee als Erstes den Zugang zur Stadt abschließen und eine Angriffslinie bilden, die »nach innen«, also gegen die Stadt, gerichtet war. In zweieinhalb Kilometer Entfernung von der Stadt konstruierte die Armee zur Abwehr etwaiger Befreiungsversuche eine »nach außen« gerichtete Verteidigungslinie. Die Stadt wurde durch eine gewaltige Beschießung in Angst und Schrecken versetzt. Als die Schützengräben so nahe an die Stadt herangerückt waren, dass eine Bresche in die Wallmauern geschlagen werden konnte, ergab sich die Stadt am 20. August. Groenlo ist nicht wieder in Besitz des spanischen Königs gekommen.[313]

Im selben Jahr führte Piet Hein im Dienst der Westindischen Compagnie (WIC) den Befehl über eine Eskorte von Kaperschiffen. Er verübte einen Anschlag auf die Schiffe im Hafen von Salvador de Bahia, wo er über 2500 Kisten Zucker erbeutete. Noch schöner wäre es gewesen, wenn er statt Zucker Silber erbeutet hätte. Am 8. und 9. September 1628 überwältigte Piet Hein in der Bucht von Matanzas auf Kuba die spanische Silberflotte. Das war der Halbjahrestransport, der den Ertrag der spanischen Silberminen in Mittel- und Südamerika nach Sevilla verschiffen sollte. Die Silberflotte war die entscheidende Einkommensquelle der spanischen Regierung. Die fiel nun also den »Rebellen« in die Hände. Es waren nur drei Schiffe, aber der Handelswert des Silbers betrug 11 Millionen Gulden. Das entsprach zwei Drittel des Etats der republikanischen Armee. Der größte Teil ging an den Staat, ein ansehnlicher Batzen davon an den Statthalter. Piet Hein wurde mit lediglich 7000 Gulden abgespeist, sodass er umgehend seinen Abschied von der WIC nahm. Der normale Seemann kam noch schlechter davon.[314]

In den Generalstaaten wurde anschließend natürlich heiß diskutiert, wofür man diesen gigantischen Glückstreffer verwenden sollte.

Für weitere Einsparungen, einen neuen Feldzug oder eine See-Expedition? Vor allem die Seeländer wären erfreut gewesen über eine finanzielle Unterstützung der notleidenden WIC, die damit einen neuen Überfall auf Brasilien hätte unternehmen können. Auf der Landseite fiel die Wahl auf Den Bosch, eine machtvolle, gut befestigte Stadt.[315] Die Belagerungsmaßnahmen um Den Bosch waren wieder umfangreich und damit teuer, doch Friedrich Heinrichs Armee war Anziehungspunkt für eine große Anzahl ausländischer Offiziere, die gern auf eigene Kosten kamen, um das Kriegshandwerk zu lernen. Der Prinz war infolgedessen so gut verschanzt, dass seine Gegner ihr Heil in einem Angriff andernorts suchten. Die Invasion, die der südniederländische Adlige Heinrich van den Bergh gegen die Veluwe unternahm, blieb wirkungslos. Viel gefährlicher war der Überfall einer spanisch-kaiserlichen Armee aus dem Reich. Es war das einzige Mal, dass sich der Dreißigjährige Krieg unmittelbar auf den Achtzigjährigen Krieg auswirkte. Unter ihrem Feldherrn Montecuccoli überquerten die Feinde zum ersten Mal die IJssel und nahmen Amersfoort ein (13. August 1629). Das führte zu Panik in der gesamten Republik. Nicht aber bei Friedrich Heinrich, der sich nicht weglocken ließ. Zum Glück meldeten sich ein paar draufgängerische Männer bei ihm. Sie kannten die Situation in Wesel, dem Versorgungszentrum der spanisch-kaiserlichen Armee. Die Arbeiten rund um die Verteidigungsanlagen boten eine Schwachstelle, die sie nutzen wollten, um sich der Stadt zu bemächtigen. Mit ausreichend Mannschaften versehen ging der Plan auf. Wesel in den Händen des Feindes bedeutete das Ende der Kaiserlichen in der Republik. Daraufhin ergab sich Den Bosch. Die Belagerung von Den Bosch wurde kurz darauf in einem Buch verewigt.[316] Kürzer aber als der Dichter und Komponist Constantijn Huygens kann kein Historiker die Geschichte zusammenfassen:

> Der Prinz belagerte Den Bosch und flog nach Wesel
> Das war ein tüchtiger Sprung vom Ochs auf den Esel.

Das Entsetzen in den Königlichen Niederlanden war unbeschreiblich. Vertreter des Hochadels und der Geistlichkeit trafen sich heimlich und baten Isabella, den Einfluss der Spanier in der Landesregierung und in der Armee zu verringern und mehr Leute aus den eigenen Reihen zu ernennen.[317]

In dieser brenzligen Situation bekam Isabella einen neuen Berater in der Person des katalanischen Marquis von Aytona. Er hatte seine diplomatischen Fähigkeiten bereits in Spanien und als spanischer Botschafter in Wien bewiesen. Er setzte sich beim König dafür ein, den Wünschen nach Selbst- und Mitbestimmung der Adligen in den Niederlanden entgegenzukommen. Auf seinen Rat hin wählte Isabella den Bischof von Gent, Anton Triest, und den Erzbischof von Mecheln, Jacob Boonen, in den Staatsrat.[318] Der selten zusammengerufene Staatsrat bekam einen Teil seines Mitspracherechts zurück. Die beiden Bischöfe, die eine wichtige Stimme in den Ständen von Flandern beziehungsweise Brabant hatten, übten somit eine Brückenfunktion zwischen diesen Ständen und der zentralen Regierung aus.[319] Der ebenfalls ernannte Antwerpener Jurist Pieter Roose jedoch war ein entschiedener Verfechter der königlichen, zentralisierten Macht und kein Brückenbauer. Schon bald genoss er den Vorzug, den König in Madrid zu beraten.

Das Jahr 1631 war weniger erfolgreich für die Republik. Da der Krieg um Mantua beendet war, kamen die spanischen Truppen im Marschtempo wieder aus Italien zurück in die Niederlande. Dort machten sie Friedrich Heinrichs Anstrengungen zur Belagerung von Brügge ein Ende. Am Haus Nummer 38 in der Brüggener Wolstraat kann man drei Reliefs sehen, auf denen Ankunft und Abzug Friedrich Heinrichs abgebildet sind.[320] Die Ecke des Hauses ist durch einen Pfeiler aus Naturstein befestigt, der die Inschrift zeigt: *Auriacus venit, vidit, abiit.* »Der Oranier kam, sah und ging.«[321] Die königlichen Truppen verfolgten die des Prinzen nicht, sodass sie nicht den Eindruck erweckten, den Prinzen verjagt zu haben. Der päpstliche Nuntius schrieb: »Wäre der Prinz einen Monat früher angekommen, hätte es ein unvorstellbares Elend gegeben.«[322] Ein Versuch der Königlichen jedoch, mit einer großen Flotte in seeländische Binnengewässer einzudringen, lief auf ein Fiasko hinaus. In Kenntnis der Pläne lag eine kampfbereite republikanische Flotte unter Marinus Hollaer bei Bergen op Zoom. Unter der Führung von Johann von Nassau-Siegen, der König und Kirche treu geblieben war, gingen die königlichen Schiffe in der Schlacht auf dem Slaak, westlich von Tholen, am 10. September 1631 ruhmlos unter. Der Befehlshaber entkam, aber 4000 Seeleute wurden gefangen genommen, während der Schaden für Brüssel immens war.[323]

Das Jahr 1632 war für die Republik noch einmal ein Höhepunkt im Kampf gegen den Feind. Friedrich Heinrich wagte einen Feldzug entlang der Maas, dessen günstiger Verlauf durch die Unzufriedenheit etlicher südniederländischer Adliger möglich wurde, der Vornehmste unter ihnen war Heinrich van den Bergh. Der Feldzug im Juni 1632 brachte den Republikanern den Besitz von Venlo, Roermond und als Hauptpreis Maastricht. Ein Aufruf Heinrichs van den Bergh an seine Landsleute, das spanische Joch abzuwerfen, hatte keine Wirkung.[324] Ebenso wie während des Überfalls von Moritz im Jahr 1600 (siehe S. 159) blieben die Südniederländer ihrer rechtmäßigen Regierung treu, der Generalstatthalterin Isabella und König Philipp IV. Doch die Entrüstung und die Unzufriedenheit waren gewaltig, sodass Isabella zum ersten Mal seit 1600 wieder die Generalstände zusammenrief. Dabei genoss sie die Unterstützung ihres neuen Beraters. Aytona teilte dem König schlichtweg mit, dass die Versammlung einberufen worden war, ohne seine Zustimmung einzuholen. In jedem Fall zeugte dieses Vorgehen von Rückgrat seitens der Generalstatthalterin wie auch Aytonas. Selbstverständlich verweigerte der König seine Zustimmung, was den Generalständen verschwiegen wurde. Die Vertreter von elf Gewesten kamen im Oktober 1632 in Brüssel zusammen. Olivares meinte dazu, man solle sich nur noch einmal an die »Strenge zur Zeit Philipps II. erinnern«.[325] Aytona schrieb dem König, man hätte die Generalstände zusammenrufen müssen, weil die Stände andernfalls kein Geld für den Krieg mehr zur Verfügung gestellt hätten. Die Geweste waren übrigens nicht grundsätzlich gegen einen Krieg, solange ihre Meinung gehört wurde. Die wallonischen Provinzen forderten nur höhere Funktionen für ihre Offiziere, die bisher durchweg an die Spanier und Italiener gingen.[326] Bei den folgenden Friedensverhandlungen erhöhte die Republik ihre Forderungen, indem sie jetzt auch Toleranz für den Protestantismus in den Königlichen Niederlanden verlangte. Außerdem sollten jüdische Niederländer in Spanien und Portugal anderen Niederländern rechtlich gleichgestellt werden. Wie zu erwarten, wurde nichts daraus.

Wie der Generalstatthalterin nach der Krise 1629 der Marquis von Aytona zur Seite gestellt wurde, so schickte Olivares nach der Krise 1632 den Juristen Pieter Roose zurück nach Brüssel. Er genoss das volle Vertrauen von Olivares und Philipp IV. und war, so möglich, noch königsgesinnter als der König selbst. Roose wurde erlaubt, die Parteien innerhalb der Königlichen Niederlande gegeneinander auszuspielen. Er durfte sogar mit der Republik einen Vertrag schließen, ohne die Generalstatthalterin darüber in Kenntnis zu setzen.[327] Wieder einmal verleugnete Spanien damit seine eigenen Leute. Am 1. Dezember 1633 starb Isabella. Joost van den Vondel, der zum Katholizismus konvertierte Dichter aus Amsterdam, pries sie in einer Totenklage als Mutter des Vaterlands.[328]

Die letzte spanische Offensive

Die Königlichen Niederlande bekamen mit Ferdinand von Österreich, einem Bruder Philipps IV., wieder einen Fürsten von Geblüt als Generalstatthalter. Wie es mit Brüdern von Königen öfter der Fall ist, war es nicht einfach, einen sinnvollen Posten für ihn zu finden. Eine wirkliche Berufung zum geistlichen Stand spürte dieser ruhelose junge Mann nicht, aber nachdem er die niederen Weihen als Priester empfangen hatte, konnte er zum Erzbischof von Toledo ernannt werden, was der spanischen Krone jährlich 400 000 Escudos einbrachte. Prompt wurde er auch zum Kardinal ernannt. Isabella hatte den König gewarnt, dass »Kardinäle hier in den Niederlanden sehr schlecht angesehen seien«, womit sie natürlich an Granvelle erinnerte.[329] Ferdinand jedoch, der zur Verstärkung in der kaiserlichen Armee im Dreißigjährigen Krieg kämpfte, war es gelungen (oder er hatte das Glück gehabt), am 6. September 1634 die Schweden bei Nördlingen zu schlagen. Sein Ruhm als Kriegsheld eilte ihm voraus. Im Dezember 1634 trat er sein Amt an. Er brachte eine Truppe von 11 000 Mann mit, die zusammen mit Aytonas Landarmee von 30 000 Mann eine stattliche Heeresmacht bildeten. Das war bitter nötig, denn im selben Jahr hatten die Republik und Frankreich ein Angriffs- und Verteidigungsbündnis geschlossen. 1635 erklärte Frankreich Spanien den Krieg.

Es gelang Olivares von 1634 bis 1640 durch Erhöhung der Steuern noch einmal, eine große militärische Offensive zu Land und zur See zu starten, die weitaus besser organisiert war als in der Vergangenheit. Nach jahrzehntelangen militärischen Auseinandersetzungen hatte Madrid jetzt endlich begriffen, wie der Krieg in den Niederlanden geführt werden musste, bedauernswerterweise allerdings immer noch, ohne sich zu fragen, ob oder wie dieser Krieg den niederländischen Interessen diente. Erfolgreiche Transporte Tausender Mannschaften auf dem Seeweg und Investitionen in die flämische Flotte verschafften Spanien jetzt eine wesentlich stärkere Ausgangsposition. Die erste Kriegshandlung des Kardinalinfanten, eine Belagerung der Festung Philippine in Seeländisch-Flandern, scheiterte übrigens. Der Kardinalinfant schob den verantwortlichen Offizieren die Schuld zu. Für den päpstlichen Gesandten lag es hingegen daran, dass Ferdinand auf die Jagd gegangen war, während in allen Städten für den Erfolg der Belagerung gebetet wurde.[330]

Der Tiefpunkt in der Geschichte der Königlichen Niederlande war die gemeinsame französisch-niederländische Invasion in Brabant im

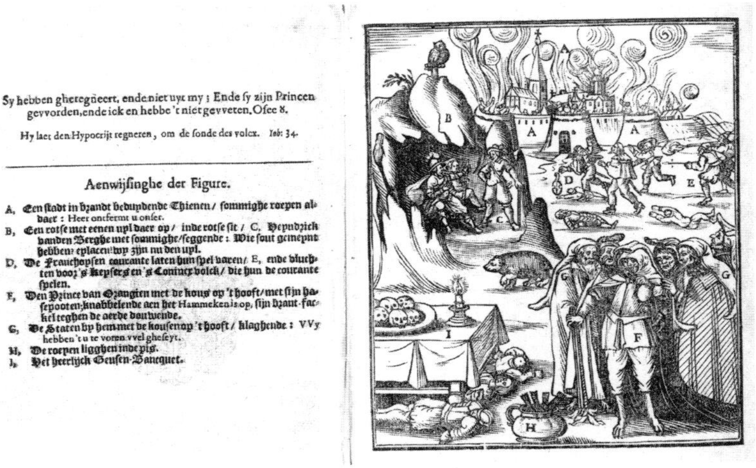

Tienen, in Brand gesteckt durch die Truppen Friedrich Heinrichs (im Vordergrund) und der Franzosen. Hinter Friedrich Heinrich stehen die Abgeordneten der Generalstände aus der Republik.

Juni 1635. Nach der Einnahme der kleinen Stadt Tienen, östlich von Brüssel, am 10. Juni vergingen sich französische und niederländische Soldaten an der Bevölkerung, sie plünderten, vergewaltigten und mordeten. Das hatte es seit Jahren nicht mehr gegeben. Entsprechend groß war die Entrüstung in der Öffentlichkeit und in den Pamphleten.[331] Nachdem die Invasionsarmee Diest und Aarschot eingenommen hatte, begann gegen den Rat Friedrich Heinrichs die Belagerung von Leuven. Umgeben von anderen befestigten Städten würde Leuven nach einer Einnahme wohl nicht lange gehalten werden können. Die Garnison, Bürger und Studenten setzten sich erfolgreich zur Wehr und konnten die Stadt verteidigen. Die französisch-niederländische Armee lief auseinander, wobei französische Soldaten von den wütenden Bauern und Bürgern gelyncht wurden. Man schnitt ihnen die Ohren ab, weil bei der Eroberung von Tienen einem Marienbild die Ohren abgeschnitten worden waren, und lieferte sie dem Marquis von Aytona in einem Korb.[332]

Erfreulich für Spanien und die Königlichen Niederlande war die unerwartete Einnahme der Schenkenschanz, einer Festung an dem strategisch wichtigen Punkt, wo sich der Rhein in Waal und Niederrhein teilt. Königliche Truppen aus Gelderland hatten die Schanze überraschend am 26. Juli 1635 eingenommen. Die Euphorie in Madrid über den Besitz dieser einen Schanze ist kaum vorstellbar. Möglicherweise war es die Folge eines jahrelangen Frusts, dass dieser vereinzelte Sieg zu einem welthistorischen Augenblick aufgewertet wurde. Schon bald hatte sich Ferdinand mit 40 000 Mann östlich und südlich dieses Fremdkörpers in der Landschaft eingefunden; nördlich und westlich lag Friedrich Heinrich mit derselben Anzahl. Olivares hielt den Besitz von Schenkenschanz für ebenso wichtig wie die Einnahme von Paris oder Den Haag. Philipp IV. dachte, er könne den Krieg von dort aus innerhalb von fünf Tagen in die Mitte von Holland tragen. Andere Hofstrategen meinten, die Schanze sei ebenso wichtig wie Antwerpen und Brasilien zusammen. Ferdinand selbst allerdings hatte seine Zweifel, ob die Schanze gehalten werden könnte. Und er sollte Recht behalten. Am 30. April 1636 kapitulierte die Besatzung, die Verteidigungslinie der Republik war somit wieder geschlossen. So unangemessen die Begeisterung von Olivares gewesen war, so groß und unangemessen war auch sein Wehklagen über den Verlust dieser einen, wenn auch wichtigen Schanze.[333]

Seitdem die Franzosen der Republik 1637 den Vorschlag gemacht hatten, gemeinsam Dünkirchen einzunehmen, war das für Friedrich Heinrich ein attraktives Kriegsziel. Doch nachdem sie vor Rammekens drei Wochen lang durch ungünstigen Wind festgehalten worden waren, ließ er diesen Plan fallen. Möglicherweise hatte er aus dem Debakel von 1600 bei Nieuwpoort (siehe S. 159) eine Lehre gezogen. Er setzte jetzt alle Mittel gegen das nahegelegene Breda ein. Der Prinz hatte die Stadt eingeschlossen, bevor Ferdinand von der französischen Grenze kommen konnte, um das zu verhindern. Deshalb zog der Kardinalinfant gen Osten, wo ihm Venlo und Roermond gleichsam in den Schoß fielen. Zum Ärger von Olivares wandte er sich dann wieder der Front in Frankreich zu und nicht der Republik. Breda ergab sich am 7. Oktober 1637, nachdem über die Hälfte der Besatzung gefallen war. Das war eine bittere Pille für Madrid, wo sozusagen die Farbe von Velázquez' majestätischer Darstellung der Übergabe von Breda 1625 noch nicht getrocknet war.

Im Jahre 1638 war Antwerpen das Kriegsziel der Republik – gegen den Willen von Friedrich Heinrich, der den Plan unrealistisch fand. Auch Amsterdam war dagegen, den gefürchteten Handelsrivalen über die Grenze zu holen. Doch andere holländische Städte und die anderen Provinzen wünschten sich dies gerade als Gegengewicht zu Amsterdam.[334] Von Seeland aus traf man umfangreiche Vorbereitungen. Unter der Leitung Wilhelms von Nassau-Siegen, einem Vetter des Statthalters, landeten 6 000 Soldaten auf dem linken Scheldeufer.

Fort Schenkenschanz

Dort sollten sie die Festungen, darunter Kallo, einnehmen. Der energische Befehlshaber von Antwerpen ging in bester kastilischer Tradition unverzüglich zum Gegenangriff über. Die Truppen der Republik hatten mit einer solchen sofortigen und vehementen Reaktion dummerweise nicht gerechnet und erlitten eine schmachvolle Niederlage. Mehrere Hundert Mannschaften fielen, 2500 Männer sowie eine große Anzahl von Waffen und Kriegsgerät gerieten in die Hände des Feindes. Ein Debakel für die Republikaner, für die Stadt Antwerpen und den Süden dagegen ein spektakulärer Erfolg.[335] Für einen festlichen Umzug durch Antwerpen entwarf Rubens den Triumphwagen von Kallo und schuf auch das gleichnamige Gemälde. Als Ferdinand dann auch noch bei St. Omer die Franzosen besiegte und Paris bedrohte, außerdem ein französischer Angriff in Spanien selbst abgewehrt wurde, hatte es den Anschein, als könne Spanien der Zukunft voll Vertrauen entgegensehen.

Der Endkampf

Und vertrauensvoll setzten die Spanier nun alle Hoffnung auf ihre zweite Armada. Diese riesige Flotte sollte die niederländische See-

macht unter ihrem neuen tüchtigen Kommandanten Maarten Harpertszoon Tromp besiegen. Selbstsicher gab Olivares die Order aus, dass die niederländische Flotte auch dann angegriffen werden dürfe, wenn sie sich in einen englischen Hafen flüchten sollte.[336] Doch das Gegenteil traf ein. Tromp suchte die Konfrontation mit der spanischen Armada im Ärmelkanal und ließ seine Schiffe in Linie fahren, eins hinter dem anderen. Auf diese Weise konnte jedes Schiff seine Kanonen zuerst auf einer Seite auf den Feind abfeuern und dann, wenn man den Steven gewendet hatte, von der anderen Seite aus. Und so waren es die spanischen Schiffe, die bei den Downs in den Schutz der englischen Küste flüchteten. Auch Tromp hatte die Erlaubnis bekommen, die Engländer zu ignorieren, und griff die spanische Flotte an. Es wurde eine erbarmungslose Vernichtungsschlacht. Dutzende spanische Schiffe fanden den Untergang, wie ebenfalls 9 000 bis 10 000 Seeleute. Dennoch war der Sieg nicht vollkommen, da über 5 000 der ursprünglich 8 500 Infanteristen, die für die Königlichen Niederlande bestimmt waren, die Flucht aufs englische Festland gelang. Danach setzten englische Schiffe sie nach Flandern über. Auch die drei Millionen Escudos in Silber zur Unterstützung der Kriegskasse erreichten Flandern ungehindert.[337] Trotzdem bedeutete die Niederlage ein Ende aller weiteren spanischen Ambitionen.

Peter Paul Rubens' Entwurf des Triumphwagens von Kallo.

So glanzvoll wie 1639 der Sieg der republikanischen Flotte über die Armada war, so dramatisch verlief der Kampf gegen die Kaperschiffe von Dünkirchen. Es war, als würde der niederländische Löwe von einem Wespenschwarm geplagt. Trotz des ununterbrochenen Kampfes gegen die Freibeuter blieben die Verluste in dem Jahrzehnt 1630 bis 1640 bestürzend groß. Denn nicht nur der Umfang der flämischen Flotte war zwei- bis dreimal so groß, auch die Feuerkraft der Kanonen hatte gewaltig zugenommen.[338]

Ein wechselhaftes Bild zeigt der Kampf in dem Streifen Land, den die Republik in Brasilien besaß. Die dortige Regierung bekam einen neuen Impuls, als Johann Moritz von Nassau-Siegen zum Gouverneur ernannt wurde. Als erfahrener Feldherr wusste er, wie er es anzustellen hatte, das niederländische Grundgebiet auszubreiten und zu sichern. Er verkündete Religionsfreiheit – auch für Katholiken und Juden –, kurbelte die Zuckerproduktion an, wodurch es einen Wirtschaftsaufschwung gab, und holte Künstler ins Land, die die Natur in Bildern festhalten sollten. All dies verlieh seiner Regierung geradezu mythische Dimensionen.[339] Doch die Schattenseite darf nicht übersehen werden. Um den Wohlstand der Kolonie und auch seiner eigenen Person zu gewährleisten, ließ er ganze Schiffsladungen von Sklaven aus Afrika für die Arbeit in den Zuckerrohrplantagen heranschaffen.

Ein neuer maritimer Angriff unter seiner Führung auf Salvador de Bahia misslang. Außerdem waren die Kosten für die niederländische Regierung viel höher als der Gewinn, den es der Westindischen Compagnie einbrachte, und der Maßstab der Compagnie war nun einmal Rentabilität. Die Mittel der Republik waren jetzt ausgereizt. Nachdem Portugal im Dezember 1640 seine Unabhängigkeit von Spanien zurückgewann, was – Ironie des Schicksals – auch mit Hilfe der Republik möglich gemacht worden war, strebte es die Wiedereroberung seiner verlorenen Kolonien an. Im Abwägen der Vor- und Nachteile einer guten Beziehung zu Portugal gab die Compagnie auf.

Die Ereignisse des Jahres 1640 führten schließlich dazu, dass Spanien endlich bereit zum Frieden war. Zuerst verlor es Artois im Krieg gegen Frankreich. Dann kam der Aufstand auch ins eigene Land, als die Katalanen sich gegen ihren rechtmäßigen Fürsten auflehnten. Und im Dezember revoltierten zum Entsetzen Madrids außerdem die Portugiesen. Sie wählten ihren eigenen König aus dem Hause Bragança und riefen die Unabhängigkeit aus. Die Republik erkannte die portugiesische Unabhängigkeit sofort an und versorgte das Land eifrig mit allen gewünschten Lebensmittelvorräten und militärischen Gütern. Sie schickte sogar Mannschaften aus der Republik zur Unterstützung der portugiesischen Armee. Ein Geschwader unter Flottenadmiral Artus Gijsels allerdings, das den Auftrag hatte, einen Aufstand der

Maarten Harpertszoon Tromp, ca. 1640.

Andalusier zu unterstützen, kam nicht weiter als bis Kap Vincent, dem südlichen Punkt von Portugal. Es stieß auf die spanische Flotte, die dort die Silberflotte erwartete. Das heftige Gefecht hatte keinen eindeutigen Sieger oder Verlierer, doch der niederländischen Flotte blieb nicht anderes übrig, als zurückzukehren. Für Olivares waren die Jahre 1640 und 1641 ein Albtraum. Er war in einem entvölkerten und verarmten Kastilien zwischen zwei Brennpunkte geraten: Portugal und Katalonien.[340] Doch er hielt stand.

In den Niederlanden verließ den Kardinalinfanten Ferdinand inzwischen der Mut, weil ihm für seine 2300 Kavalleristen die Pferde fehlten. Die Auseinandersetzungen zwischen den beiden Ländern brachten keine nennenswerten Eroberungen. Friedrich Heinrich nahm Gennep im Sommer 1641 ein. Im Süden verloren die Armeeführer sich in Scharmützeln: »Keiner konnte sich mit keinem vertragen«, um den Historiker René Vermeir zu zitieren.[341] Erschreckend ist auch seine Feststellung, dass die spanischen Befehlshaber, wenn es um Kriegskunst im engeren Sinne, wie etwa die Ballistik ging, über keinerlei Sachkenntnis verfügten.[342] Am 9. November 1641 starb der Kardinalinfant mit 32 Jahren. Sein Nachfolger als Generalstatthalter, der Portugiese Francisco de Melo, erwarb sich mit seinem kraftvollen Auftreten Sympathie und fand Bereitschaft zur Zusammenarbeit. Doch am 19. Mai 1642 erlitt er bei Rocroi in den französischen Ardennen eine vernichtende Niederlage.[343] Wie schon nach dem Verlust von Den Bosch und Maastricht wurde heimliche und offene Kritik laut. König Philipp IV. wollte es noch einmal mit einem unehelichen Sohn als Generalstatthalter versuchen, doch für den katholischen Süden kam das nicht mehr infrage.

1644 verloren die Königlichen Niederlande das seeländische Sas van Gent an die Republik und Grevelingen an Frankreich.[344] De Melo übertrug im selben Jahr Manuel, Marquis von Castel Rodrigo, die vorübergehende Generalstatthalterschaft. Der übte mit kargen finanziellen Mitteln das Amt in Zusammenarbeit mit den Bischöfen von Triest und Boonen aus. In der äußersten Not dieser Tage willigte Philipp IV. jetzt endlich ein, dass die Ständeversammlung die Verantwortung für die Bezahlung der Truppen übernahm. Das war in Holland bereits fast 80 Jahre zuvor zur Regel geworden (siehe S. 35–36)![345]

Monstranz, ca. 1640. Bei der Einnahme von Hulst unter Friedrich Heinrich 1645 nahmen die Katholiken diese Monstranz mit in ihr Bistum Gent. 1780 kehrte die Monstranz zu den Katholiken in Hulst zurück.

Noch einmal wurde das Jahr 1645 zu einem Katastrophenjahr für die Königlichen Niederlande, weil die Armeeführung durch interne Streitigkeiten zerrieben wurde. Den Franzosen gelangen Eroberungen im französisch-niederländischen Grenzgebiet. Friedrich Heinrich nahm Hulst ein, und von dort aus wurden große Teile Flanderns der Republik tributpflichtig; das hieß im Klartext, dass gezahlt werden musste, um Plünderungen zu vermeiden. Im Übrigen hatten die heftigen Beschießungen bei den Kämpfen um die jetzt befriedeten Städte Sas van Gent und Hulst starke Schäden angerichtet.[346] In dieser Not wollten die Stände der Königlichen Niederlande direkte Beratungen mit den Ständen der Republik. Die Republik ließ wissen, dass sie dazu bereit sei, allerdings nur als Teil der allgemeinen Friedensverhandlungen von Münster.[347]

Trotzdem führten die Armeen der Republik und Frankreichs 1646 noch Krieg. Die Franzosen zogen nordwärts an der Küste entlang, und zwar ebenso mühelos, wie für Friedrich Heinrich 1632 der Feldzug entlang der Maas gewesen war. Die Eroberung von Dünkirchen war der absolute Höhepunkt für die Franzosen. Der französische Botschafter der Republik erzählte, der Amsterdamer Bürgermeister Bicker sei bei dieser Nachricht erbleicht und weißer geworden als sein Kragen.[348] Friedrich Heinrich belagerte zur gleichen Zeit Venlo, doch dessen gerade noch verstärkte Garnison wehrte sich nach Kräften. Möglicherweise aber gab der Prinz auf, weil er schon wusste, wie weit die Friedensverhandlungen in Münster gediehen waren.

Der erstaunliche Friedensschluss

Es wäre schön, wenn man die Geschichte vom Friedensschluss als ein Fest mit Fahnen, Trommeln und Trompeten erzählen könnte. Natürlich feierte die Republik den Friedensschluss als Sieg. Da es aber eine Republik von sieben Provinzen war und jede Provinz die eigene Bevölkerungsgruppe und Anhängerschaft hatte, wurde auch der Weg zum Frieden zu einer schier endlosen Diskussion zwischen den Gewesten und innerhalb der Geweste. Die Öffentlichkeit verfolgte die Besprechungen mit Argusaugen. In regelmäßig wiederkehrenden, Monate dauernden heftigen Auseinandersetzungen erschienen Hunderte von Pamphleten dafür oder dagegen. Aus all diesen verwirrenden Besprechungen und komplizierten Details sollen im Folgenden noch einmal die Hauptlinien dargestellt werden.

Anders als bei den Verhandlungen zum Waffenstillstand konnte die Republik selbständig auftreten, ohne dass jetzt eine Koordination oder Begleitung durch England oder Frankreich nötig war. Mehr noch: Frankreich war zwar offiziell Verbündeter der Republik, versuchte jedoch, dieser immer wieder Steine in den Weg zu legen. Bereits im Dezember 1641 hatten die Großmächte parallele Friedensverhandlungen in Osnabrück und Münster beschlossen, die im Juli 1643 begannen. Die Niederländer konnten sich nicht darauf einigen, wer teilnehmen sollte und wie die Instruktionen lauten sollten. Erst am 14. Juli 1645 fassten die sieben Provinzen mit einer Gegenstimme den Beschluss, Bevollmächtigte nach Münster zu senden. Es dauerte dann noch bis zum Januar 1646, bis sie dort ankamen. In der Zwischenzeit schickte Brüssel regelmäßig Abgesandte zu Friedrich Heinrich, um über ihn einen Sonderfrieden mit der Republik zu erreichen. Dabei versuchten sie ihm deutlich zu machen, dass der unaufhaltsame Aufschwung Frankreichs nicht zum Vorteil für die Republik sein konnte. Friedrich Heinrich beteuerte seine Bereitschaft zum Frieden. Und nein, er brauche nicht zum Herzog von Gelderland erhoben zu werden, denn derartige Geschenke Spaniens würden im Vaterland nicht gut ankommen. Es waren die Seeländer und andere Interessengruppen, die sich nicht erweichen ließen.

Eine Schlüsselfigur bei den Verhandlungen in Münster war der Vorsitzende, der spanische Graf von Peñaranda. Ihm war ein Vergleich mit der Republik wichtiger als mit Frankreich. Er schrieb: »Ich halte die Niederländer für gewissenhafter und wenn es darum geht, das Friedensversprechen und den Friedensschwur einzuhalten, wohl für verlässlicher als die Franzosen, und somit wäre es sicherer, an den Vereinbarungen mit den Niederländern festzuhalten.«[349] Bezeichnend für die nationalen Gegensätze war auch seine Feststellung, dass die Holländer nicht mit Hass von den Spaniern sprachen, wie die Franzosen es taten. Und wie vorausschauend er war, sieht man an der Feststellung, eine starke Republik mit ihren Hugenotten aus Frankreich sei wichtig, weil sie unter Umständen eine Koalition mit den Schweden und anderen protestantischen Ländern bilden könnte, wenn man sich gegen die Franzosen zu verteidigen hätte.

Am 16. Januar 1646 begannen die ersten Gespräche, die wegen eines Formfehlers sofort von der Republik abgebrochen wurden. Peñaranda ließ daraufhin durchsickern, die Franzosen hätten eine Hochzeit zwischen ihrem Kronprinzen Ludwig (dem späteren Ludwig XIV.) und einer spanischen Prinzessin vorgeschlagen, die dann als Mitgift die südlichen Niederlande bekommen solle. Das reichte, um die Republik im Mai 1646 wieder an den Verhandlungstisch zu bekommen. Das Ziel war ein Waffenstillstand von 12 oder 20 Jahren. Die Republik hatte immerhin 71 Bedingungen. Abgesehen von ein paar Knackpunkten wurde man sich im Großen und Ganzen einig. Als das bekannt wurde, brach im Sommer die öffentliche Diskussion los. Die Gegner machten sich noch einmal stark. Auffallend aber war, dass, anders als bei früheren Kontroversen, die Friedensstimmen in der öffentlichen Meinung in der Mehrzahl waren. Der einfache Mann blieb bei seiner Auffassung, dass für ihn Kopf und Kragen auf dem Spiel stand und die reichen Kaufleute zweifellos von den Spaniern bestochen worden seien.[350]

Im September schlug Holland in den Generalständen vor, nicht über einen neuen Waffenstillstand, sondern einen echten Frieden zu verhandeln. Am 27. Oktober stimmten die Generalstände mit sechs gegen eine Stimme zu. Seeland stellte sich noch einmal quer und ereiferte sich, das sei eine Verletzung der Union von Utrecht. Im Dezember 1646 waren die niederländischen Abgeordneten wieder in Münster, um die letzten strittigen Fragen zu besprechen. Peñaranda hatte auf Umwegen von ihrer geheimen Anweisung erfahren und wusste, dass keiner der schwierigen Punkte zu einem Abbruch führen dürfe. Durch seine Verhandlungsführung konnten die Übereinstimmungen festgestellt und am 8. Januar 1647 unterschrieben werden. Das sorgte wieder für eine Welle von Diskussionen, die jeden Landstrich und jede Stadt erfasste. Noch waren die Gegner vom Frieden nicht überzeugt, noch waren sie zu stark, als dass man sie hätte ignorieren können. Der französische Botschafter versuchte, das Feuer zu schüren, wo er nur konnte. Erst am 17. September 1647 waren die Abgesandten wieder zurück in Münster. Die Spanier waren inzwischen von all diesem endlosen Diskutieren maßlos irritiert. Nach einer weiteren Zwischenrunde wurden die Absprachen am 30. Januar 1648 unterschrieben. Doch auch dann noch wurde die Ratifizierung in einer Flut von Pamphleten angegriffen, die erbitterte Auseinandersetzung dauerte vom Februar bis zum Mai 1648. Es blieb bei einer Wiederholung von Standpunkten. Eine Delegation der Generalstände war am 28. April nach Middelburg gezogen, um die Seeländer zur Einsicht zu bringen. Vergeblich, vor allem weil sie an ihren Kaperfahrten festhalten wollten. Endlich fand am 15. Mai 1648 im Münster die feierliche Unterzeichnung statt, die vom Maler Gerard Terborch festgehalten wurde. Der Friede von Münster wurde von den Abgesandten des spanischen Königs und der Republik unterschrieben. Ohne den Vertreter Seelands. Allerdings publizierten die Seeländer den Frieden in ihrer Provinz am 30. Mai. Sie fanden sich mit der Entscheidung der Generalstände ab, um die Einheit und Harmonie der Vereinigten Niederlande zu bewahren, wie es so schön hieß. Der offizielle Feiertag in der Republik mit Danksagungen an Gott und öffentlich gezeigter Freude war der 5. Juni 1648. Es war der Tag, an dem 80 Jahre zuvor die Grafen von Egmont und Hoorn enthauptet worden waren.

Nachwort: Versuch eines Fazits

Kennzeichnend für die Geschichte des Aufstands in den Niederlanden sind die unversöhnlichen Gegensätze zwischen einer Vielzahl unterschiedlicher Interessen, kontroverser politischer Standpunkte und religiöser Überzeugungen. Immer wieder löste eine zufällige Aneinanderreihung unvorhersehbarer Ereignisse auf der politischen, militärischen und wirtschaftlichen Ebene verheerende Kettenreaktionen aus. Es gibt viel Augenblicke, wo man zu Recht sagen könnte: Wenn es damals nur ein wenig anders gelaufen wäre, hätte der Aufstand eine ganze andere Entwicklung nehmen können.

Nun sind in der Geschichte Fragen wie »wenn ...« im Allgemeinen müßig. Hier jedoch sind sie sinnvoll. Jede Wendung ist eine Bestätigung der altbekannten Lektion, dass der Lauf der Ereignisse auch anders hätte sein können. Und was besagte diese Lektion? Dass man in der Geschichte nicht davon ausgehen sollte, dass rein politische, religiöse oder wirtschaftliche Faktoren den Lauf der Dinge vorherbestimmt haben. Die staatlichen Binnengrenzen der Niederlande waren die Folge der militärischen Ereignisse, also künstlich geschaffen. Keine vorherbestimmende göttliche Macht rief die protestantischen Niederlande dazu auf, einen eigenen Staat zu gründen. Kein wirtschaftliches Prinzip garantierte den Erfolg der nordniederländischen Handelsrepublik reicher Bürger und bewirkte die Verluste des südniederländischen Ständestaates unter König, Klerus und Adel.

Seit 1433 waren Brabant, Flandern und Holland gemeinsam die Kerngeweste der Niederlande unter Philipp dem Guten. Die Burgunder und Habsburger Fürsten hatten ihre Besitzungen zu den traditionellen Siebzehn Niederlanden ausgeweitet. Diese Siebzehn wuchsen nach und nach zu einem Ganzen zusammen, das sich mit den Namen »Het Nederland«, »Le Pays-Bas« oder »Belgium nostrum« schmückte. Die Trennungslinie lag nicht zwischen Groningen und Friesland einerseits und Artois und Hennegau andererseits. Der wesentliche Unterschied in den Niederlanden bestand zwischen den verstädterten Gewesten Flandern und Holland am Meer mit ihrem Handel und den überwiegend agrarisch geprägten Gegenden im Landesinneren. Nach gut 150 Jahren revoltierten die drei Kerngeweste gemeinsam gegen die Herrschaft des Landesherrn. In den drei Gewesten war der Kampf deshalb am heftigsten, weil die Überlegenheit gegenüber den anderen Provinzen vom Besitz der reichen Städte abhing. Mit der Herrschaft über Flandern und Brabant, wo der Aufstand einst am heftigsten wütete, sicherte Parma der spanischen Krone alle übrigen Geweste im Süden der Niederlande.

Philipp II. wollte um keinen Preis Protestanten in seinen Erblanden zulassen. Deshalb wehrte er sich gegen jede Form eines Vergleichs oder Friedens. Andrerseits trugen auch die Calvinisten Schuld an der Unmöglichkeit einer Lösung: Sie verlangten für sich Religionsfreiheit, wollten sie aber – sobald sie selbst an der Macht waren – den Katholiken nicht zugestehen. In diesem Gegensatz liegt die eigentliche Ursache der Trennung, alles andere ist nur die Folge davon. Die zahlenmäßige Schwäche der Reformierten in der Republik machte es den Regenten relativ leicht, die Toleranz prinzipiell wie auch in der Praxis durchzusetzen. Es blieb ihnen gar nichts anderes übrig.

Holland sollte mit seinem wirtschaftlichen Potenzial zwei Jahrhunderte lang die herrschende Rolle in der Union der Vereinigten Provinzen spielen. Holland nahm auch die vielen Zehntausend Protestanten und andere Gläubige auf, die aus dem von nun an katholischen Süden flüchteten. Mit ihrem Wissen, ihrem Kapital und ihren Handelsbeziehungen lieferten die Immigranten einen gewaltigen Beitrag zum wirtschaftlichen Aufschwung der Republik. Zugleich hofften die fanatischsten calvinistischen Immigranten, dass vom Norden aus der Kampf um die Befreiung des Südens fortgesetzt würde und sie einst wieder nach Brügge, Gent oder Antwerpen würden zurückkehren können. Die Statthalter Moritz und Friedrich Heinrich haben zwar Breda, Den Bosch und Maastricht erobert, doch Angriffe auf die anderen genannten Städte scheiterten. Erst die Teilung in zwei staatliche politische Einheiten besiegelte auch die Spaltung zwischen Protestanten und Katholiken.

Das Erstaunliche dieser Kriegsgeschichte, und das sollte in diesem Buch betont werden, ist die Tatsache, dass die Republik der Vereinigten Provinzen wie auch die Königlichen Niederlande eine Zeit der geistigen und kulturellen Blüte erlebt haben. In Wissenschaft und Forschung mit ihren Universitäten und Erfindern. Auf kulturellem Gebiet mit ihren Schriftstellern und Dichtern, Malern und Komponisten. Und auch in der Wirtschaft wurden nicht nur dunkle Kapitel geschrieben, sondern auch Glanzleistungen vollbracht. Dem Thema sollte man noch eine eigene Studie widmen.

Als Graf Egmont ziemlich ratlos fragte, womit er dem König am besten dienen könne, bekam er zur Antwort: durch Gehorsam. Die spanische *obediencia* jedoch war nichts für die Niederlande. Der englische Minister Walsingham, Begründer des englischen Geheimdienstes, erhielt einmal einen Brief, in dem ihm ein unbekannter Ratgeber von der Suche der Vereinigten Provinzen nach einem Staatsoberhaupt berichtete: *Those towns want to have a lord to obey them, and not to obey him.* Ein wahres Wort. Als Matthias von Österreich, dem alle Geweste der Nieder-Lande als Landesherrn huldigten, die Herrschaft übernahm, geschah das unter derart einschränkenden Bedingungen, dass man von einer konstitutionellen Monarchie sprechen kann. Vergleichen wir diese Bedingungen mit denen, die Prinz Wilhelm von Oranien vorgelegt wurden, um als Graf von Holland gehuldigt zu werden, sehen wir kaum einen Unterschied. Wilhelm von Oranien, aufgewachsen im Hochadel des Südens, war sich nicht zu schade, Führer von Adligen, Bürgern und Bauern zu werden, sozusagen von Jedermann.

Stilisierte Darstellung des Adelsverbundes. Die hebräischen Buchstaben: »Name des Herrn« gibt der Bewegung einen religiösen Charakter, diese Abbildung befindet sich auch in dem *Nederlandsche Gedenck-danck* des Adriaen Valerius (1626). Das Wappen auf der Bettlertasche ist das Wilhelm von Oraniens.

Editorial und Dank

Im Jahr 1995 war »Der Aufstand« in den Niederlanden verpflichtendes Abiturthema im Fach Geschichte. Daraufhin publizierte ich damals *De opstand in de Nederlanden (1555–1609)* (dt.: *Opstand! Der Aufstand in den Niederlanden, Egmonts und Oraniens Opposition, die Gründung der Republik und der Weg zum Westfälischen Frieden,* Wagenbach: Berlin 1996). Ein Jahr darauf bekam ich eine Anstellung in der *Universiteitsbibliotheek Leiden* mit ihrer reichen *Bijzondere Collecties* und vielen Spezialabteilungen. Ich war und bleibe der Universitätsbibliothek sehr dankbar dafür, dass ich seit 1. Mai 1999 die Möglichkeit bekam, in Zusammenarbeit mit der *Opleiding Geschiedenis* dem Achtzigjährigen Krieg eine eigene Website einzurichten: www.dutchrevolt.leiden.edu. Diese Seite wurde im Jahr 2000 lanciert und hat jetzt Hunderte Besucher pro Tag aus dem In- und Ausland. Mit viel Freude besorge ich die Endredaktion und versuche sie so gut wie möglich auf dem letzten Stand zu halten. Dazu gehört auch der Text von *De opstand in de Nederlanden,* der als »Erzählung« die Basis der Website ausmacht.

Dennoch blieb es mein Wunsch, die bescheidene Skizze erneut zu publizieren, diesmal mit einer Fortsetzung bis ins Jahr 1648. Dabei wollte ich die hier und da störende Komprimiertheit des Textes durch etwas ausführlichere Darstellungen ergänzen, ohne dem Buch dadurch einen abschreckenden Umfang zu geben. Richtschnur war und bleibt, dass es einerseits den aktuellen wissenschaftlichen Stand vermitteln und andererseits einem breiteren Publikum zugänglich sein soll. Seit 1995 ist eine Fülle von Publikationen zu Teilaspekten des Aufstands erschienen, und schon daher wurde es höchste Zeit für eine neue Ausgabe. *Uitgeverij Vantilt* bin ich sehr dankbar, mir jetzt die Gelegenheit zu geben, dies – noch dazu mit vielen Illustrationen – zu publizieren.

Die nun vorliegende Übersicht konnte ich dank der Website vergleichsweise knapp halten. Alle in diesem Buch genannten Personen, Städte oder Einrichtungen findet man mit Literaturangaben auf der Website. Das gilt auch für alle anderen Begriffe wie Verträge, Sprüche oder Symbole. Auch die Chronologie und die Literaturangaben in diesem Buch habe ich bewusst knapp gehalten – ausführlichere Versionen sind auf der Website zu finden. Dort ist auch für den Fall, dass man etwas vermisst, etwas genauer wissen will oder eine Ergänzung oder Korrektur hat, eine Emailadresse angegeben. Auch für den Fall, dass der Link nicht funktioniert.

Über den Achtzigjährigen Krieg erscheinen – durchweg von Spezialistenteams – glücklicherweise ausgezeichnete Übersichtswerke, bei denen der Umfang keine Rolle spielt. Dennoch hat eine kurze Darstellung, »polarisiert in einem Gehirn«, ihre Vorteile. Mein Bedürfnis, jedermann komplizierte Sachverhalte zugänglich zu machen, danke ich dem inspirierenden Vorbild meines Grundschullehrers, Jan B. van Zijp. Ich werde ihm immer dankbar bleiben für alles, was er mir und seinen vielen anderen Schülern und Schülerinnen beigebracht hat.

An dieses Buch konnte ich mich nur wagen, weil ich von Fachleuten in mehreren Disziplinien unterstützt wurde. Von ganzem Herzen danke ich Karel Bostoen, Maurits Ebben, Raymond Fagel, Gustaaf Janssens, Erik Swart, Arnoud Visser und Boudien de Vries für das Lesen des Manuskripts sowie ihre kritischen Korrekturen und Ergänzungen. Ebenfalls danke ich den Mitarbeitern der Abteilung *Bijzondere Collecties* der *Universiteitsbibliotheek Leiden* für ihre unermüdliche hilfreiche Assistenz bei der Suche nach besonderen Abbildungen und der Anfertigung hochwertiger digitaler Reproduktionen. Und schließlich danke ich Jouke Tjalsma von unserer nicht genug zu würdigenden IT-Abteilung und dem Historiker Frank de Hoog, dank deren Begeisterung die *Dutch Revolt-website* einen neuen Impuls bekommen hat.

Chronologie

1555 25. Oktober: Karl V. dankt als Herrscher über die Niederlande ab.

1559 3. April: Frieden von Cateau-Cambrésis zwischen Spanien und Frankreich.
12. Mai: Der Papst macht die Niederlande zu einer selbständigen Kirchenprovinz.
25. August: Philipp II. geht nach Spanien.

1561–1562 Der Hochadel äußert seinen Unmut über einen zu geringen Einfluss auf die Regierung des Landes.

1563 Opposition von Wilhelm von Oranien, Egmont und Hoorn gegen Granvelle.

1564 März: Granvelle geht.

1565 Januar–April: Egmont tritt als Wortführer der Opposition beim König auf.
Oktober: Briefe aus den Wäldern von Segovia: Philipp drängt auf strenge Verfolgungen.

1566 5. April: Der Adelsverbund legt seine Bittschrift vor. Sie nennen sich Geusen. Die Statthalterin verspricht Mäßigung; daraufhin kehren die Protestanten zurück.
10. August: Beginn des Bildersturms in Flandern.
23. August: Margarethe von Parma erlaubt das Predigen, und der Adelsverbund löst sich auf.
29. November: Philipp II. beauftragt den Herzog von Alba, die Ordnung in den Niederlanden wiederherzustellen.

1567 Januar: Tournai wird von Regierungstruppen erobert.
13. März: Niederlage des Geusenheers bei Oosterweel.

14. März: Van Straelen beruhigt den Aufstand in Antwerpen.
24. März: Valenciennes wird von Regierungstruppen zurückerobert.
April: Wilhelm von Oranien begibt sich nach Dillenburg.
August: Ankunft Albas in den Niederlanden
9. September: Verhaftung von Egmont und Hoorn

1568 23. Mai: Ludwig von Nassau besiegt das spanische Heer bei Heiligerlee.
5. Juni: Egmont und Hoorn werden in Brüssel enthauptet.
21. Juli: Ludwig von Nassau verliert die Schlacht bei Jemgum.
Oktober: Gescheiterte Invasion Wilhelms von Oranien.

1569 Alba will den zehnten Pfennig einführen, was auf erbitterten Widerstand stößt.

1572 1. April: Die Wassergeusen nehmen Den Briel ein.
24. Mai: Ludwig von Nassau erobert Bergen im Hennegau.
Juni/Juli: Der Aufstand weitet sich aus, hauptsächlich in Holland.
9. Juli: Die Märtyrer von Gorkum werden in Den Briel gehängt.
23./24. August: Die Bartholomäusnacht in Frankreich bedeutet das Ende der erhofften Unterstützung durch die Hugenotten.
August/September: Zweite gescheiterte Invasion Wilhelms von Oranien.
Strafexpedition durch Don Fadrique gegen Mecheln, Zutphen und Naarden.
Dezember: Don Fadrique fängt mit der Belagerung Haarlems an.

1573 12. Juli: Don Fadrique nimmt Haarlem ein und lässt die Garnison hinrichten.
8. Oktober: Bei Alkmaar wendet sich das Blatt; Requesens tritt die Nachfolge Albas an.
11. Oktober: Die Geusenflotte erringt einen Sieg auf der Zuiderzee.

1574 27. Januar: Die Geusenflotte schlägt die königliche Flotte bei Reimerswaal.

9. Februar: Mondragón übergibt Middelburg dem Prinzen.
14. April: Ludwig und Heinrich von Nassau fallen in der Schlacht auf der Mokerheide.
3. Oktober: Befreiung von Leiden.

1575 März: Scheitern der Friedensverhandlungen in Breda.
11. Juli: Die Stände von Holland übertragen Wilhelm von Oranien die Oberhoheit.
8. August: Die Spanier metzeln die Bevölkerung von Oudewater nieder.
1. September: Zweiter spanischer Staatsbankrott.

1576 5. März: Tod von Requesens.
29. Juni: Zierikzee ergibt sich den Spaniern.
Sommer: Spanische Truppen beginnen zu meutern, nachdem sie seit Jahren keinen Sold erhalten haben.
Die Stände von Brabant berufen die Generalstände ein.
8. November: Die Genter Pazifikation: Alle Geweste schließen sich zusammen, um die spanischen Truppen aus dem Land zu vertreiben.

1577 9. Januar: Erste Union von Brüssel: eine engere katholische Union innerhalb der Pazifikation.
12. Februar: Der neue Statthalter Don Juan erkennt mit dem Ewigen Edikt die Genter Pazifikation an und schickt die fremden Truppen außer Landes.
23. September: Triumphaler Einzug Wilhelms von Oranien in Brüssel. Die Adligen haben Erzherzog Matthias von Österreich als Generalstatthalter eingesetzt.
10. Dezember: Zweite Union von Brüssel, von Toleranz geprägt.

1578 31. Januar: Truppen der Generalstände werden bei Gembloux von königlichen Truppen geschlagen.
Februar: Radikale Genter Calvinisten starten eine Offensive in Flandern.
Wilhelm von Oranien schlägt einen Religionsfrieden vor. Protestantismus und Katholizismus sollen überall dort zugelassen werden, wo mindestens hundert Familien dies wünschen.
Don Juan stirbt. Alexander Farnese, Prinz von Parma, tritt seine Nachfolge an.

1579 6. Januar: Artois und Hennegau schließen sich in der katholischen Union von Arras zusammen.
23. Januar: Union von Utrecht.
Mai: Beginn der Friedensgespräche in Köln, die scheitern.
29. Juni: Parma erobert Maastricht.

1580 15. März: Wilhelm von Oranien wird mit dem Bann belegt.
29. September: Vertrag zwischen den Generalständen und Anjou, der als »Verteidiger der Freiheiten der Niederlande« auftreten wird.
Die Eroberung Portugals durch Philipp lähmt Parma.

1581 22. Juli: Die Stände der aufständischen Geweste »verlassen« Philipp als Landesherrn.
Die Feier des katholischen Gottesdienstes wird in Brüssel und Antwerpen verboten.

1582 Februar: Anjou wird in Brabant feierlich in sein Amt eingeführt.
18. März: Gescheitertes Attentat auf Wilhelm von Oranien.
August: Anjou wird in Flandern feierlich in sein Amt eingeführt.
Herbst: Französische Truppen betreten niederländischen Boden.

1583 18. Januar: Französische »Furie« in Antwerpen. Die Frankreichpolitik Wilhelms von Oranien gerät in Misskredit.
Parma ist weiterhin auf dem Vormarsch.

1584 10. Juli: Wilhelm von Oranien wird in Delft ermordet.
Parma erobert die großen Städte in Flandern.

1585 Parma nimmt Brüssel und Antwerpen ein.
20. August: Elisabeth I. von England unterstützt die aufständischen Geweste.
13. November: Moritz von Oranien wird zum Statthalter von Holland und Seeland ernannt.

1586 Januar: Leicester wird zum Gouverneur in den aufständischen Gewesten ernannt; seine Regierung scheitert.

	16. März: Oldenbarnevelt wird Landesadvokat von Holland.
1587	Durch den Weggang von Leicester wird die Republik faktisch unabhängig.
1588	Sommer: Die unbesiegbare spanische Flotte erleidet schwere Verluste in der Schlacht gegen England und im Kampf gegen die Stürme.
1590	Parma wird von König Philipp II. gegen Frankreich ins Feld geschickt. Das Torfschiff von Breda: Moritz und Wilhelm Ludwig starten eine erfolgreiche Offensive.
1592	3. Dezember: Tod von Parma.
1594	Die »Reductie« von Groningen.
1596	Erzherzog Albert erobert Calais und Hulst. 21. Juni – 5. Juli: Die englisch-niederländische Flotte verwüstet Cádiz.
1597	Sieg für die Republik im Reitergefecht bei Turnhout.
1598	Philipp II. schenkt seiner Tochter Isabella die Niederlande als Brautschatz. Philipp II. stirbt; sein Sohn Philipp III. wird sein Nachfolger.
1599	Die Erzherzöge Albert und Isabella treten ihre Herrschaft in Brüssel an.
1600	Schlacht bei Nieuwpoort.
1601–1604	Belagerung von Oostende, das zu den Erzherzögen überläuft.
1602	Gründung der Vereinigten Ostindischen Compagnie (VOC).
1605–1606	Spinola nimmt Oldenzaal und Groenlo im Osten der Republik ein.

1609–1621	Zwölfjähriger Waffenstillstand.
1618	Staatsstreich von Moritz gegen die Remonstranten.
1619	13. Mai: Oldenbarnevelt wird auf dem Binnenhof enthauptet, dem Sitz der Generalstände (heute des niederländischen Parlaments).
1620	Tod von Wilhelm Ludwig.
1621	9. April: Nach Beendigung des Waffenstillstands beginnt ein Wirtschaftskrieg. 3. Juni: Die Generalstände erteilen der Westindischen Compagnie (WIC) eine Handelserlaubnis. 21. Juli: Tod von Erzherzog Albert; Isabella ist von nun an Generalstatthalterin. Tod von Philipp III.; sein Nachfolger wird Philipp IV. Die Dünkirchener Kaperschiffe fügen der Republik ab jetzt großen Schaden zu.
1622	Spinola belagert vergeblich Bergen op Zoom.
1625	23. April: Tod von Moritz; Friedrich Heinrich tritt seine Nachfolge an. Mai: Spinola nimmt Breda ein.
1627	20. August: Friedrich Heinrich nimmt Groenlo ein; alle Gebiete nördlich der großen Flüsse sind jetzt wieder in Händen der Republik.
1628	Piet Hein erobert die spanische Silberflotte.
1629	Friedrich Heinrich erobert Den Bosch. Ein gefährlicher Einfall des Feindes über die IJssel kann durch die Einnahme Wesels unterbunden werden. Piet Hein kommt im Kampf gegen die Dünkirchener Kaperschiffe ums Leben.

1631 10. September: Schlacht auf der Slaak. Eine südniederländische Invasionsflotte unter der Führung von Jan von Nassau geht ruhmlos unter.

1632 Feldzug von Friedrich Heinrich an der Maas. Venlo, Roermond und Maastricht werden erobert.
In den Königlichen Niederlanden treten zum ersten Mal nach 1600 die Generalstände zusammen.

1633 1. Dezember: Tod der Erzherzogin Isabella.

1634 Ferdinand von Österreich wird zum Generalgouverneur der Königlichen Niederlande ernannt.
Die Republik schließt ein Angriffs- und Verteidigungsbündnis mit Frankreich.

1635 10. Juni: Friedrich Heinrich nimmt mit französischer Unterstützung Tienen ein. Die Truppen begehen Gräueltaten.
26. Juli: Königliche Truppen besetzen die Schenkenschanze; im spanischen Lager löst dieser Erfolg Euphorie aus.

1636 30. April: Wilhelm von Nassau-Siegen erobert die Schenkenschanze zurück.

1637 Friedrich Heinrich nimmt Breda ein.

1638 Schmachvolle Niederlage der republikanischen Armee bei Kallo.

1640 Spanien gerät durch die Aufstände in Katalonien und Portugal in die Bredouille.

1641 Friedrich Heinrich nimmt Gennep ein.
6. November: Ferdinand von Österreich stirbt.

1644 29. Juli: Frankreich nimmt Grevelingen ein.
5. September: Friedrich Heinrich nimmt Sas van Gent ein.

1645 4. November: Friedrich Heinrich erobert Hulst.

1646 Die Franzosen besetzen Dünkirchen; Friedrich Heinrich gibt eine Belagerung Venlos auf.

1647 14. März: Tod von Friedrich Heinrich. Sein Sohn Wilhelm II. tritt seine Nachfolge an.

1648 15. Mai: Unterzeichnung des Friedens von Münster.

I

Die Niederlande
unter Karl V. und Philipp II. hatten etwa drei Millionen Einwohner, von denen drei Viertel in Brabant, Flandern, Holland und Seeland lebten. Diese Geweste bildeten die Kerngebiete des burgundisch-habsburgischen Reiches und trugen den Großteil der Steuerlast. Sie sind grau markiert. Das schwarz eingezeichnete Prinzbistum Lüttich war neutral. Der Deutlichkeit halber sind kleine unabhängige Fürstentümer auf dieser Karte nicht angegeben.

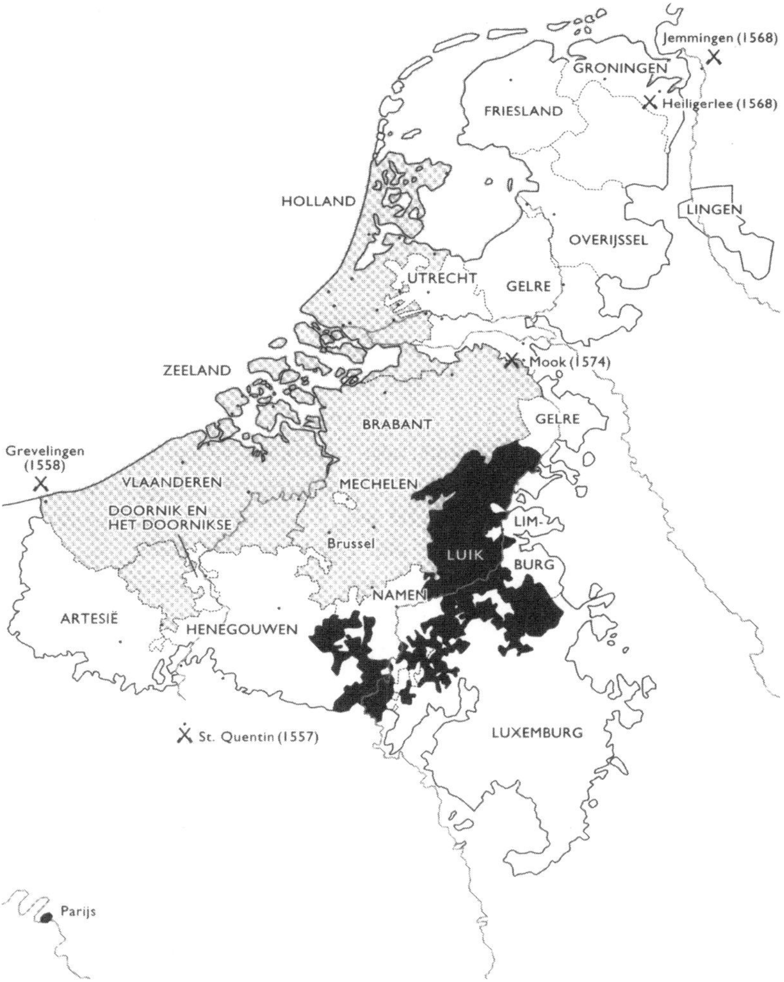

II
Die Niederlande
zur Zeit der Unionen von Arras und Utrecht.
Waagerecht schraffiert: Die Union von Arras.
Senkrecht schraffiert: Die Union von Utrecht.
Schwarz: Die Geweste, die sich dem Aufstand nicht angeschlossen hatten.

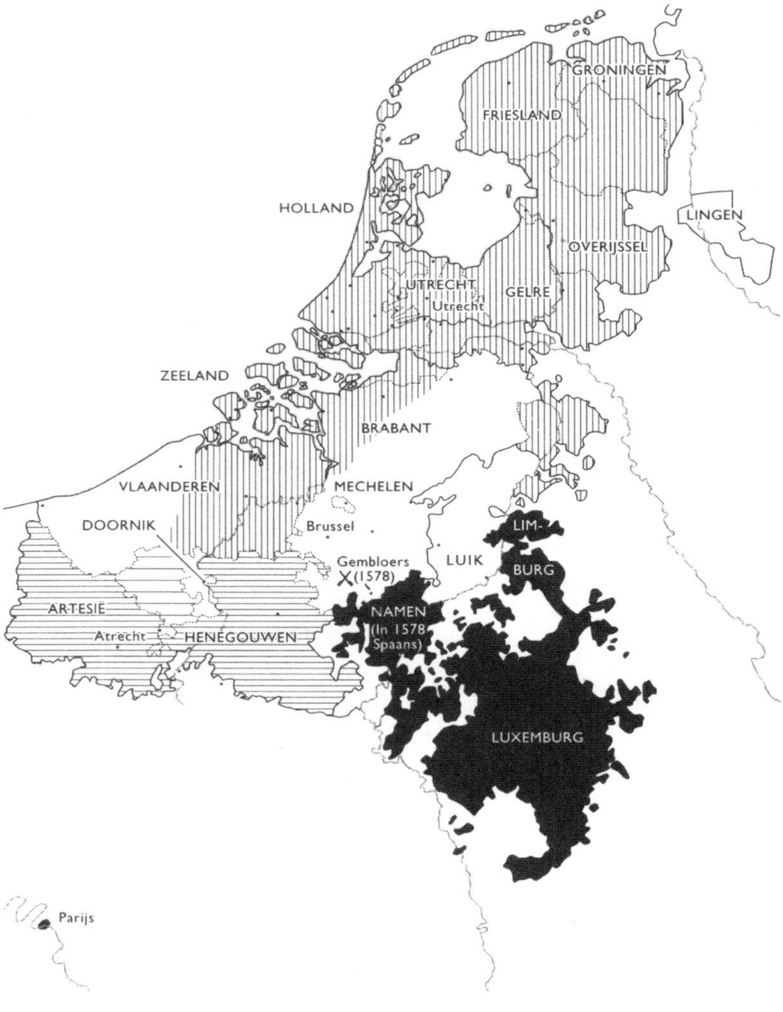

III

Die Niederlande

zur Zeit des Vormarsches von Parma.
Schwarz: Die Geweste, die sich nicht dem Aufstand angeschlossen hatten, und die Union von Arras.
Dunkelgrau: Die Eroberungen unter Parma 1579–1584.
Hellgrau: Die Eroberungen unter Parma 1584–1590.

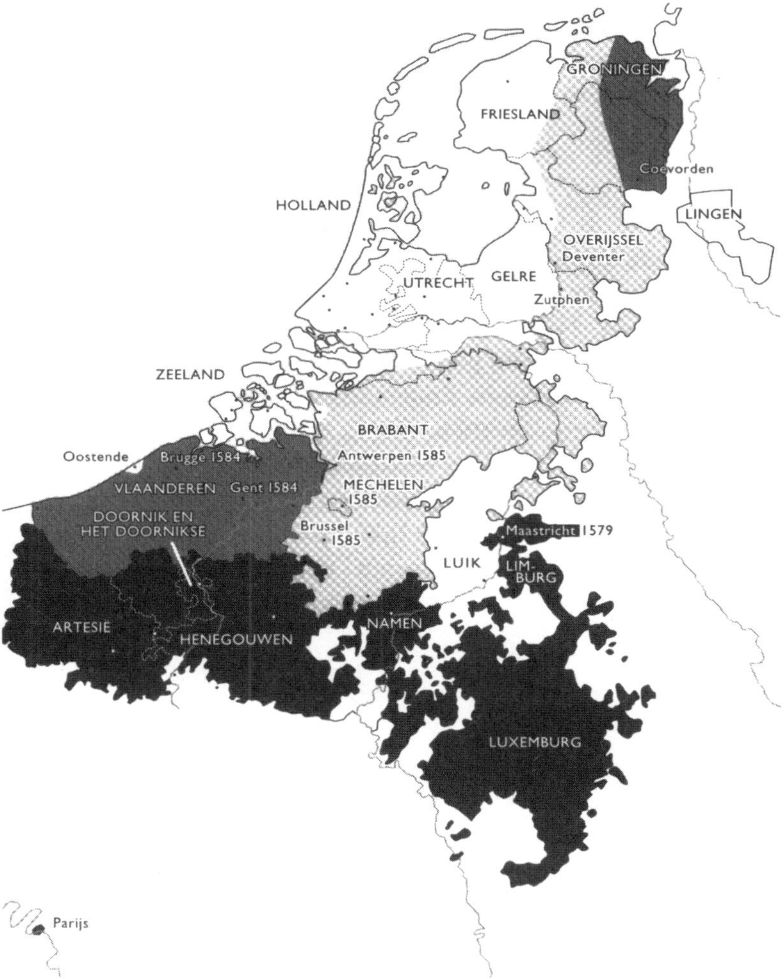

Anmerkungen

1 Die Länder diesseits

1 Friedrich Schiller, *Geschichte des Abfalls der vereinigten Niederlande von der Spanischen Regierung,* Leipzig 1788, zitiert nach der Ausgabe: *Schillers Werke, Nationalausgabe,* Bd. 17 I, Weimar 1970, S. 7–289, hier: S. 26: »ein neuer Staat in Europa, dem nichts als der Name fehlte.« Johan Huizinga, ›Uit de voorgeschiedenis van ons nationaal besef‹, in: ders., *Verzamelde Werken,* Haarlem 1948–1953, II, S. 97–160, hier: S. 125. A. C. Duke, *Dissident Identities in the Early Modern Low Countries,* hrsg. von Judith Pollmann/Andrew Spicer, Farnham 2009, insbesondere Kapitel I: »Elusive Netherlands«.

2 Ria van Bragt (Hrsg.), *De blijde inkomst van de hertogen van Brabant Johanna en Wenceslas,* Standen en landen XIII, Leuven 1956.

3 J. H. Elliot, ›A Europe of Composite Monarchies‹, in: *Past and Present* 137 (1992), S. 48–71.

4 Dagmar Eichberger, *Dames met klasse: Margareta van York, Margareta van Oostenrijk,* Leuven 2005; Jacqueline Kerkhoff, *Maria van Hongarije en haar hof: 1505–1558,* Amsterdam 2005.

5 Anton van der Lem, ›Menno Simons in de Nederlandse geschiedschrijving‹, in: *Doopsgezinde Bijdragen* 22 (1996), S. 10–19; S. Zijlstra, *Om de ware gemeente en de oude gronden: Geschiedenis van de dopersen in de Nederlanden 1531–1675,* Hilversum / Leeuwarden 2000.

6 Diese komplizierten Sachverhalte und die unterschiedlichen Interpretationen deutscher, belgischer und niederländischer Historiker werden dargestellt in: Monique Weis, *Les Pays-Bas espagnols et les états du Saint Empire (1559–1579),* Brüssel 2003, Kapitel II.

7 Mia J. Rodríguez-Salgado, *The Changing Face of Empire: Charles V, Philip II and Habsburg Authority 1551–1559,* Cambridge 1988, Nachdruck 2008, S. 7.

8 Calvete de Estrella, *El felicíssimo viaje del muy alto y muy poderoso príncipe don Phelippe,* Madrid 2001. Die drei Editionen dieses Berichts, alle in der Universitätsbibliothek Leiden, werden auf der Webseite http://www.dutchrevolt.leiden.edu/dutch/geografie/A/Pages/antwerpen.aspx erwähnt.

2 Unruhen

9 Rodríguez-Salgado, *The Changing Face of Empire,* S. 126.

10 Louis Prosper Gachard, *Retraite et mort de Charles-Quint au monastère de Yuste,* Brüssel 1854, S. 78.

11 Manuel Fernández Alvarez, *Charles V: Elected Emperor and Hereditary Ruler,* London 1975, S. 167–169.

12 Harry Kelsey, *Philip of Spain, King of England: The Forgotten Sovereign*, London 2012, S. 79, 101–102, 103 und 111.

13 Olaf Mörke, *Wilhelm von Oranien 1533–1584: Fürst und »Vater« der Republik*, Stuttgart 2007, S. 57–58.

14 Prudencio de Sandoval, *Historia de la vida y hechos del emperador Carlos V*, Pamplona 1618–1619, S. 806–807.

15 Maurice van Durme, *Antoon Perrenot, Bisschop van Atrecht, Kardinaal van Granvelle, Minister van Karel V en van Filips II (1517–1586)*, Brüssel 1953, S. 150.

16 Rodríguez-Salgado, *The Changing Face of Empire*, S. 129.

17 Ebd., S. 132. Sie widerlegt die Auffassung von Gachard, dass Karl tatsächlich weiterhin Einfluss genommen hat.

18 Ebd., S. 235–236; Durme, *Antoon Perrenot*, S. 157.

19 Rodríguez-Salgado, *The Changing Face of Empire*, S. 236.

20 James D. Tracy, *Holland under Habsburg Rule 1506–1566: The Formation of a Body Politic*, Berkeley 1990, S. 123–124, 132.

21 Ebd., S. 183, 186.

22 Ebd., S. 140, 181.

23 P. D. Lagomarsino, *Court Factions and the Formulation of Spanish Policy towards the Netherlands 1559–1567*, Diss. Cambridge 1973, S. 324.

24 Marjolein 't Hart, *The Dutch Wars of Independence: Warfare and Commerce in the Netherlands 1570–1680*, Abingdon 2014, S. 150–151.

25 Tracy, *Holland under Habsburg Rule*, S. 176.

26 Rodríguez-Salgado, *The Changing Face of Empire*, S. 192.

27 Ebd., S. 128.

28 Ebd., S. 160.

29 Geoffrey Parker, *The Grand Strategy of Philip II*, New Haven 1998, S. 89.

30 Kelsey, *Philip of Spain*, S. 131.

31 Rodríguez-Salgado, *The Changing Face of Empire*, S. 179.

32 Kelsey, *Philip of Spain*, S. 149.

33 Städte, die zu den Niederlanden gehörten und jetzt in Frankreich oder Deutschland liegen, nenne ich mit ihrem französischen beziehungsweise niederländischen oder deutschen Namen. Städte im heutigen Belgien gebe ich immer in ihrer niederländischen Bezeichnung an: Bergen, Namen, Henegouwen etc.

34 Fernand Braudel, *La Méditerranée et le monde méditerranéen à l'époque de Philipe II*, Paris 1966; deutsche Ausgabe: ders., *Das Mittelmeer und die mediterrane Welt in der Epoche Philipps II.*, Frankfurt a. M. 1994, 3 Bde.

35 Rodríguez-Salgado, *The Changing Face of Empire*, S. 329–330; Oranje, ›Apologie‹, in: Coos Huijsen, *De Geboortepapieren van Nederland: de Unie van Utrecht, de Apologie van Willem van Oranje en het Plakkaat van Verlating in hedendaags Nederlands*, Amsterdam 2014, S. 85.

36 Rodríguez-Salgado, *The Changing Face of Empire*, Kapitel 7: »Rebellion in the Spanish realms«.

37 Ebd., S. 173; Kelsey, *Philip of Spain*.

38 Peter Arnade, *Beggars, Iconoclasts, and Civic Patriots: The Political Culture of*

the Dutch Revolt, Ithaca, NY 2008, S. 60. Zu Margarethe derzeit: Charlie R. Steen, *Margaret of Parma: A Life*, Leiden 2013.

39 Eine Gegendarstellung findet man bei Michel Baelde, *De Collaterale Raden onder Karel V en Filips II (1531–1578): bijdrage tot de geschiedenis van de centrale instellingen in de zestiende eeuw*, Paleis der Academien, Brüssel 1965. Baelde selbst auf der Webseite http://www.dutchrevolt.leiden.edu/dutch/geschiedschrijvers/Pages/Baelde.aspx (die deutsche Version ist noch im Aufbau). Vgl. Tracy, *Holland under Habsburg Rule*, S. 177: »rumors, not now credited by historians«.

40 Henri Pirenne, *Histoire de Belgique*, 3. Aufl., Brüssel 1922–1932, 7 Bde., hier: Bd. IV, S. 54.

41 Parker, *The Grand Strategy*, S. 117.

42 Alastair C. Duke, *Reformation and Revolt in the Low Countries*, London 1990, S. 71.

43 William Monter, ›Heresy Executions in Reformation Europe, 1520–1565‹, in: Ole Peter Grell/Bob Scribner (Hrsg.), *Tolerance and Intolerance in the European Reformation*, Cambridge 1996, S. 48–64, hier: S. 49.

44 Hugo de Groot, *Kroniek van de Nederlandse Oorlog: De Opstand 1559–1588*, Nijmegen 2014, Buch I, Abschnitt 30.

45 Jan J. Woltjer, *Friesland in hervormingstijd*, Leiden 1962, S. 90–104.

46 http://www.dutchrevolt.leiden.edu/dutch/bronnen/Pages/1559%2005%2012%20ned.aspx: Der Papst macht die Niederlande zu einer selbständigen Kirchenprovinz.

47 Der Erlass, der es Niederländern untersagte, außerhalb der Niederlande zu studieren, stammt vom 3. März 1570. In der Praxis war ein solches Verbot natürlich nicht durchführbar.

48 F. Postma, ›Nieuw licht op een oude zaak: de oprichting van de nieuwe bisdommen in 1559‹, in: *Tijdschrift voor Geschiedenis* 103 (1990), S. 10–27, hier: S. 22.

49 Geoffrey Parker, *The Dutch Revolt*, London 1977, S. 283, Nr. 24 (deutsche Ausgabe: Parker, *Der Aufstand der Niederlande*, München 1979); Gustaaf Janssens, *Brabant in het verweer. Loyale oppositie tegen Spanje's bewind in de Nederlanden van Alva tot Farnese 1567–1578*, Kortrijk/Heule 1988, S. 110.

50 K. W. Swart, ›The Black Legend during the Eighty Years' War‹, in: J. S. Bromley / E. H. Kossmann (Hrsg.), *Britain and the Netherlands*, Bd. V, Den Haag 1975, S. 36–57.

51 Werner Thomas, *La represión del protestantismo en España 1571–1648*, und *Los protestantes y la Inquisición en España en tiempos de Reforma y Contrareforma*, Leuven 2001.

52 Rodríguez-Salgado, *The Changing Face of Empire*, S. 219.

53 Lagomarsino, *Court Factions*, S. 42, 76–77.

54 Gerard van der Kooi, *De Wynberch des Heren: godsdienstige veranderingen op Texel 1514–1572*, Hilversum 2005, S. 278–279, resp. 175.

55 Liesbeth Geevers, *Gevallen vazallen: de integratie van Oranje, Egmont en Horn in de Spaans-Habsburgse monarchie (1559–1567)*, Amsterdam 2008, S. 94: Der Brief war von Wilhelm eigenhändig geschrieben worden, aber Egmont ließ

ihn einen Monat liegen, weil kein Kurier verfügbar (!) war. Mit einem Begleitschreiben Egmonts vom 25. August erreichte der Brief schließlich per Eilboten den königlichen Hof. Geevers betont, wie wichtig es war, dass der Brief dem König von Francisco de Eraso übergeben wurde, einem Repräsentanten der gemäßigten Partei, der das Schreiben mündlich erläutern konnte.

56 Ebd., S. 104ff.: Egmont ließ den Brief jetzt durch einen privaten Kurier, nicht durch Eraso, sondern durch Charles de Tisnacq, Berater des Königs in Angelegenheiten der Niederlande, ohne weitere mündliche Erklärung zustellen.

57 Arnade, *Beggars, Iconoclasts, and Civic Patriots,* S. 63; H.F.K. van Nierop, ›A Beggar's Banquet: The Compromise of the Nobility and the Politics of Inversion‹, in: *European History Quarterly* 21 (1991), S. 419–443, hier: S. 433.

58 Lagomarsino, *Court Factions,* S. 60, 75.

59 Er sagte das natürlich auf Französisch. Florentius van der Haer, *De initiis tumultuum Belgicorum,* Douai 1587, S. 186–187; Lagomarsino, *Court Factions,* 91: »spoke frankly of liberty of conscience«. Für eine Übersicht siehe: http://www.dutchrevolt.leiden.edu/dutch/bronnen/Oudejaarsrede/Pages/default.aspx.

60 In einem Brief an Philipp II. vom 6. Oktober 1562. Freundliche Mitteilung Gustaaf Janssens, der das Original eingesehen hat. Gachard fasste das mit den Worten zusammen: »Jusqu'ici la conduite personnelle du prince d'Orange en matière de religion est irrépréhensible« (»Bis hierher ist das persönliche Verhalten des Prinzen von Oranien in der Religionsfrage tadellos«) (*Correspondance Phillipe II,* I, S. 218).

61 Lagomarsino, *Court Factions,* S. 99.

62 Ebd., S. 119.

63 Ebd., S. 173–181.

64 Ebd., S. 186–200.

65 In den Niederlanden wird er in der Regel Parma genannt, in Belgien hingegen Farnese. Wir bleiben bei Parma. Der Titel Prinz bezeichnet hier nicht den Herrscher eines Fürstentums, sondern den Sohn eines Fürsten.

66 Herman Arend Enno van Gelder, *Van Beeldenstorm tot pacificatie,* Amsterdam 1964; Henk F.K. van Nierop, *Van ridders tot regenten. De Hollandse adel in de zestiende en de eerste helft van de zeventiende eeuw,* Dieren 1984.

67 Arlette Jouanna, *Le devoir de révolte: La noblesse française et la gestation de l'État modern, 1559–1661,* Paris 1989, S. 178.

68 Pirenne, *Histoire de Belgique,* III, S. 420.

69 Ebd., S. 245.

70 Parker, *The Dutch Revolt,* S. 76.

71 Ebd., S. 76–78.

72 Pirenne, *Histoire de Belgique,* Bd. III, S. 468.

73 Otto de Jong, *Beeldenstormen in de Nederlanden,* Groningen 1964, S. 6; Hans Cools, ›De Beeldenstorm in de Lage Landen‹, http://www.dutchrevolt.leiden.edu/dutch/begrippen/Pages/beeldenstorm.aspx.

74 Jurjen Vis, ›Tot meerdere eer en glorie van God. Kunst en muziek in en om de kerk‹, in: Diederik Aten et al. (Hrsg.), *Geschiedenis van Alkmaar,* Zwolle 2007, S. 169–183, hier: S. 178–179.

75 Eine Übersicht über die verschiedenen Theorien in: Judith S. Pollmann, ›Countering the Reformation in France and the Netherlands. Clerical Leadership and Catholic Violence, 1560–1585‹, in: *Past and Present* 190 (2006), S. 83–120, hier: S. 84, 89; und dies., *Catholic Identity and the Revolt of the Netherlands 1520–1635*, Oxford 2011.

76 Ebd., S. 72.

77 Olivier Christin, ›France et Pays-Bas – Le second iconoclasme‹, in: Cécile Dupreux et al. (Hrsg.), *Iconoclasme: Vie et mort de l'image médiévale*, Zürich 2001, S. 57–66, hier: S. 57.

78 Lagomarsino, *Court Factions*, S. 244: »Philip shocked into insensibility.«

79 Vgl. Clasina Rooze-Stouthamer, *De opmaat tot de Opstand: Zeeland en het centraal gezag (1566–1572)*, Hilversum 2009, S. 46ff.: Jan van Marnix und seine Truppen kehrten nach dem gescheiterten Versuch zurück, die Festung Rammekens auf Walcheren zu erobern.

3 Die Treue auf dem Prüfstein

80 Parker, *The Dutch Revolt*, S. 86.

81 Lagomarsino, *Court Factions*, S. 245; William S. Maltby, *Alba. A Biography of Fernando Alvarez de Toledo, Third Duke of Alba, 1507–1582*, Berkeley/Los Angeles 1983, S. 131.

82 Alle Spanier, die in diesem und in den folgenden Kapiteln genannt werden, sind aufgeführt unter http://www.dutchrevolt.leiden.edu/deutsch/personen/Pages/default.aspx. Mein besonderer Dank gilt an dieser Stelle noch einmal Dr. Raymond Fagel für seine vielen biografischen Darstellungen auf der Website.

83 Maltby, *Alba*, S. 124. Lagomarsino, *Court Factions*, S. 27, sieht die Partei von Alba als die des Krieges und der Diplomatie, die Partei von Eboli als die der Finanzen. Henry Kamen, *The Duke of Alba*, New Haven 2004, S. 38, 56, ist nicht der Meinung, dass es um ideologische Differenzen ging.

84 Ebd., S. 72.

85 Maltby, *Alba*, S. 138–139.

86 Geoffrey Parker, *The Army of Flanders and the Spanish Road 1567–1659*, Cambridge 1972.

87 Schiller, *Geschichte des Abfalls*, S. 263.

88 Robert Fruin, ›Willem de Zwijger‹, in: *Verspreide Geschriften*, 's-Gravenhage 1900–1905, 10 Bde., hier: Bd. VIII, S. 404–409, hier: S. 407, aus: Anonymus, *Pandorae sive Veniae Hispanicae Belgicis exulibus* (o. O. 1574), VI. Der Ausspruch wurde nachträglich irrtümlich Granvelle zugeschrieben.

89 Vgl.: http://www.dutchrevolt.leiden.edu/dutch/spreuken/Pages/zwijger.aspx.

90 Andrew Pettegree, *Emden and the Dutch Revolt. Exile and the Development of Reformed Protestantism*, Oxford 1992. Über die Diaspora im Allgemeinen: Johannes Martin Müller, *Exile Memories and the Dutch Revolt: The Narrated Diaspora, 1550–1570*, Leiden 2014.

91 Karel Bostoen, ›Waar kwam de *Historie van B. Cornelis* (1569) van de pers? Het spoor terug naar de plaats van uitgave, boekverkoper en boekdrukker‹,

in: *Handelingen van het Genootschap voor Geschiedenis te Brugge* 151 (2014), S. 65–111.

92 Louis Paul Boon, *Het geuzenboek*, Amsterdam 1979; M. Backhouse, *Beeldenstorm en bosgeuzen in het westkwartier (1566–1568)*, Kortrijk 1971.

93 Maltby, *Alba*, S. 148–149. Die wichtigste Rolle spielten Juan de Albornoz, der Sekretär von Alba, eng befreundet mit Francisco de Lixalde, dem korrupten Zahlmeister; ihre Gegenspieler waren Francisco de Ibarra, der Generalquartiermeister, und Gerónimo de Curiel, der Antwerpener Finanzier von Philipp II. Dieser wurde einmal nach dem Verlassen der Residenz Albas in Brüssel in der Dunkelheit niedergestochen.

94 Ebd., S. 147–148.

95 Julie Versele, *Louis del Río (1537–1578): reflets d'une période troublée*, Brüssel 2004.

96 Gustaaf Janssens, *Brabant in het verweer. Loyale oppositie tegen Spanje's bewind in de Nederlanden van Alva tot Farnese 1567–1578*, Kortrijk/Heule 1988, S. 146.

97 Gustaaf Janssens, ›The Duke of Alba: Governor of the Netherlands in Times of War‹, in: Maurits Ebben (Hrsg.), *Alba: General and Servant to the Crown*, Rotterdam 2013, S. 90–115, hier: S. 98.

98 Weis, *Les Pays-Bas espagnols et les états du Saint Empire.*

99 Johan Brouwer, *Philips Willem, de Spaansche prins van Oranje*, Zutphen 1940. Eine moderne wissenschaftliche Biografie existiert bislang nicht.

100 Arie Th. van Deursen, *Mensen van klein vermogen. Het kopergeld van de Gouden Eeuw*, Amsterdam 1991, S. 193.

101 Maryke van de Vrugt, *De Criminele ordonnantiën van 1570. Enkele beschouwingen over de eerste strafrechtcodificatie in de Nederlanden*, Zutphen 1978.

102 Paul Scholten, ›Christelijke vrijheid en Nederlanderschap‹, in: Herman B. Wiardi Beckman et al. (Hrsg.), *Den Vaderlant ghetrouwe*, Haarlem 1940, S. 35–52, hier: S. 45: »liberteyt van religie en conscientie«; Kamen, *The Duke of Alba*, S. 87.

103 Wiebe Bergsma, *Tussen Gideonsbende en publieke kerk. Een studie over het gereformeerd protestantisme in Friesland, 1580–1650*, Hilversum 1999, S. 260.

104 Maltby, *Alba*, S. 161–162. Anfang 2014 herrschte ein wenig Aufregung in der niederländischen Presse, weil man eine »unbekannte« – verlorene – Schlacht entdeckt zu haben glaubte: die Niederlage bei Dahlem (heute Dahlheim, östlich von Roermond). Diese verlorene Schlacht war aber natürlich durchaus bekannt, vgl. Jacob Presser, *De Tachtigjarige Oorlog*, Amsterdam 1941, S. 46: »über die unbedeutenden Bemühungen von de Villers und von Coqueville haben wir kein einziges Wort verloren«; I. L. Uijterschout, *Beknopt overzicht van de belangrijkste gebeurtenissen uit de Nederlandsche krijgsgeschiedenis van 1568 tot heden*, Kampen 1935, S. 18–19, verschweigt die Niederlage, weil er den Achtzigjährigen Krieg bewusst mit einem Sieg beginnen lassen wollte.

105 Maltby, *Alba*, S. 162–163.

106 Jasper van der Steen, *Memory Wars in the Low Countries 1566–1700*, Leiden 2014, Kapitel I.

107 Anton van der Lem, ›Echos de la Révolte: Montaigne et les Pays-Bas du XVIe

siècle‹, in: Paul J. Smith/Karel A.E. Enenkel (Hrsg.), *Montaigne and the Low Countries (1578–1700)*, Leiden 2007, S. 47–62.

108 Deursen, *Mensen van klein vermogen*, S. 236.

109 Erik Swart, *Krijgsvolk: Militaire professionalisering en het ontstaan van het Staatse leger, 1568–1590*, Amsterdam 2006, S. 130.

110 Maltby, *Alba*, S. 178. Vgl. auch René Quatrefages, ›Alba Cunctator‹, in: Ebben, *Alba*, S. 50–72.

111 Petrus J. Blok, *Willem de Eerste, prins van Oranje*, Amsterdam 1919–1920, 2 Bde., hier: Bd. I, S. 192.

112 Hubrecht Klink, *Opstand, politiek en religie bij Willem van Oranje 1559–1568: een thematische biografie*, Heerenveen 1997, versucht, den Kampf Wilhelms von Oranien mit der calvinistischen Widerstandslehre in Einklang zu bringen, aber es ist deutlich, warum der Autor bei Lüttich aufhört: Diese Belagerung einer Stadt, die mit dem gesamten Konflikt nichts zu tun hatte, straft seine ansonsten mit großer Sachkenntnis vertretene These Lügen. Wilhelm sollte erst 1573 zum ersten Mal – und das keineswegs ostentativ – an einer Abendmahlsfeier teilnehmen und in seiner Brüsseler Zeit Ende der 1570er Jahre wieder katholische Gottesdienste besuchen.

113 Ad den Besten, *Wilhelmus van Nassouwe. Het gedicht en zijn dichter*, Leiden 1983.

114 Eberhard Nehlsen, *Wilhelmus von Nassauen*, Münster 1993; Abraham Maljaars, *Het Wilhelmus*, Kampen 1996.

115 Maltby, *Alba*, S. 181.

116 Nicolas Le Roux, *Les guerres de religion 1559–1629*, Paris 2009, S. 125; Hugues Daussy, ›Louis de Nassau et le parti huguenot‹, in: Yves Krumenacker/Olivier Christin (Hrsg.), *Entre Calvinistes et Catholiques. Les relations religieuses entre la France et les Pays-Bas du Nord (XVIe–XVIIIe siècle)*, Rennes 2010, S. 31–43.

117 Violet Soen, *Geen pardon sonder Paus!: studie over de complementariteit van het koninklijk en pauselijk generaal pardon (1570–1574) en over inquisiteur-generaal Michael Baius (1560–1576)*, Brüssel 2007; Violet Soen, *Vredehandel: adellijke en Habsburgse verzoeningspogingen tijdens de Nederlandse Opstand (1564–1581)*, Amsterdam 2012.

118 Ferdinand H. M. Grapperhaus, *Alva en de Tiende Penning*, Zutphen 1982.

119 Karte in: Petra Groen (Hrsg.), *De Tachtigjarige Oorlog: Van opstand naar geregelde oorlogvoering 1568–1648*, Amsterdam 2013, S. 50–51.

120 Parker, *The Dutch Revolt*, S. 133.

121 Maltby, *Alba*, S. 229, verweist auf Morillon, der an Granvelle schrieb, dass Alba dies immer zu sagen pflegte, wenn er einen Rückschlag erlitten hatte.

122 Maximilien Morillon, *Correspondance Granvelle*, IV, S. 174, nannte 80 Tote.

123 Anton van der Lem, ›Den Briel: Sint-Catharinakerk; Watergeuzen veroveren Brielle, 1 april 1572‹, in: Maarten Prak (Hrsg.), *Plaatsen van herinnering: Nederland in de zeventiende en achttiende eeuw*, Amsterdam 2006, S. 24–35; Ben Hartmann, *De martelaren van Gorcum: volgens het getuigenis van Guilielmus Estius geschreven in 1572*, Oegstgeest 2009. Roy Tepe, *Oog in oog met de Martelaren van Gorcum. Catalogus bij de tentoonstelling in het Gorcums Museum 2012*, Gorinchem 2012, enthält die meisten Details.

124 Jan J. Woltjer, *Tussen vrijheidsstrijd en burgeroorlog*, Amsterdam 1994, S. 59.

125 Johanna K. Oudendijk, ›Den coninck van hispaengien heb ick altijt gheeert‹, in: *Dancwerc. Opstellen aangeboden aan Prof. Dr. D. Th. Enklaar ter gelegenheid van zijn 65ste verjaardag*, Groningen 1959, S. 264–278, hier: S.272.

126 Ben Hartmann, *De martelaren van Roermond in het kader van de politieke en kerkelijke situatie van hun tijd*, Oegstgeest 2009.

127 Maltby, *Alba*, S. 237; Raymond Fagel, *Kapitein Julián. De Spaanse held van de Nederlandse Opstand*, Hilversum 2011, S. 47.

128 *Declaration des justes causes du saccaigement de la ville de Mailine* (datiert vom 4. Oktober 1572). Pieter Chr. Bor, *Oorsprongk, begin en vervolgh der Nederlandsche oorlogen, beroerten, en borgerlyke oneenigheden etc.*, Amsterdam 1679–1684, 4 Bde., hier: Bd. I, S. 409–410; Kamen, *Duke of Alba*, S. 110.

129 A. C. J. de Vrankrijker, *De historie van de vesting Naarden*, 3. Aufl., Haarlem/Naarden 1978, S. 45–53. Vgl. Marianne Eekhout, *Material Memories of the Dutch Revolt. The Urban Memory Landscape in the Low Countries, 1566–1700*, Leiden 2014.

130 Kamen, *Duke of Alba*, S. 116.

131 Maltby, *Alba*, S. 250.

132 Ebd., S. 259; Kamen, *Duke of Alba*, S. 117.

133 Maltby, *Alba*, S. 259.

134 Theodorus Velius, *Kroniek van Hoorn*, Hoorn 2007, 2 Bde., hier: Bd. II, S. 532.

135 Hendrik F. K. van Nierop, *Het foute Amsterdam*, Amsterdam 2000.

136 Zum tatsächlichen Sachverhalt siehe Els Kloek, *Kenau en Magdalena: Vrouwen in de Tachtigjarige Oorlog*, Nijmegen 2014, S. 228–229.

137 Eekhout, *Material Memories.*

138 Maltby, *Alba*, S. 124.

4 Het Nederland oder Belgium nostrum

139 Parker, *The Dutch Revolt*, spricht in einzelnen Kapiteln von einem ersten, einem zweiten und einem dritten Aufstand; Grapperhaus, *Alva en de Tiende Penning*, S. 280.

140 Hart, *The Dutch Wars of Independence*, S. 2; dieser ganze Abschnitt beruht auf Swart, *Krijgsvolk*.

141 Pieter Noordeloos, *Cornelis Musius (Mr Cornelius Muys): pater van Sint Agatha te Delft: humanist, priester, martelaar*, Utrecht 1955; Ton Oosterhuis, *Lumey, de vossestaart: admiraal van de Geuzen*, Amsterdam 1996.

142 Hart, *The Dutch Wars of Independence*, S. 42.

143 Ebd., S. 88. Es geht hier um einen sogenannten wöchentlichen Kredit, einen Vorschuss auf den Sold. Alle paar Monate musste dieser verrechnet werden, und dann erhielten die Soldaten den Rest ihres Solds. In der Praxis ließ diese Endabrechnung jedoch häufig auf sich warten, sodass die Soldaten genau betrachtet benachteiligt wurden. Freundliche Mitteilung von Erik Swart.

144 Marie-Ange Delen, *Het hof van Willem van Oranje*, Amsterdam 2002.

145 Das waren im nördlichen Gebiet: Alkmaar, Hoorn, Enkhuizen, Medemblik, Edam, Monnickendam, Purmerend; im südlichen Gebiet: Brielle, Vlaardin-

gen, Rotterdam, Gorkum und Schoonhoven.
146 Koenraad W. Swart, *Willem van Oranje en de Nederlandse Opstand, 1572–1584*, 's-Gravenhage 1994, S. 47.
147 *Catonis disticha moralia* (I, S. 27), Sprüche, die dem römischen Staatsmann Cato d.Ä. zugeschrieben werden; Dousa benutzte eine von Erasmus verfasste Ausgabe; Übersetzung von Bor, *Oorsprongk*, I, S. 506.
148 Karel Bostoen, *Hart voor Leiden: Jan van Hout (1542–1609), stadssecretaris, dichter en vernieuwer*, Hilversum 2009, S. 48–54.
149 Thera F. Wijsenbeek-Olthuis, *Honger*, Den Haag 2006.
150 Hart, *The Dutch Wars of Independence*, S. 103, 106.
151 Swart, *Willem van Oranje*, S. 68.
152 Nettie Stoppelenburg, *De Oudewaterse moord*, Oudewater 2005.
153 Swart, *Willem van Oranje*, S. 93–94.
154 Johan Brouwer, *Kronieken van Spaansche soldaten uit het begin van den Tachtigjarigen Oorlog*, Zutphen 1933, fotografischer Neudruck 1980, S. 240.
155 Swart, *Willem van Oranje*, S. 95.
156 N.M. Sutherland, ›The Foreign Policy of Queen Elizabeth, the Sea Beggars and the Capture of Brill, 1572‹, in: ders., *Princes, Politics and Religion, 1547–1589*, London 1984, S. 183–206. Zur allgemeinen Haltung in England gegenüber dem Aufstand: Hugh Dunthorne, *Britain and the Dutch Revolt 1560–1700*, Cambridge 2013.
157 Swart, *Willem van Oranje*, S. 104.
158 Le Roux, *Guerres de religion*, S. 203.
159 Swart, *Willem van Oranje*, S. 113.
160 Jan van Roey, *De val van Antwerpen: 17 augustus 1585 – voor en na*, Antwerpen 1985, S. 30.
161 Parker, *The Dutch Revolt*, S. 178, nennt die traditionelle Zahl von 8.000. Moderne Zählungen kommen auf 2.500.
162 Hugo de Schepper, *Belgium nostrum 1500–1650. Over integratie en desintegratie van het Nederland*, Antwerpen 1987, S. 5–6; ders., *»Belgium dat is Nederlandt«: identiteiten en identiteitenbesef in de Lage Landen, 1200–1800: epiloog: Koninkrijk der Nederlanden, 1815–1830*, Breda 2014.
163 Swart, *Willem van Oranje*, S. 126.
164 Parker, *The Dutch Revolt*, S. 303, Fn. 16.
165 Guido Marnef, ›Het protestantisme te Brussel, ca. 1567–1585‹, in: *Tijdschrift voor Brusselse geschiedenis* I (1984), S. 57–61.

5 Die Teilung der Niederlande

166 P.J.H. Ubachs, ›De Nederlandse religievrede van 1578‹, in: *Nederlands Archief voor Kerkgeschiedenis* 77 (1997), S. 41–61.
167 Pirenne, *Histoire de Belgique*, Bd. IV, S. 61.
168 Ebd., S. 73.
169 Bor, *Oorsprongk*, Bd. I, S. 893–896.
170 Marnef, ›Het protestantisme te Brussel‹, S. 57–61.
171 Johan Decavele, *Het eind van een rebelse droom. Opstellen over het calvinistisch*

bewind te Gent (1577–1584) en de terugkeer van de stad onder de gehoorzaamheid van de koning van Spanje (17 september 1584), Gent 1984, S. 40.

172 Pirenne, *Histoire de Belgique*, Bd. IV, S. 109.

173 Ferdinand H. M. Grapperhaus, *Convoyen en licenten*, Zutphen/Deventer 1986.

174 Johannes H. Kernkamp, *De handel op den vijand*, Utrecht 1931–1935, 2 Bde.

175 Swart, *Willem van Oranje*, S. 160.

176 Decavele, *Het eind van een rebelse droom*, S. 50.

177 Pirenne, *Histoire de Belgique*, Bd. IV, S. 140–141.

178 Ebd., S. 147.

179 Schepper, *Belgium nostrum*, S. 18.

180 Parker, *Dutch Revolt*, S. 202.

181 Schepper, *Belgium nostrum*, S. 19.

182 Parker, *Dutch Revolt*, S. 195.

183 Francisco Verdugo, *Voor God en mijn koning: het verslag van kolonel Francisco Verdugo over zijn jaren als legerleider en gouverneur namens Filips II in Stad en Lande van Groningen, Drenthe, Friesland, Overijssel en Lingen (1581–1595)*, Assen 2009.

184 Guido Marnef, *Het Calvinistisch Bewind te Mechelen (1580–1585)*, Kortrijk/Heule 1988, S. 117.

185 Swart, *Willem van Oranje*, S. 198.

186 Parker, *Dutch Revolt*, S. 208.

187 Marnef, *Het Calvinistisch Bewind te Mechelen*, S. 189, 298.

188 Swart, *Willem van Oranje*, S. 227.

189 Ebd., S. 202, 228.

190 Ebd., S. 250.

191 J.P.A. Coopmans, ›De huldigingsvoorwaarden voor Willem van Oranje van 1583. En nieuw type gezagsovereenkomst‹, in: Hugo Soly/René Vermeir (Hrsg.), *Beleid en bestuur in de oude Nederlanden. Liber amicorum prof. dr. M. Baelde*, Gent 1993, S. 58.

192 Swart, *Willem van Oranje*, S. 246.

193 Ebd., S. 247.

194 Ebd., S. 253.

195 Für weitere Informationen siehe: http://www.dutchrevolt.leiden.edu/deutsch/Wahlspr%C3%BCche/Pages/mon%20dieu.aspx.

196 Swart, *Willem van Oranje*, S. 128.

6 Ein Angriffskrieg

197 Pirenne, *Histoire de Belgique*, Bd. IV, S. 189.

198 Freundliche Mitteilung von Erik Swart. Léon van der Essen, *Alexandre Farnèse, prince de Parme*, Brüssel 1933–1937, 5 Bde., hier: Bd. II, S. 152.

199 Werner Thomas/Luc Duerloo, *Albert en Isabella 1598–1621*, Turnhout 1998, S. 9.

200 http://www.dutchrevolt.leiden.edu/dutch/personen/F/Pages/florianus.aspx.

201 Vgl. Presser, *De Tachtigjarige Oorlog*, S. 68: »De bakermat van onze Opstand!«

202 Parker, *Dutch Revolt*, S. 218.

203 F.G. Oosterhoff, *Leicester and the Netherlands 1586–1587*, Utrecht 1988.
204 Bor, *Oorsprongk*, Bd. I, S. 205. Es ging um Gerard Prouninck, genannt Deventer.
205 A.Th. van Deursen, *Maurits van Nassau, 1567–1625. De winnaar die faalde*, Amsterdam 2000, S. 42.
206 Parker, *Dutch Revolt*, S. 226.
207 Magdalena Pi Corrales, *España y las potencias nordicas. »La otra invencible« 1574*, Madrid 1983.
208 Garrett Mattingly, *The Armada* (dt. Ausgabe: Mattingly, *Die Armada*, München/Zürich 1988); Robert Hutchinson, *The Spanish Armada*, London 2013.
209 Geoffrey Parker, ›Was Parma Ready? The Army of Flanders and the Spanish Armada in 1588‹, in: Soly/Vermeir (Hrsg.), *Beleid en bestuur in de oude Nederlanden*, Gent 1993, S. 279–297; vgl. Fernando Riaño Lozano, *Los medios navales de Alejandro Farnese (1587–1588)*, Madrid 1999.
210 Groen (Hrsg.), *De Tachtigjarige Oorlog*, S. 222.
211 Jouanna, *Le devoir de révolte*, S. 191; Henri am 23., der Kardinal am 24. Dezember 1588.
212 Parker, *The Grand Strategy*; Patrick Williams, *Philip II*, Basingstoke 2001.
213 Anton van der Lem, ›'Het groote pleit beslecht': Anderhalve eeuw Tien Jaren van Robert Fruin‹, in: Kasper van Ommen/Arnoud Vrolijk/Geert Warnar (Hrsg.), *Aangeraakt. Boeken in contact met hun lezers. Een bundel opstellen voor Wim Gerretsen en Paul Hoftijzer*, Leiden 2007, S. 231–238.
214 Ubbo Emmius, *Willem Lodewijk, graaf van Nassau (1560–1620), stadhouder van Friesland, Groningen en Drenthe*, Hilversum 1994.
215 Siehe dazu die großartige Übersicht bei: Groen (Hrsg.), *De Tachtigjarige Oorlog*; Ronald de Graaf, *Oorlog, mijn arme schapen: een andere kijk op de Tachtigjarige Oorlog 1565–1648*, Franeker 2004.
216 Hart, *The Dutch Wars of Independence*, S. 34.
217 Herbert Boland, *De list met het turfschip van Breda*, Breda 2011, S. 15.
218 P. Louwerse/J. J. Moerman, *Geïllustreerde vaderlandse geschiedenis: voor jong en oud Nederland*, Amsterdam 1947, Kapitel »Twee jonge veldheren«.
219 Deursen, *Maurits van Nassau*, S. 125, 128.
220 Groen (Hrsg.), *De Tachtigjarige Oorlog*, S. 106.
221 Hart, *The Dutch Wars of Independence*, S. 22; Christi M. Klinkert, *Nassau in het nieuws: Nieuwsprenten van Maurits van Nassaus militaire ondernemingen uit de periode 1590–1600*, Zutphen 2005, Kapitel 11.
222 Deursen, *Maurits van Nassau*, S. 45.
223 Robert Fruin, *Tien Jaren uit den Tachtigjarigen Oorlog*, Leiden 1857, S. 191–192; Graaf, *Oorlog, mijn arme schapen*, S. 302; Arthur Lens, *Lier: Ontstaan en evolutie van een kleine stad*, Lier 1993, S. 37.
224 Deursen, *Maurits van Nassau*, S. 157; Graaf, *Oorlog, mijn arme schapen*, S. 328–329; Klinkert, *Nassau in het nieuws*, Kapitel 14; D.B.J. Trim, ›Sir Francis Vere (1560/1621), Army Officer and Diplomat‹, in: *Oxford Dictionary of National Biography* (online edition).
225 Deursen, *Maurits van Nassau*, S. 158.
226 Siehe dazu die von Hugo de Schepper verfasste Biografie in: http://www.dut-

chrevolt.leiden.edu/dutch/personen/M/Pages/Mansfeld_Peter_Ernst.aspx. Ebenso: Jean-Luc Mousset, *Un prince de la Renaissance: Pierre-Ernest de Mansfeld (1517–1604)*, Luxemburg 2007.

227 Thomas/Duerloo, *Albert en Isabella*; Dries Raeymaekers, *One Foot in the Palace: The Habsburg Court of Brussels and the Politics of Access in the Reign of Albert and Isabella, 1598–1621*, Leuven 2013; Luc Duerloo, *Dynasty and Piety: Archduke Albert (1598–1621) and Habsburg Political Culture in an Age of Religious Wars*, Farnham 2012. In Flandern schreibt man auch noch gern Albrecht; ich halte mich an Albert, so wie René Vermeir, *In staat van oorlog: Filips IV en de Zuidelijke Nederlanden 1629–1648*, Maastricht 2001.

228 Deursen, *Maurits van Nassau*, S. 154.

229 Gerüchte machten die Runde, Philipp wisse, dass seine Tochter keine Kinder bekommen konnte. Sollte das wahr sein, würde die Übereignung der Niederlande ganz und gar zu einer zynischen Komödie geraten. Paul C. Allen, *Philip III and the Pax Hispanica, 1598–1621: The Failure of Grand Strategy*, New Haven 2000, S. 18, Fn. 29, verweist auf Luís Cabrera de Córdoba, *Felipe Segundo, rey de España*, Madrid 1876–1877, 4 Bde., hier: Bd. IV, S. 285.

230 Joseph Lefèvre (Hrsg.), *Correspondance de Philippe II sur les affaires des Pays-Bas*, Brüssel 1940–1960, Teil II, Bd.2, Nr. 1399, S. 465–466.

231 Margit Thøfner, *A Common Art: Urban Ceremonial in Antwerp and Brussels during and after the Dutch Revolt*, Zwolle 2007.

232 Deursen, *Maurits van Nassau*, S. 146.

233 B. Cox, *Vanden Tocht in Vlaenderen. De logistiek van Nieuwpoort 1600*, Zutphen 1986; Anthonis Duyck, *De slag bij Nieuwpoort. Journaal van de tocht naar Vlaanderen in 1600*, Nijmegen 2000.

234 Klinkert, *Nassau in het nieuws*, Kapitel 16.

235 I. L. Uijterschout, *Beknopt overzicht*, Kampen 1935, S. 64.

236 Hart, *The Dutch Wars of Independence*, S. 24, 69; Allen, *Philip III*, S. 127.

237 Deursen, *Maurits van Nassau*, S. 194; Allen, *Philip III*, S. 85, 89.

238 Allen, *Philip III*, S. 88.

239 Anton van der Lem, ›De strijd om de Vlaamse havens tijdens de Tachtigjarige Oorlog‹, in: Dirk de Vries, *Oostende verloren, Sluis gewonnen, 1604: een kroniek in kaarten*, Leiden 2004, S. 9–26.

240 Werner Thomas, *De val van het nieuwe Troje: het beleg van Oostende, 1601–1604*, Leuven 2001; Allen, *Philip III*, S. 138. Die Belagerung hat drei Jahre und 77 Tage gedauert.

241 Allen, *Philip III*, S. 146.

242 Ebd., S. 145.

243 Ebd., S. 151.

244 J. E. van der Pluijm, *De vestingstad Grol: geschiedenis van de vestingwerken van Groenlo*, Groenlo 1999.

245 Groen, *De Tachtigjarige Oorlog*, S. 187–188.

246 Ebd., S. 213, 216.

247 Ebd., S. 217.

248 Ebd., S. 233.

249 Ebd., S. 236; M. A. Ebben, ›El ataque de Pieter van der Does a Canarias y la

expansión neerlandesa a finales del siglo XVI y comienzos del siglo XVII‹, in: Antonio de Béthencourt Massieu (Hrsg.), *Coloquio internacional Canarias y el Atlántico, 1580–1648,* Las Palmas de Gran Canaria 2001, S. 147–168.

250 Groen, *De Tachtigjarige Oorlog,* S. 252.

251 Ebd., S. 254–255; Hart, *The Dutch Wars of Independence,* S. 25.

7 Der Zwölfjährige Waffenstillstand

252 Willem J. M van Eysinga, *De wording van het Twaalfjarig Bestand van 9 april 1609,* Amsterdam 1959; Jonathan I. Israel, *The Dutch Republic and the Hispanic World 1606–1661,* Oxford 1986; Allen, *Philip III;* Simon Groenveld, *Het Twaalfjarig Bestand 1609–1621. De jongelingsjaren van de Republiek der Verenigde Nederlanden,* Den Haag 2009.

253 Dies ist die zentrale These im Buch von Allen, *Philip III and the Pax Hispanica.*

254 Groenveld, *Het Twaalfjarig Bestand,* S. 50.

255 Allen, *Philip III,* S. 15.

256 Yolanda Rodríguez Pérez, *De Tachtigjarige Oorlog in Spaanse ogen: de Nederlanden in Spaanse historische en literaire teksten (circa 1548–1673),* Nijmegen 2003; Simon A. Vosters, *De Nederlanden in de Spaanse literatuur (van 1200 tot 1700),* Breda 2014, passim.

257 Allen, *Philip III,* S. 12.

258 Ebd., S. 52.

259 Vergleiche den Ausspruch: »Frankreich als Freund, nicht als Nachbar« (»Gallia amica, non vicina«). http://www.dutchrevolt.leiden.edu/deutsch/Wahlspr%C3%BCche/Pages/gallia%20amica.aspx.

260 Groenveld, *Het Twaalfjarig Bestand,* S. 36.

261 Israel, *The Dutch Republic and the Hispanic World,* S. 5.

262 Allen, *Philip III,* S. 161.

263 Im Vertrag von Tordesillas, 7. Juni 1494.

264 Allen, *Philip III,* unterscheidet auf S.192 sehr richtig zwischen Gewissensfreiheit *(freedom of conscience)* und Glaubensfreiheit für die Katholiken *(freedom of catholic worship),* aber in fast allen anderen Fällen nennt er den ersten Begriff, wo er den zweiten hätte verwenden müssen (S. 186, 205, 208, 225, 226 etc.).

265 Allen, *Philip III,* S. 183.

266 Ebd., S. 216.

267 Groenveld, *Het Twaalfjarig Bestand,* S. 49: »comme avec Etats libres, sur lesquels le roi d'Espagne et les archiducs ne prétendent rien.«

268 Allen, *Philip III,* S. 229.

269 Groenveld, *Het Twaalfjarig Bestand,* S. 52: »Hauts et Puissants Seigneur.«

270 Ebd., S. 54–55; der vollständige Text in: Simon Groenveld, *Unie – Bestand – Vrede. Drie fundamentele wetten van de Republiek der Verenigde Nederlanden,* Hilversum 2009, S. 115–127.

271 »Die hier in Vertretung der Erzherzöge anwesenden Herren erklären, sowohl in deren Namen als auch im Namen der in Vertretung des Königs anwesenden Herren, dass sie mit den hier in Vertretung der Generalstände

der Vereinigten Provinzen anwesenden Herren in deren Eigenschaft als freie Länder, Provinzen und Staaten, auf welche sie keinen Anspruch erheben, einen Frieden ausgehandelt haben.«

272 Henk den Heijer *De geschiedenis van de WIC*, zutphen 2002.

273 Israel, *The Dutch Republic and the Hispanic World*, S. 22.

274 Dieser Ausdruck ist 1644 entstanden, nach der Intervention der Niederlande im Sund während des dänisch-schwedischen Kriegs.

275 Israel, *The Dutch Republic and the Hispanic World*, S. 23.

276 Tim Piceu, *Over vrybuters en quaetdoenders: terreur op het Vlaamse platteland (eind 16de eeuw)*, Leuven 2008; Han Verschure, *Overleven buiten de Hollandse tuin: Raamsdonk, Waspik, 's Gravenmoer, Capelle, Sprang en Besoijen tijdens de Tachtigjarige Oorlog*, o.O. 2004; Leo Adriaenssen, *Staatsvormend geweld: overleven aan de frontlinies in de meierij van Den Bosch, 1572–1629*, Tilburg 2007; Jos Wassink/Wil Nouwen, *Boerenschansen: verscholen voor Staatsen en Spanjaarden*, Weert 2008; Hart, *The Dutch Wars of Independence*, Kapitel 5.

277 Israel, *The Dutch Republic and the Hispanic World*, S. 15, 49.

278 Ebd., S. 49.

279 Matthäus 16, 26.

280 Luc Duerloo/Marc Wingens, *Scherpenheuvel: het Jeruzalem van de Lage Landen*, Leuven 2002.

281 Craig Harline/Eddy Put, *A Bishop's Tale: Matthias Hovius among His Flock in Seventeenth-century Flanders*, New Haven 2000.

282 Pollmann, *Catholic Identity*, Kapitel 6.

283 Tepe, *Oog in oog*, S. 21.

284 Willem Frijhoff/Willem Heijting, *Hollandse priesterbibliotheken uit de tijd van de Republiek*, Amstelveen 2005.

285 Joke Spaans, *De levens der maechden: het verhaal van een religieuze vrouwengemeenschap in de eerste helft van de zeventiende eeuw*, Hilversum 2012, vermittelt einen sehr anschaulichen Einblick in das Leben der sogenannten »kloppen« in Haarlem.

286 A. Th. van Deursen, *Bavianen en slijkgeuzen. Kerk en kerkvolk ten tijde van Maurits en Oldenbarnevelt*, Assen 1974; Deursen, *Maurits van Nassau*; Geert H. Janssen, *Het stokje van Oldenbarnevelt*, Hilversum 2001; Ben Knapen, *De man en zijn staat: Johan van Oldenbarnevelt (1547–1619)*, Amsterdam 2005; Groenveld, *Het Twaalfjarig Bestand*.

287 Franciscus Gomarus (Brugge 1563 – Groningen 1641), Professor in Leiden 1594–1611. Vgl. *Reformatorica*, S. 118–119.

288 Jacobus Arminius (Oudewater 1560 – Leiden 1609), Professor in Leiden 1603–1609. Vgl. *Reformatorica*, S. 116–117. Eine ausführliche und klare Darstellung bietet die Webpräsentation Arminius, Arminianismus und Europa über www.library.leidenuniv.nl. Vgl. auch Judith S. Pollmann, *Een andere weg naar God. De reformatie van Arnoldus Buchelius (1565–1641)*, Amsterdam 2000, S. 127–128.

289 Joris van Eijnatten/Frederik A. van Lieburg, *Nederlandse religiegeschiedenis*, Hilversum 2005/2006, S. 175.

290 Deursen, *Bavianen en slijkgeuzen*, S. 366.

291 Beide in: *Reformatorica,* Nr. 60, S. 120–122, resp. Nr. 61, S. 122–124.

292 Die Moritz zugeschriebene Aussage, er wisse nicht, ob die Vorherbestimmung grün oder blau sei, wird von van Deursen fachkundig in das Reich der Fabel verwiesen. Deursen, *Maurits van Nassau,* S. 233.

293 Knapen, *De man en zijn staat,* S. 299. Der ganze Text: http://www.dutchrevolt.leiden.edu/dutch/bronnen/Pages/1617%2008%2004%20ned.aspx.

294 W. van 't Spijker, *De Synode van Dodrecht in 1618 en 1619,* Houten 1994. Der handelte wie erwartet und warf die Remonstranten aus der Kirche, was zur Entlassung von etwa 200 Predigern führte. *Reformatorica,* Nr. 63, S. 125–127.

295 Brief vom 10. April 1619 in: http://www.dutchrevolt.leiden.edu/dutch/brieven/Pages/1619%2004%2010%20ned.aspx.

296 Laut der Oldenbarnevelt gewidmeten Sendung in der Dokumentarserie *De Gouden Eeuw,* die von Hans Goedkoop moderiert wurde. Der lange Weg vom Waffenstillstand zum Frieden

8 Der lange Weg vom Waffenstillstand zum Frieden

297 Israel, *The Dutch Republic and the Hispanic World,* S. 69.

298 Ebd., S. 86.

299 Ebd., S. 100–103. Zur eigentlichen Belagerung siehe: Yolande Kortlever, ›Ambrogio Spinola, militair grootmeester (1569–1630)‹, in: Frans van Dongen/Han Verbeem (Hrsg.), *Ambrogio Spinola 1622,* Bergen op Zoom 2008, S. 9–39.

300 Alain Hugon, *Philippe IV: Le siècle de Vélasquez,* Paris 2014, S. 122; Werner Thomas, ›Alba and Religion‹, in: Ebben, *Alba,* S. 116–135, hier: S. 120–122.

301 Robert A. Stradling, *Philip IV and the Government of Spain, 1621–1665,* Cambridge 1988; Maurits Ebben, *Zilver, brood en kogels voor de koning: kredietverlening door Portugese bankiers aan de Spaanse kroon, 1621–1665,* Leiden 1996, S. 112–113. Siehe auch Maurits Ebbens biografische Skizzen Filips IV.: http://www.dutchrevolt.leiden.edu/dutch/personen/F/Pages/Filips%20IV.aspx (nur auf Niederländisch).

302 J. H. Elliot, *Imperial Spain 1469–1716,* London 1963, ist nach wie vor ein erkenntnisreiches Standardwerk; J.H. Elliot, *The Count-duke of Olivares: The Statesman in an Age of Decline,* New Haven/London 1986, schreckt aufgrund seines Umfangs den (niederländischen) Leser möglicherweise ab. Zur Einführung: Jonathan Brown/J.H. Elliot, *Een paleis voor een koning: het Buen Retiro en het hof van Filips IV,* Amsterdam 1993.

303 Israel, *The Dutch Republic and the Hispanic World,* S. 226.

304 Ebd., S. 106.

305 Simon A. Vosters, *Het beleg en de overgave van Breda in geschiedenis, litteratuur en kunst,* Breda 1993.

306 Israel, *The Dutch Republic and the Hispanic World,* S. 108.

307 Hermann Hugo, *Obsidio Bredana armis Philippi IIII,* Antwerpen 1626.

308 Brown/Elliot, *Een paleis voor een koning,* S. 150–154; Andrés Úbeda de los Cobos, *Paintings for the Planet King: Philip IV and the Buen Retiro Palace,* Madrid 2005, S. 132–133.

309 Adrianus P. van Vliet, *Vissers in oorlogstijd: De Zeeuwse zeevisserij in de jaren 1568–1648*, Middelburg 2003.

310 Israel, *The Dutch Republic and the Hispanic World*, S. 122.

311 Brown/Elliot, *Een paleis voor een koning*, S. 156–160; Úbeda de los Cobos, *Paintings for the Planet King*, S. 122–125.

312 Joseph Lefèvre, *Spinola et la Belgique (1601–1627)*, Brüssel 1947, S. 100–103.

313 Pluijm, *De vestingstad Grol.*

314 Israel, *The Dutch Republic and the Hispanic World*, S. 196–197.

315 Peter de Cauwer, *Tranen van bloed: Het beleg van 's-Hertogenbosch en de oorlog in de Nederlanden, 1629*, Amsterdam 2008.

316 Daniel Heinsius, *Rerum ad Sylvam-Ducis atque alibi in Belgio aut a Belgio anno MDCXXIX gestarum historia*, Leiden 1631, Übersetzung: Heinsius, *Het beleg van 's-Hertogenbosch in 1629 en andere gebeurtenissen uit die tijd*, Den Bosch 2013.

317 Israel, *The Dutch Republic and the Hispanic World*, S. 237; Vermeir, *In staat van oorlog*, S. 17.

318 Vermeir, *In staat van oorlog*, S. 27.

319 Ebd., S. 41.

320 Groen, *De Tachtigjarige Oorlog*, S. 272, zeigt die ungewöhnlichen Friese, auf denen der An- und Abmarsch Friedrich Heinrichs dargestellt ist. Es handelt sich um dasselbe Haus, Wolstraat 28.

321 Ebd., S. 73.

322 Vermeir, *In staat van oorlog*, S. 45–46.

323 Groen, *De Tachtigjarige Oorlog*, S. 273.

324 Vermeir, *In staat van oorlog*, S. 58–59.

325 Ebd., S. 66–68.

326 Israel, *The Dutch Republic and the Hispanic World*, S. 239.

327 Ebd., S. 243–247.

328 Joost van den Vondel, *Werken*, Amsterdam 1927–1940, Bd. III, S. 403–404.

329 Vermeir, *In staat van oorlog*, S. 104.

330 Israel, *The Dutch Republic and the Hispanic World*, S. 252. Dass der Kardinalinfant nicht nur Wild jagte, war allgemein bekannt.

331 *Tienen 1635: Geschiedenis van een Brabantse stad in de zeventiende eeuw*, Tienen 1985.

332 *Tienen 1635;* Vermeir, *In staat van oorlog*, S. 117–119.

333 Israel, *The Dutch Republic and the Hispanic World*, S. 253–255; Vermeir, *In staat van oorlog*, S. 120–126.

334 Israel, *The Dutch Republic and the Hispanic World*, S. 259–260.

335 Vermeir, *In staat van oorlog*, S. 146.

336 Israel, *The Dutch Republic and the Hispanic World*, S. 269.

337 Vermeir, *In staat van oorlog*, S. 150–152.

338 Israel, *The Dutch Republic and the Hispanic World*, S. 270–271.

339 Die UB Leiden besitzt eine Reihe besonderer Handschriften, die zu den frühesten schriftlichen Zeugnissen der Geschichte Brasiliens zählen. Von der von Willem Piso und Georg Markgraf illustrierten *Historia naturalis Brasiliae* (Leiden 1648) besitzt die UB Leiden ein farbig gestaltetes Exemplar, das mit

Unterstützung der brasilianischen Botschaft restauriert und digitalisiert wurde.

340 Israel, *The Dutch Republic and the Hispanic World*, S. 313–314.

341 Vermeir, *In staat van oorlog*, S. 172, 184.

342 Ebd., S. 177.

343 Israel, *The Dutch Republic and the Hispanic World*, S. 317; Vermeir, *In staat van oorlog*, S. 253.

344 Vermeir, In staat van oorlog, S. 261, 282.

345 Ebd., S. 261, 283.

346 Israel, *The Dutch Republic and the Hispanic World*, S. 320–321.

347 Vermeir, *In staat van oorlog*, S. 288–289.

348 Ebd., S. 290.

349 Israel, *The Dutch Republic and the Hispanic World*, S. 359: »tengo a los holandeses por mas religiosos y seguros en observar la promesa y juramento de la Paz que a los franceses, y asi se pudiera quedar con mas seguridad en lo que con los holandeses se asentase.«

350 Israel, *The Dutch Republic and the Hispanic World*, S. 360–365.

Bildnachweis

S. 2 Leiden, Universität, Akademiegebäude.

S. 6 *Karel V, heer over de zeventien Nederlandsche gewesten* (Groningen 1955). Leiden, UB, 22598: 4 (4).

S. 10 Aus: Jan van der Noot, *Lofsang van Brabant* (Antwerpen, Giles van den Rade, 1580). Leiden, UB, 1367 C 28, S. 25.

S. 16 Wilhelm de Pannemaker, Brüssel, ca. 1540– ca. 1555. Amsterdam, Rijksmuseum, BK 17260-B.

S. 18 Leiden, UB, coll. Bibliotheca Thysiana, 737.

S. 20 Aus: Lambertus Hortensius, *Van den oproer der weder-dooperen. Eerst int Latijn beschreven ... ende nu in Nederlandts overgheset* (Enkhuizen, Jacob Lenaertsz. Meyn, 1624). Handgekleurd en met goud gehoogd door Dirck Jansz van Santen Amsterdam, UB, OTM 2 C 18.

S. 23 Aus: *Germania Inferior id est, XVII provinciarum ejus novæ et exactæ tabulæ geographicæ* (Amsterdam, Petrus Kaerius, 1617). Leiden, UB, COLLBN, Atlas 93.

S. 31 Aus: Gerard van Loon, *Beschryving der Nederlandsche historipenningen* (4 Bde., Den Haag, 1723–1731), Bd. I, (1723), S. 1. Leiden, UB, 1226 A 2.

S. 32 *L'Abdication de Charles V.* Dépôt de l'Etat au musée de Besançon en 1950; inv. MNR-OAR 83; Collection musée du Temps, Besançon (inv. D.950.3.5)

S. 33 Leeuwarden, Provinciehuis. Mit Dank an das Rijksbureau voor Kunsthistorische Documentatie.

S. 36 Jan Vermeyen, *Portret van Filips II.* Amsterdam, Rijksmuseum, Rijksprentenkabinet, RP P 1892 A 17329.

S. 42 Bartel Jacobsz. Zaandam, Zaans Museum, collectie ZOV. Inv. nr. ZOV-01265.

S. 45 Anonym, *Porträt von Granvelle.* Leiden, UB (Porträtsammlung).

S. 52 Anonym, *Porträt von Lamoraal von Egmond.* Nürnberg, Germanisches Nationalmuseum, Gm 632.

S. 54 Anonym, *De mast van de Inquisitie.* Leiden, UB.

S. 59 Anonym, *De aanbidding der koningen.* Douai, Musée de la Chartreuse, inv. nr. 1598.

S. 61 Marianum, ca. 1533. Zoutleeuw, Leonarduskirche. Mit Dank an das KIK.

S. 63 Hans Liefrinck I, *Hendrik van Brederode*. Leiden, UB, P-124.386.

S. 64 Willem De Gortter. Brüssel, Koninklijke Bibliotheek, Handschrift. 15662, fol. 38r. Mit Dank an Ann Kelders (siehe Cover).

S. 66 Anonym, *Portret van de hertog van Alva*. Kasteel van Gaasbeek. © Lukas – Art in Flanders vzw, foto Dominique Provost.

S. 69 *Het Nievwe Testament, dat is het Nieuwe Verbond onzes Heeren Jesu Christ*. Übersetzt von J. Utenhoven e.a. (Emden, G. Ctematius, 1556). Leiden, UB, 1498 G 4.

S. 72 Antwerpen, Kathedral. Mit Dank an Raymond Sirjacobs.

S. 78 Abbildung vom Standbild Albas. Leiden, UB, PK P-123.280.

S. 81 Propagandadruck mit Wilhelm von Oranien. Leiden, UB, PK, PT-104.

S. 83 Aus: Abraham van den Burgh, *Hoe en wanneer Hollant tot een graefschap is afgesondert* (Arnhem, Jac van Biesen, 1647). Einziges Exemplar in: Leiden, UB, 1369 D 9.

S. 84 Atlas van Kittensteyn. Rotterdam, Atlas van Stolk.

S. 88 Balthasar Jenichen, *Ware Contrafactur bayder leger zu wasser und landt vor Haerlem des Hertzog vonn Alba unnd Prinntzen von Orannien wieso zu dieser zeit belegert ist adi 10 Junnij Anno 1573*. Nürnberg [1575]. Leiden, UB, COLLBN 009-13-054m.

S. 89 Alkmaar, Appelsteeg 2, Haus mit der Kugel. Mit Dank an Louis Sicking.

S. 90 Lambert Melisz. Hoorn, Westfries Museum.

S. 93 Aus: *Album amicorum* van Janus Dousa. Leiden, UB, WHS, sign. BPL 1406, f. 102.

S. 96 Die Stadt Dordrecht, aus: Georg Braun / Frans Hogenberg, *Civitates orbis terrarum (Antwerpen 1575–1618)*. Leiden, UB, COLLBN Atlas 45 I.

S. 100 Anonym, *Porträt von Lodewijk von Nassau*. Leiden, UB (Porträtsammlung).

S. 102 Amsterdam, Rijksmuseum, Rijksprentenkabinet. RP-P-OB-79617.

S. 107 Königin Elisabeth. Leiden, UB (Porträtsammlung).

S. 108 Luis de Requesens. Amsterdam, Rijksmuseum, Rijksprentenkabinet, P. 1948 – 330.

S. 110 Aus: Jan Baptist Houwaert, *Milenus clachte* (Leiden, Willem Silvius, 1578). Leiden, UB, sign. 1497 C 29: 1, p. 133.

S. 111 Abriss der Zitadelle von Antwerpen. Leiden, UB.

S. 116 Aus: Jan Baptist Houwaert, *Declaratie van die triumphante Incompst vanden ... Prince van Oraignien binnen die princelijcke stadt van Brussele* (Antwerpen 1579). Leiden, UB, 1367 E 9, S. 18.

S. 119 Johannes Wierix, *Porträt von Matthias von Oostenrijk und Willem von Oranien*. Amsterdam, Rijksmuseum, Rijksprentenkabinet, RP-P-1909-1920.

S. 128 Abraham de Bruyn (zugeschrieben), *Porträt von Willem von Oranien.* Amsterdam, Rijksmuseum, Rijksprentenkabinet, RP-P-OB-86.370.

S. 130 Das Reformationsdenkmal in Genf. Mit Dank an Dr. Alexandre Vanautgaerden, Bibliothèque de Genève.

S. 132 Aus: Jean-François Le Petit, *La chronique ancienne de la Hollande* (2 Bde., Dordrecht 1601, Bd. II). Leiden, UB, 1499 A 13, S. 427.

S. 134 Wilhelm von Oranien mit seinen letzten Worten. Rijswijk, Instituut Collectie Nederland.

S. 136 Aus: Hendrik Goltzius, *De begrafenisstoet van prins Willem van Oranje* (Haarlem 1584). Leiden, UB, PK-P-100.829.

S. 138 Otto Vaenius, *Porträt von Alexander Farnese.* Deinze bei Gent, Schloss Ooijdonk. Mit Dank an das KIK.

S. 140 Beveren, Kirche von Gaverland in Melsele. Mit Dank an das KIK.

S. 145 Aus: *Afconterfeytinge der stadt Graue alzo die vanden prins van Parma belegert is* (Z.pl., z.n., 1586). Leiden, UB, THYSPF 664.

S. 147 Geertruidenberg. Den Haag, Koninklijke Bibliotheek, sign. 128 A 27.

S. 149 *Copia van een brieve geschreven van seker gueden Burger van Groninghen aen een ander sijne medeburger vertrocken in Duytslant* (Antwerpen 1600). Leiden, UB, COLLBN 054-16-008.

S. 150 *De Lierse furie.* Lier, Stedelijk Museum Wuyts-Van Campen und Baron Caroly. Mit Dank an das KIK.

S. 152 Moritz und Friedrich Heinrich. Kolorierter Stich. Leiden, UB, PK PT-311.

S. 155 *Of-conterfeytinge der stad Hulst, met zyne polders en schansen, waerop den Coronel la Borlotte den 10 July des nachts met synen aenslach heeft gemaket en veel volcks opgebracht, welck hem en vele vanden synen t'leven heeft gecost, anno 1596* (Z. pl., z. n.). Kolorierter Stich. Leiden, UB, COLLBN, port. 39, n. 17.

S. 156 Hessel Gerrits, *Albert und Isabella.* Auch erschienen in: Emanuel van Meteren, *Historiën* (1647). Leiden, UB, PK, P-122.717.

S. 158 Aus: Francis Vere, *The commentaries, being diverse pieces of service, wherein he had command written by himself in way of commentary* (Cambridge, J. Field, 1657). Leiden, UB, 1367 C 23, S. 178/179.

S. 159 Aus: Henrick van Haestens, *De bloedige ende strenge belegeringhe der stadt Oostende in Vlaenderen* (Leiden, Henrick van Haestens, 1613). Leiden, UB, 1123 A 1, Titelseite.

S. 161 Aus: Pompeo Giustiniano, *Delle gverre di Fiandra libri VI* (Antwerpen, Joachim Trognesius, 1609). Leiden, UB, 1011 C 4, Fig. XXV.

S. 166 Adriaen van de Venne, 1614: *Die Seelenfischerei.* Amsterdam, Rijksmuseum. SK-A-447.

S. 169 Leiden, UB, PK (Porträtsammlung).

S. 176 *Novissima, et accuratissima Leonis Belgicis, seu septemdecim regionum descriptio* (Amsterdam, Claes Jansz. Visscher, 1622). Leiden, UB, COLLBN Port 2 N 61.

S. 182 Johan van Oldenbarnevelt. Leiden, UB, Ikonen, 38.

S. 183 Prinz Moritz. Leiden, UB, Ikonen, 50.

S. 186 Zeichnung von Daniel van Breen, 1641. Amsterdam, Stadsarchief, Archiv Heshuysen, 523.

S. 188 Anonym, *Porträt von Ambrogio Spinola*. Leiden, UB, PK, sign. PT-310.

S. 191 Peter Paul Rubens, *Die Vision der Heiligen Theresia van Avila* (ca. 1630–1635). Lier, Stedelijk Museum Wuyts-Van Campen und Baron Caroly. Mit Dank an das KIK.

S. 194 Anonym, *La rivee de l'arme navalle de Spaigne devant la Baye av Bresil* (S.l., s.n., [1625]). Leiden, UB, COLLBN 054-16-001.

S. 196 Simon van de Passe, *Liberum Belgium [= het Vrije Nederland]. Allegorie op de welvaart van de Nederlandse Republiek* (Amsterdam, Cornelis Dankertz, 1628). Leiden, UB, PK P-123.611.

S. 202 Aus: Anonym, *Nieuws. t'Geusen-rov-mael, en Fransche-covrante* (Delft, de Courantier, 1635). Leiden, UB, THYSPF 1399.

S. 204 f. Gerrit van Santen, *Het beleg van Schenkenschans door Frederik Hendrik*. Amsterdam, Rijksmuseum, SK-A-3893.

S. 206 Peter Paul Rubens' Entwurf des Triumphwagens von Kallo. Antwerpen, Koninklijk Museum voor Schone Kunsten (KMSKA) © Lukas – Art in Flanders vzw, foto Hugo Maertens.

S. 208 Cornelis van Dalen, *Maerten Harpertszoon Tromp en de Slag bij Duins*. Ca. 1640. Leiden, UB, PK 102.74.

S. 209 Monstranz, ca. 1640. Hulst, Willibrordusbasiliek. Mit Dank an Trude Gielen und Emiel Saman (Foto).

S. 216 Adriaen Valerius, *Neder-landsche gedenck-danck: kortelick openbarende de voornaemste geschiedenissen van de seventhien Neder-Landsche Provintien, 't sedert den aenvang der inlandsche beroerten ende troublen, tot den iare 1625* (Haarlem 1626). Leiden, UB, 1497 D 22, pag. 13.

Register

A

B

C

D

E

I

J

K

L

M

N

O

P

R

S

T

Kulturgeschichte bei Wagenbach

Streifzüge durch die Geschichte

Timothy Brook Wie China nach Europa kam

Die unerhörte Karte des Mr. Selden

Wer China heute verstehen will, der muss den Blick zurück an den Beginn seiner Machtentfaltung richten, den Moment, als China mit der modernen Welt in Berührung kam. Diesen tiefgreifenden Wandel bildet eine unglaubliche, erst 2009 wiederentdeckte Karte voller faszinierender Details ab.

Aus dem Englischen von Robin Cackett. Gebunden mit Schutzumschlag
Großformat. 240 Seiten mit vielen Abbildungen

Michael Axworthy Iran

Weltreich des Geistes

Axworthy führt in großem Bogen und zugleich detailreich durch drei Jahrtausende iranischer Kulturgeschichte. Ein längst fälliger Einblick in eine wenig bekannte Region.

Aus dem Englischen von Gennaro Ghirardelli.
Gebunden mit Schutzumschlag. Großformat. 352 Seiten

Albert Soboul Kurze Geschichte der französischen Revolution

Das Standardwerk über die große Französische Revolution, konzentriert und übersichtlich, verfasst vom Doyen der französischen Revolutionsgeschichtsschreibung.

Aus dem Französischen von Joachim Heilmann und Bernd Schwibs
WAT 365. 144 Seiten

Pierre Vilar Der Spanische Bürgerkrieg

1936–1939

Eine Geschichte des Spanischen Bürgerkriegs, seiner Voraussetzungen und seiner beiden Parteien. Ein Standardwerk.

Aus dem Französischen von Wolfgang Kaiser
WAT 334. 144 Seiten

Wenn Sie mehr über den Verlag und seine Bücher wissen möchten, schreiben Sie uns eine Postkarte oder elektronische Nachricht (mit Anschrift und E-Mail). Wir informieren Sie dann regelmäßig über unser Programm und unsere Veranstaltungen.

Verlag Klaus Wagenbach Emser Straße 40/41 10719 Berlin
www.wagenbach.de vertrieb@wagenbach.de

Die niederländische Originalausgabe erschien 2014 unter dem Titel *De Opstand in de Nederlanden 1568–1648. De Tachtigjarige Oorlog in woord en beeld* bei Uitgeverij Vantilt in Nijmegen.

Der Verlag dankt der Dutch Foundation for Literature für die freundliche Unterstützung der Übersetzung.

Nederlands letterenfonds
dutch foundation
for literature

Umschlaggestaltung Julie August unter Verwendung einer Handschrift von Willem De Gortter. Brüssel, Koninklijke Bibliotheek, 15662, fol. 38r. Gesetzt aus der Scala. Der Verlag bedankt sich bei Klaus Jöken. Einbandmaterial von peyer graphic, Leonberg und Vorsatzpapier von Gebr. Schabert, Strullendorf. Gedruckt auf chlor- und säurefreiem Papier bei Pustet, Regensburg. Printed in Germany.

ISBN: 978 3 8031 3662 6